A LÓGICA DO INEFÁVEL

FÉLIX ALEJANDRO PASTOR

A lógica do Inefável

Traduzido e organizado por
Paulo Sérgio Lopes Gonçalves

DIRETOR EDITORIAL:
Marcelo C. Araújo

EDITOR:
Edvaldo M. Araújo

COORDENAÇÃO EDITORIAL:
Ana Lúcia de Castro Leite

TRADUÇÃO:
Paulo Sérgio Lopes Gonçalves

COPIDESQUE:
Camila de Castro Sanches dos Santos

REVISÃO:
Lessandra Muniz de Carvalho

DIAGRAMAÇÃO:
Simone Godoy

CAPA:
Alfredo Castillo

Título original: *La lógica de lo Inefable: Una teoría teológica sobre el linguaje del teismo Cristiano*
© Editrice Pontificio Istituto Biblico follwing Gregorian & Biblical Press

Dados Internacionais de Catalogação na Publicação (CIP)
(Câmara Brasileira do Livro, SP, Brasil)

Pastor, Félix Alejandro.
    A lógica do Inefável / Félix Alejandro Pastor; [traduzido por Paulo Sérgio Lopes Gonçalves].
- Aparecida, SP: Editora Santuário, 2012.

    Título original: La lógica de lo Inefable: uma teoría teológica sobre el lenguaje del teismo cristiano.
  ISBN 978-85-369-0271-5

1. Monoteísmo 2. Religião - Filosofia 3. Teísmo cristão - Estudos 4. Teologia I. Título.

12-07702   CDD-291.14

Índices para catálogo sistemático:
1. Teísmo cristão: Estudos 291.14

Todos os direitos em língua portuguesa
reservados à **EDITORA SANTUÁRIO** – 2012

Composição, CTcP, impressão e acabamento:
Editora Santuário - Rua Pe. Claro Monteiro, 342
12570-000 – Aparecida-SP – Tel. (12) 3104-2000

SUMÁRIO

Apresentação	9
Apresentação biográfica de Félix Alejandro Pastor, SJ	15
Prólogo	27
1. Teísmo bíblico e *kerigma* cristão	33
A afirmação de Deus	34
1. A identidade de Deus	35
2. A realidade de Deus	42
3. Conhecimento escatológico de Deus	46
Análise do teísmo bíblico	52
1. Transcendência e história	52
2. Incondicionalidade e pessoalidade	57
3. Determinação escatológica do teísmo bíblico	66
Conclusão	77
2. A afirmação de Deus como problema	81
A afirmação de Deus	82
1. Sobre a cognoscibilidade de Deus	83
2. A questão da analogia	92
3. Conhecimento de Deus e inefabilidade	100
A linguagem do teísmo cristão	106
1. Sobre os atributos de Deus 107	
2. A questão da helenização	116
3. Crise secular do teísmo cristão	121
Conclusão	131

3. A lógica do Inefável   135
Fé e secularidade   135
  1. Autonomia e teonomia   136
  2. O cristianismo como religião   138
Dialética da afirmação crente   141
  1. O teísmo como questão   142
  2. O teísmo como possibilidade   147
Possibilidade de teoria teológica   151
  1. Hipóteses metodológicas   152
  2. Axiomática geral   156
A linguagem do teísmo cristão   162
  1. Regras linguísticas   162
  2. Teoremas teológicos   167
Conclusão   172

4. A linguagem bíblica sobre Deus   175
O henoteísmo arcaico   176
  1. Dos patriarcas a Moisés   176
  2. Da conquista ao Reino   179
Monoteísmo teorético   182
  1. A teologia dos profetas   183
  2. A teologia apocalíptico-sapiencial   188
O teísmo cristão   193
  1. Do Evangelho ao *kerygma*   194
  2. *kerygma* e história   198
Dialética da revelação   204
  1. O Deus revelado   205
  2. O Deus escondido   207
Conclusão   209

5. A questão apofática — 213
A via apofática — 214
  1. A teologia patrística — 215
  2. Os símbolos da fé — 226
A via catafática — 228
  1. A teologia escolástica — 229
  2. O magistério eclesial — 237
  A aporia moderna — 240
  1. Racionalismo e fideísmo — 240
  2. O Concílio Vaticano I — 254
O debate pós-moderno — 255
  1. Transcedência e história — 257
  2. O Concílio Vaticano II — 277
Conclusão — 283

Posfácio — 291
Siglas — 297
Antigo Testamento — 297
Novo Testamento — 298
Siglas bibliográficas — 299

Apresentação

A ideia de traduzir para o Brasil a obra *La lógica de lo Inefable*, do jesuíta Félix Alejandro Pastor, oficializou-se em 2010, quando, em um diálogo pessoal com o referido autor, concluímos que a tradução do original espanhol diferenciava-se da versão brasileira, publicada na década de 1980 e assaz utilizada por docentes de teologia em diversas faculdades e institutos teológicos do Brasil. Tanto a versão original quanto a adaptada e sintética tinham como ponto comum o oferecimento sistemático do tratado do Deus da revelação, em perspectiva da dialética entre a fé positiva oriunda da Escritura e da tradição e os elementos históricos que interrogam a fé e exigem um novo processo hermenêutico de compreensão do Deus da revelação. Nesse sentido, ler esta obra sempre significou penetrar no caminho de uma formação sólida, denotativa da articulação entre *auditus fidei* e *intellectus fidei*, implicando em inferir conceitos bíblicos, da tradição eclesial e teológica e lançar-se a pensar o Deus da revelação nos novos desafios emergentes na era contemporânea.

Em sua peculiaridade, a obra original é constituída de maior densidade argumentativa e explicita um caráter evolutivo do pensamento do Pe. Pastor, uma vez que é formada a partir de textos escritos nos primeiros 20 anos de seu ministério teológico, publicados em revistas especializadas na área de teologia. A despeito desse caráter evolutivo, a organização final da obra em sua versão original foi efetivada a partir de uma lógica intrínseca à teologia sistemática: parte-se da Escritura, adentra-se na tradição e infere-se elementos sistemáticos consoantes à contemporaneidade histórico-teológica. Essa lógica apresenta a fidelidade do autor à perspectiva teológico-sistemática e sua insistência em apresentar o Deus da revelação com fundamentação na *regula fidei* presente na Escritura e na tradição – esta constituída dos ensinamentos patrísticos, conciliares, papais e de outras instâncias do magistério eclesiástico –, além do amparo encontrado na tradição dos teólogos em toda a história do cristianismo.

Considerando a relevância do caráter sistemático desta obra e da peculiaridade da versão original espanhola, tem-se a justificativa fundamental para oferecer a presente tradução: a de que se encontra nesta obra um tratado sistemático do Deus da revelação para ser utilizado junto à disciplina "Deus da revelação" e outras disciplinas similares nos cursos de teologia no Brasil. Suprime-se, assim, uma ausência assaz sentida por quem leciona teologia, em especial as disciplinas supra mencionadas, em ter uma obra que se apresente simultaneamente como um curso sistemático do Deus da revelação e como um tratado que apresenta Deus atuando historicamente de modo soberano, real e transformador de toda realidade criacional e humana. Com isso, a obra oferece fundamentação teológica consistente acerca do Deus da revelação e provoca o leitor a um processo hermenêutico de compreensão que exige articular dialeticamente fé e razão, transcendência e imanência, história e escatologia, antropologia e teologia. Desse modo, o leitor não apenas lê a obra, mas a pensa recorrendo a todos os elementos necessários a sua melhor compreensão e, principalmente, a melhor compreensão da fé no Deus da revelação.

A tradução desta obra segue a originalidade cronológica em que os textos surgiram na vida teológica de Pe. Pastor. Com isso, o primeiro capítulo – equivalente ao terceiro capítulo da obra original – intitula-se "Teísmo bíblico e *kerygma* cristão", de 1972, e apresenta a preocupação do autor em descrever minuciosamente o significado bíblico do Deus da revelação, enquanto percorre os conceitos fundamentais do Deus da revelação tanto no Antigo Testamento quanto no Novo Testamento, trazendo à tona as ideias de um Deus da aliança, justo, santo, senhor da história, compassivo, redentor e salvador, além de se apresentar como mistério silencioso e inefável.

O segundo capítulo – equivalente ao quinto capítulo da obra original em espanhol –, intitulado "A afirmação de Deus como problema", foi escrito em 1973 com evidente preocupação em apresentar a recepção cristã à revelação bíblica. Esta, presente nos símbolos da fé formulados litúrgica e dogmaticamente, nos ensinamentos patrísticos, na tradição teológica de teólogos que marcaram a tradição cristã e nas formulações que apresentaram o esforço em construir uma linguagem teológica fiel ao Deus que se dá a conhecer, que se autocomunica amorosamente na história humana, para dar sentido à existência do homem.

O terceiro capítulo – correspondente ao primeiro capítulo da obra original – tem título homônimo ao da obra: "A lógica do Inefável", originalmente escrito em 1983. Evidencia-se nele que, após diversos anos no magistério teológico e no exercício de pensar racionalmente a fé à luz da fé, o autor se preocupa especificamente com a linguagem teológica em sua condição de expressar, comunicar e servir a revelação do Deus que amorosamente se revela. Nesse sentido, apresenta com clareza os axiomas e as regras epistemológicas que norteiam a linguagem teológica que denota o Deus da revelação como mistério silencioso, santo e inefável que se revela ao homem, assumindo a história como campo da revelação, mas sem esgotar-se nessa história e afirmando-se compreensivamente em sua incompreensibilidade e inefabilidade.

O quarto capítulo – trata-se do segundo capítulo do original em espanhol – intitula-se "A linguagem bíblica sobre Deus". Foi escrito em 1983 e se identifica com o primeiro capítulo por ser de perspectiva bíblica, mas se diferencia dele à medida que apresenta o modo de constituição da linguagem bíblica sobre Deus, enfatizando veterotestamentariamente seu caráter arcaico presente na mais antiga tradição linguística até a tradição tardia apresentada na perspectiva sapiencial e apocalíptica. Enfatiza também neotestamentariamente o modo de constituição da linguagem teísta em articulação com o *kerygma* cristão e a formação das comunidades cristãs que realizaram a respectiva experiência do Deus da revelação, a partir da profissão da fé em Cristo e da consequente vivência dessa fé. A linguagem bíblica é expressão de uma vivência da fé no Deus que se revela como mistério inefável presente como Deus da aliança e Deus vivo em Jesus Cristo.

O quinto capítulo – corresponde ao quarto capítulo da obra original – intitulado "A questão apofática", é o de maior amplidão e densidade. Foi escrito em 1985, objetivando apresentar que a questão do apofatismo – o caráter compassivo, silencioso, misterioso e inefável de Deus – não se apresenta apenas na via apofática da teologia referente ao Deus da revelação, assaz presente na teologia patrística, mas também se manifesta no catafatismo teológico presente na teologia escolástica, na aporia moderna das teologias da modernidade e nas tentativas contemporâneas que apresentam a dialética entre apofatismo e catafatismo na constituição de uma teologia equilibrada sobre o Deus da revelação. Nessa dialética, emergem diversas formulações contemporâneas, que trazem à tona a dialética entre história e escatologia, transcendência e imanência, ortodoxia ortopraxia, ação e contemplação. Em sua densidade, o capítulo está marcado por uma sintética e bem construída história da teologia cristã, tendo como objeto investigativo o Deus da revelação.

Em todo o percurso de tradução, buscou-se respeitar o pensamento e o método de pesquisa e de citações, utilizados pelo autor em cada um dos capítulos, abrindo a possibilidade de diferenciação metódica entre eles, uma vez que foram escritos originalmente em momentos diversos. Foram conservados também os termos e as ideias transcritas pelo autor na língua original, visando manter fidelidade a sua intencionalidade originária, provavelmente relacionada à raiz das palavras e das ideias trazidas a sua formulação textual.

Na organização desta tradução, encontra-se, além desta minha apresentação, uma biografia densa e apropriada do Pe. Félix Alejandro Pastor, realizada por seu confrade jesuíta e ex-doutorando, Pe. Mário de França Miranda, e pelo Pe. Jurandir Conorado, também seu ex-doutorando. Nessa biografia, está apresentada brevemente a vida e a obra do Pe. Pastor e o legado deixado à ciência teológica e à Igreja em geral, e à Igreja no Brasil em particular. Ao final, apresentou-se um posfácio, também acordado verbalmente com o autor, em que são apontadas novas tendências teológicas pelas quais é possível pensar o Deus da revelação.

Enfim, a tradução desta obra causou uma dupla alegria. A primeira é referente ao estado de espírito do próprio Pe. Pastor, que apresentou o desejo de ter a sua obra espanhola traduzida para o Brasil, com a conotação da evolução de seu pensamento e com o trabalho feito por um de seus ex-alunos (ou sempre alunos). Ele se empenhou para que o trabalho fosse iniciado e alcançasse seu final, contribuindo para a difusão e o aprofundamento teológico de um tratado tão importante à ciência teológica, tal como é o Deus da revelação. A segunda é referente a este tradutor e a todas as pessoas que gozaram da amizade e da orientação intelectual do sempre lembrado e querido Pe. Pastor. Sua morte tomou-nos a todos de surpresa e saltou-nos a comoção da perda, da separação, da distância da temporalidade, que é própria da morte causar. No entanto, o fato de sua morte ser-nos uma surpresa, de se efetivar na particularidade de seu quarto, marcado pelo silêncio, pela simplicidade e por sua misteriosa experiência de morrer, apenas confirma que tudo o que ele afirmou acerca do Deus da revelação foi experimentado: no silêncio de sua morte ele viu e encontrou-se pascalmente com aquele que é mistério silencioso e eternamente inefável.

Paulo Sérgio Lopes Gonçalves
Tradutor e organizador

Apresentação biográfica de Félix Alejandro Pastor, SJ

A história do Pe. Félix Alejandro Pastor se confunde com a história dos presbíteros de Igreja no Brasil. Desde 1966 residiu no Pontifício Colégio Pio Brasileiro em Roma exercendo o ministério de diretor espiritual e, depois, de orientador dos estudos, função na qual pôde acompanhar, orientar e ajudar os estudantes brasileiros e de outras tantas nacionalidades no desenvolvimento de suas teses de mestrado ou doutorado, nas mais variadas temáticas e campos das ciências filosófica e teológica. A maneira como se relacionava com cada estudante chamava sempre a atenção.

Durante todo o período de férias acadêmicas na Pontifícia Universidade Gregoriana, passava no Brasil dedicando-se ao ensino teológico, particularmente na Pontifícia Universidade Católica do Rio de Janeiro, e ministrando conferências sobre os mais variados temas da atualidade teológica em várias regiões do Brasil.

Ao retornar das férias, no final do mês de setembro, quando os novos padres já estavam no Colégio Pio Brasileiro havia quase um mês, a primeira preocupação do Pe. Pastor era o aprendizado do nome de cada novo estudante. Essa atenção a todos era motivo de surpresa e, ao mesmo tempo, de profunda gratidão. Ser chamado pelo nome e sobrenome, reconhecido por sua diocese e país de origem, receber as orientações para os encaminhamentos da vida universitária em Roma tornavam-se para cada padre um grande estímulo e segurança no início da convivência no colégio e na vida acadêmica.

No Ano Santo da Redenção de 1933, em 25 de fevereiro, em Xubia, perto da cidade espanhola de Ferrol (La Coruña), nasceu Félix Alejandro Pastor Piñeiro. Filho mais velho do casal de Félix Pastor (1899-1984) e de Maria Dolores Piñeiro (1908-1991), que teve ainda outros dois filhos: Maria Dolores (1935) e Jesús Angel (1943). Foi batizado no mesmo ano de nascimento, no dia 9 de março, na Paróquia de Nossa Senhora do Perpétuo Socorro, de Ferrol, e crismado no dia 3 de janeiro de 1935, pelo bispo de Mondoñedo.

Ainda pequeno a família transferiu-se para La Coruña, onde em 1942 ingressou no curso de estudos secundários no Colégio Cristo Rei, dos Irmãos Maristas. Na Festa da Ascensão, mês de maio de 1943, fez a sua Primeira Comunhão na Paróquia Santa Lúcia. Com dedicação e muita disciplina prosseguiu os estudos, tendo concluído o bacharelado elementar em 1947 e o superior em 1950.

O ano de 1950 esteve preenchido por acontecimentos que marcaram profundamente os rumos de sua vida. Junto à Universidade de Santiago de Compostela recebeu o Prêmio Extraordinário de Revalida. Com os jovens da Ação Católica Espanhola participou da Peregrinação a Roma por ocasião do Ano Santo, na Festa de Cristo Rei e da Proclamação do Dogma da Assunção de Nossa Senhora, pelo Papa Pio XII. Em muitas ocasiões relembrava sua primeira viagem a Roma, ainda jovem. O cansaço da viagem, em trem e ônibus, foi compensado pelo fascínio de percorrer as ruas e lugares históricos da cidade pontifícia, por isso jamais se cansava de realizar seus passeios pela urbe, principalmente quando podia acompanhar algum amigo, explicando detalhadamente e com profundo conhecimento histórico os mais variados monumentos, ruas, igrejas e, suas predileções, museus e galerias de arte.

Viagem que acabou sendo decisiva em seu discernimento vocacional, sempre oscilante entre tornar-se médico ou ingressar na Companhia de Jesus. A determinação do Papa Pacelli e as informações que recebia da vida inaciana no trabalho da educação e da missão além fronteira, possibilitaram-lhe os argumentos para expressar aos pais sua decisão vocacional. No dia 30 de novembro, festa do apóstolo Santo André, entrou no noviciado da Companhia de Jesus da Província de Leão, no Colégio de Santo Estanislau de Salamanca, onde então foi admitido e inscrito nos anais da Companhia no dia 8 de dezembro.

No fim do biênio do noviciado (1950-1952), celebrou os primeiros votos na capela doméstica do Colégio Santo Estanislau, na festa da Imaculada Conceição de Nossa Senhora, no dia 8 de dezembro. Ainda no Colégio de Salamanca fez os estudos de letras clássicas, humanidades e retórica (1952-1954). Tendo sido transferido a Comillas em 1954, realizou os estudos de filosofia na Universidade Pontifícia, perto de Santander (Cantabria), durante os anos de 1954 a 1957, com o bacharelado (1956) e a licenciatura (1957). O tema de sua dissertação filosófica foi: "Doctrina de las Relaciones em las *Disputationes Metaphysicae* de Francisco de Suárez, SJ".

A destinação missionária aconteceu no mesmo ano de 1957. Chamado pelo superior da casa para o encaminhamento de sua missão, não sabia com certeza se teria sido ele mesmo o escolhido para o Brasil, pois confidenciou algumas vezes: "tive a impressão de que o padre havia se enganado quando se deparou comigo em seu escritório, mas, como eu me apresentei, ele me comunicou a decisão de enviar-me ao Brasil". Foi enviado à província jesuítica goiano-mineira, no tempo do padre vice-provincial João Bosco Penido Burnier SJ. Viagem de navio Vigo-Rio de Janeiro, chegando no sábado 11 de outubro, vigília da Festa de Nossa Senhora Aparecida. Foi encaminhado ao noviciado de Itaicí (São Paulo), onde realizou os estudos da Língua Portuguesa. No Colégio Loyola de Belo Horizonte (Minas Gerais), durante os anos de 1958 e 1959 realizou trabalhos pedagógicos, como professor de religião e aritmética no curso primário, ciências naturais no ginásio e espanhol no colegial.

Iniciou os estudos de teologia, em 1960, na Faculdade do Colégio Máximo Cristo Rei de São Leopoldo (Rio Grande do Sul), em cujo ato acadêmico do mesmo ano defendeu o tema teológico: *De primatu Romani episcopi in Ecclesia*. Em princípios do ano 1961, por determinação do padre provincial da vice-província goiano-mineira, retornou a Belo Horizonte e no mês de julho, em viagem de navio Rio de Janeiro – Lisboa, encaminhou-se à Alemanha para continuar os estudos na Faculdade de Teologia da Hochschule Sankt-Georgen, de Frankfurt/Main. A convivência na Alemanha, sem quase contato com a família, distante de todos os amigos da Espanha e dos que havia deixado no Brasil, trouxe-lhe grande melancolia. Estado de espírito que soube superar dedicando-se aos estudos teológicos e, dizia certa comoção, na possibilidade de conviver com grandes teólogos que foram importantes na reflexão da vida eclesial, às portas do Concílio Vaticano II, particularmente Karl Rahner. Defesa do ato acadêmico: *De notione theologica sacramenti*. Em julho de 1962 concluiu o bacharelado.

Junto com uma intensa atividade acadêmica dedicando-se às investigações teológicas, em Frankfurt/Main, após ter concluído o terceiro ano teológico, recebeu a ordenação diaconal, no dia 31 de março de 1963, na Capela do Teologado e a ordenação presbiteral na Festa de Santa Mônica, dia 27 de agosto, na Catedral de Frankfurt. Nessa ocasião pôde receber a visita de sua mãe, há anos sem encontrá-la: "era como se eu tivesse retomado a ternura da vida, minha mãe sempre gostou de poesia, assim consegui maior serenidade nos momentos importantes da ordenação". A primeira missa foi celebrada no dia seguinte, 28 de agosto, na Festa de Santo Agostinho de Hipona, numa igreja paroquial na periferia de Frankfurt/Main. Concluiu o quarto ano de Teologia com a licenciatura em junho de 1964, apresentando a dissertação "Uso do Antigo Testamento na epístola aos hebreus", quando, então, foi destinado pelo padre provincial Marcelo de Azevedo a Roma (Itália) para o doutorado em Teologia na Pontifícia Universidade Gregoriana.

Retornou a Roma após 14 anos, em pleno fervor do Concílio Vaticano II. Jovem padre em meio às profundas mudanças que surgiam na Igreja, precisamente na dimensão pastoral. "Por certo momento pensei que o melhor teria sido retornar ao Brasil. Mas o mundo acadêmico me fascinava." Foi o fascínio pela reflexão teológica, sintonizada com a inquietação filosófica e o prazeroso interesse pela vida política e cultural, que tornou a sua estadia romana o motivo fundamental de sua existência como jesuíta, "da velha Companhia" gostava de dizer, e dedicado professor.

Em Roma o Pe. Félix Pastor, durante os estudos do doutorado, residiu primeiramente no Colégio Bellarmino entre os anos de 1964 a 1966 e, depois, no Pontifício Colégio Pio Brasileiro no acadêmico de 1966 a 1967. Na Pontifícia Universidade Gregoriana, sob a orientação de Donatien Mollat, SJ, defendeu no dia 7 de junho de 1967 a dissertação doutoral: "La Eclesiología del Evangelio y Epístolas de San Juan. Un Estudio sobre la Teoría de Eduard Schweizer", publicada na coleção *Analecta Gregoriana* (vol. 168), sob o título: "La Eclesiología Juanea según E. Schweizer" (1968).

A partir de outubro de 1967, tendo sido nomeado diretor espiritual, começou a fazer parte da comunidade jesuítica responsável pela direção do Pontifício Colégio Pio Brasileiro (Roma), sendo que em outubro de 1970 foi nomeado orientador ou prefeito dos estudos, cargo que ocupou até sua morte, ocorrida na residência Leonel Franca, no Rio de Janeiro, em 11 de julho de 2011. A presença do Pe. Pastor no Colégio Pio Brasileiro trazia um clima de descontração e seriedade. Em momentos de profundos conflitos, em reuniões de fortes questionamentos, em situações de instabilidade na convivência comunitária, mantinha-se firme no discernimento das medidas que pudessem favorecer os alunos, sem desconsiderar as necessidades da instituição.

Além do atendimento formal em seu escritório aos mestrandos e doutorandos, apreciava uma boa conversa junto à sala de jornais e no refeitório. Sempre ladeado de estudantes, entre risos e descontração, provocava profundas reflexões e despertava inquietações e segurança: "padre, qualquer estudante tem condições de desenvolver uma dissertação, é uma questão de perceber seu alcance e possibilidade". Sua dedicação aos estudantes tornava-se perceptível em cada atitude e conversação, com perspicácia e certa ironia, sempre indagava: "então, padre, já terminou o primeiro capítulo?" Era o ponto de partida para uma conversa de auxílio, de orientação motivacional, de facilitação e apresentação de novos esquemas de pesquisa, autores e bibliografias complementares. Os mais variados argumentos e autores eram apresentados com sugestões hábeis e oportunas.

Na Pontifícia Universidade Gregoriana, desde 1967, iniciou sua atividade acadêmica: assistente (1967-1968), docente (1968-1969), *professor adiunctus* (1969-1974) nomeado pelo Pe. Pedro Arrupe, SJ (7 de janeiro de 1970), *professor extraordinarius* (1974-1983) nomeado também pelo Pe. Pedro Arrupe, SJ (24 de maio de 1974), "ordinarius" (1983) nomeado pelo Pe. Paolo Dezza, SJ (17 de março de 1983). Foi *professor invitatus* na Pontifícia Universidade Comillas (1970, 1971, 1977), na Pontifícia Universidade Católica do Rio de Janeiro, desde agosto de 1972, no Centro de Estudos Superiores da Companhia de Jesus de Belo Horizonte (1985-1994) e no Instituto Superior de Teologia do Rio de Janeiro (1986-1995).

O cultivo do ideal inaciano, bem como a dedicação em favor da formação do clero e da Igreja do Brasil, mantém-se com profunda determinação, orientando e animando. Sua maturidade presbiteral fortaleceu-se através dos exercícios espirituais inacianos, vivenciado todos os anos, principalmente por ocasião do recesso escolar da Páscoa e do Natal, e no trabalho psicoterapêutico que frequentou durante anos. Dois auxílios, dizia, "importantes para a minha descoberta interior" e que proporcionou durante a sua vida acompanhar tantos padres, estudantes e leigos nas "análises existenciais". Muitos desses "acompanhamentos" que realizou trouxeram-lhe algum auxílio econômico, que era depositado no economato do colégio, no "Fundo Santo Inácio", usado para suas obras de caridade, com famílias em necessidades econômicas em Roma e no Brasil, além de alguns seminaristas.

Durante o período de férias, nos meses de agosto e setembro, dedicou-se ao ensino de teologia na Pontifícia Universidade Católica do Rio de Janeiro e Faculdade João Paulo II, a conferências e debates em vários institutos e instituições, bem como ao acompanhamento e retiro espiritual. Atuou como *delegatus* da Faculdade de Teologia da Pontifícia Universidade Gregoriana no Instituto Teológico do Uruguai Mons. Mariano Soler – ITUMS (Montevidéu), entre os anos 1997 a 2002. No ano de 1983 fez sua terceira provação sob a orientação do Pe. Gilles Cusson, SJ, e um mês de retiro no eremitório do Carmelo delle Tre Madonne (Roma, maio de 1983). Nesse mesmo ano, no dia 8 de dezembro, fez a solene profissão na Capela da Anunciação do Colégio Pio Brasileiro, sendo reitor o Pe. José de Sousa Mendes, SJ.

No ano 2000, em missa presidida pelo padre geral Peter-Hans Kolvenbach, com outros jesuítas da comunidade da Universidade Gregoriana, celebrou os 50 anos de vida consagrada na Companhia de Jesus, na capela da Pontifícia Universidade Gregoriana, em 23 de novembro. Nessa ocasião, durante o almoço comemorativo, pôde confidenciar: "entre ser médico ou jesuíta, sempre me indaguei, percebo o quanto servir à Igreja tornou-se para mim uma fonte inesgotável de descobertas e possibilidades humanitárias". Pe. Pastor soube, no exercício da vida inaciana, cultivar a profunda disposição de uma espiritualidade eclesial, imerso no mundo acadêmico, sintonizado aos "sinais dos tempos" e engajado na promoção da vida presbiteral. Fidelidade à Igreja, "sentir com a Igreja," repetia sempre, tranquilidade de espírito com tenacidade e objetividade, seriedade teológica e profunda sensibilidade humana, atitudes expressivas num homem que soube conciliar, no exercício de seu ministério, simplicidade de estilo de vida, profundidade de argumentação teológica e capacidade de facilitar questões complexas e favorecer o entendimento em situações conflitivas.

Entre suas publicações, além da tese doutoral e dos artigos publicados nas revistas *Gregorianum, Periódica, Studia Missionalia, Estudios Eclesiásticos, Perspectiva Teológica* e *Síntese*, destacam-se suas principais obras: *Existência e Evangelho* (São Paulo, 1973), *O Reino e a História* (São Paulo, 1982), *Semântica do mistério* (São Paulo, 1982) e *La Lógica de lo Inefable* (Roma, 1986).

No exercício do magistério teológico na Itália, no Brasil e na Espanha, trabalhou temas relacionados à eclesiologia, problema de Deus e questões teológicas e ecumênicas, tais como: *Humana progressio ut thema theologicum* (1969), Sacramento da Ordem (1969), *De Deo Revelato* (1970-1988), *La Chiesa e il ministero nel Nuovo Testamento* (1973), *Significado del discorso sull'onnipotenza di Dio* (1973), *La ecclesiologia giovannea* (1975), *Il problema di Dio nella Teologia contemporanea* (1976), *L'affermazione di Dio e il suo linguaggio* (1978), *Dio come realtà* e *Dio e il mondo* (1979), *La questione di Dio* (1981), Finito e Infinito (1984), *Dio e la prassi* (1985), *Sul Dio dei poveri* (1985), *La ricerca di Dio* (1986), *Sul Dio della liberazione* e *Dio e la storia* (1988), *Liberazione e Trinità* (1990), *Dio e il male* (1991), *L'uomo e il mistero de Dio nella prospettiva del Concilio Vaticano II* (1991), *Sul Dio degli opressi* e *Dio Padre nella teologia cattolica* (1992), *Credo in Dio Padre* e *Mistero di Dio e servizio divino* (1994), *Magistero e Mistero di Dio* (1995), *La sfida delle Religioni e il "Deus revelatus"* (1996), *Fede ecclesiale e Mistero di Dio* (1997), *Il mistero di Dio nella fede della Chiesa* (1999).

Os cursos, seminários e as conferências nas diversas universidades e institutos de teologia resultaram, posteriormente, em artigos publicados nas mais diversas revistas especializadas de teologia. O aprofundamento das ideias teológicas foram concentrando-se, especialmente, na investigação e elaboração do pensamento de três grandes teólogos, antigos e contemporâneos: Santo Agostinho, Paul Tillich e Karl Rahner. Na Pontifícia Universidade Gregoriana, particularmente, esses autores foram objetos de estudos e seminários, ao mesmo tempo, com tantas outras temáticas, têm sido conteúdo para a direção e acompanhamento de uma infinidade de dissertações teológicas de mestrado e doutorado.

Sobre Paul Tillich (1886-1965), foram desenvolvidas as seguintes temáticas: *Ricerche sulla teologia di Paul Tillich* (1974), *Filosofia e Revelazione: la Teologia di Paul Tillich* (1975), *"Deus absconditus": il Dio della religione secondo Paul Tillich* (1976), *"Deus revelatus": il linguaggio su Dio in Paul Tillich* (1976), *Rivelazione e religione in Tillich* e *Esistenza e religione in Tillich* (1977), *Finitudine umana e problema di Dio* (1978), *La questione di Dio in Paul Tillich* (1989). O teólogo alemão Karl Rahner (1904-84), presente já em seus primeiros estudos de teologia, foi objeto de reflexão nos seguintes cursos: *Karl Rahner e il Mistero di Dio* (1989), *La dottrina di Dio in Karl Rahner* (1993), *Dio Padre, Mistero Santo, in Karl Rahner* (1999).

A teologia patrística foi referência importante em sua reflexão teológica, particularmente em Santo Agostinho (354-430), como demonstram os cursos ministrados: *Dio e il male in Agostino di Ippona* (1991), *La conversione a Dio in Agostino* (1993), *Dio e la felicità in Agostino* (1995), *Agostino e il mistero di Dio* (1996), *Chiesa e Mistero di Dio in Agostino* (1997), *Dio e la storia in Agostino* (1998), *Vera religione e Dio della fede in Agostino* (1999), *Sant'Agostino e la giustizia di Dio* (2000), *"Quaerentes summum Deum" in Agostino di Ippona* (2001).

A intensa atividade acadêmica expressou-se, preferencialmente, na orientação de mestrados e doutorados. Foram mais de 400 estudantes, de várias nacionalidades, acompanhados na dissertação de mestrado. Sob sua orientação, foram defendidas na Pontifícia Universidade Gregoriana 118 teses de doutorado, sendo 69 de candidatos do Brasil e os demais de outras nações, como Portugal, Espanha, Alemanha, Malta, Estados Unidos da América, Canadá, Chile, Colômbia, Peru, Argentina, México, Bélgica, Irlanda, Polônia, Índia, Uganda. Além disso, esteve presente em uma grande quantidade de defesas de doutorado como censor ou presidente da comissão examinadora, como também todos os anos fez parte do grupo de examinadores da Faculdade de Teologia no exame de licenciatura.

O exercício de sua docência na Pontifícia Universidade Gregoriana não o trouxe nenhuma dificuldade para acompanhar os alunos que estudavam em outras universidades de Roma. Sempre orientou os estudos dos estudantes matriculados em qualquer universidade, marcando presença nas defesas de doutorado em todas as instituições. A conclusão de mestrado ou doutorado de qualquer estudante do colégio foi sempre seu motivo de júbilo: "a Igreja precisa de padres bem formados, se posso ajudar, será sempre para fazer subir", gracejava.

Mesmo sendo professor emérito da Pontifícia Universidade Gregoriana, desde 2003, continuou acompanhando os estudantes na dissertação doutoral e ministrando cursos de teologia no Brasil, em Belo Horizonte e no Rio de Janeiro. Sua produção teológica resumiu-se, nos últimos anos de sua vida, no acompanhamento dos estudantes do Pontifício Colégio Pio Brasileiro e na orientação dos doutorandos. Mesmo sentindo-se, às vezes, debilitado em sua saúde, seguindo rigorosamente todas as orientações médicas e realizando anualmente diversos exames, continuou vindo ao Brasil no período de férias para suas conferências e aulas de teologia. Mais reservado, pode dedicar-se a seu *hobby*: a leitura de jornais, acompanhando com prazer a política italiana e todos os acontecimentos culturais em Roma, visitando preferencialmente as mostras de arte, apaixonado como sempre por pintura e escultura.

Nos últimos anos de sua vida, além do acompanhamento dos poucos doutorandos e orientações aos estudantes no Pio Brasileiro, dedicou-se com afinco à leitura das obras de Joseph Ratzinger e aos documentos de seu pontificado, sendo seu projeto escrever um artigo sobre o itinerário teológico do Papa Bento XVI. Os últimos dias em Roma foram dedicados à visita de museus e galerias de arte, preparando-se para a viagem ao Brasil, sempre com muita meticulosidade, atento aos textos teológicos que poderiam ser úteis a qualquer eventual conferência, caso fosse convidado.

Depois de 2002, com a proximidade em se tornar emérito na Universidade e a preocupação com sua saúde, começou a sentir-se mais melancólico, acompanhava os acontecimentos pelos jornais e televisão, mas tinha menos entusiasmo em sair de casa para os costumeiros passeios pelos jardins de Roma. Manteve as visitas às galerias de arte, já não se sentia entusiasmado em ir ao cinema, contentava-se em acompanhar as novidades culturais pelas leituras cotidianas. Aos poucos deixou de usar o computador para escrever seus artigos, apenas as apreciações das teses que lhe eram oferecidas como leitor ou então como orientador. Junto à mesa de centro do escritório manteve seu bloco de anotações onde continuamente escrevia suas reflexões e esquemas de leitura, tudo para alguma possível conferência, ou um futuro artigo teológico que não se concretizou.

A preocupação em fazer seu retiro espiritual estava como plano primordial em sua estadia no Brasil, decisão anunciada à comunidade jesuítica da PUC-Rio, quando de sua chegada no dia 8 de julho. Mais calado, menos entusiasmado nas discussões à mesa sobre temas da atualidade eclesial e da política italiana, andava vagarosamente e falava com um pouco de dificuldade. Nada, no entanto, despertou qualquer possibilidade de algum problema grave de saúde, sendo toda a comunidade jesuítica surpreendida com a constatação de sua morte, em seu quarto, na manhã de 11 de julho.

Após os encaminhamentos ao Instituto Médico Legal do Rio de Janeiro, seu velório ocorreu durante a noite de 13 de julho, na Capela do Sagrado Coração de Jesus da Pontifícia Universidade Católica do Rio de Janeiro. A celebração da missa e as exéquias, no dia 14, foram presididas pelo arcebispo do Rio de Janeiro, Dom Orani João Tempesta, concelebrada pelos cardeais Dom Raymundo Damasceno Assis e Dom Odilo Pedro Scherer, outros 15 bispos e mais de 20 sacerdotes da Companhia de Jesus e do clero da arquidiocese do Rio de Janeiro. O sepultamento foi feito no jazigo da Companhia de Jesus, no Cemitério São João Batista.

Pe. Jurandir Coronado Aguilar, SJ
Pe. Mario de França Miranda, SJ

Prólogo

> Tu autem concesseras, si quid supra mentes nostras esse mostrarem, Deum te esse confessurum, si adhuc nihil esse superius. Quam tuam concessionem accipiens dixeram satis essse, ut hoc demonstrarem. Si enim aliquid est excellentius, ille potius Deus est; si autem non est, iam ipsa veritas Deus est. Sive ergo illud sit, sive non sit, Deum tamen esse negare non poteris; quae nobis erat ad disserendum et tractandum quaestio constituta.
> AURELIUS AUGUSTINUS. *De libero arbítrio* (L. II, cap. XV, n. 39).

A doutrina de Deus na teologia sistemática tem sido objeto de numerosas críticas, em sua metodologia e em sua temática, em seu horizonte cultural e em sua estrutura. Tem-se criticado, por exemplo, sua insuficiente atenção à cultura moderna e pós-moderna, sua carência de uma visão sintética e coerente do problema, sua desatenta percepção da originalidade da mensagem da revelação bíblica, sua fragmentação abstrata em questões neoescolásticas, sua superficial consideração do complexo processo histórico da evolução dogmática e da explicitação teológica, sua mescla de formalismo metódico e de empirismo temático.

Ademais, em relação ao tema de Deus, têm surgido novos problemas, derivados da evolução da problemática epistemológica, em referência à lógica da linguagem religiosa, em seu sentido e significado, em sua possível verificação empírica e em sua possível falsificação metódica, em suas polaridades e em sua relevância pragmática. No entanto, no contexto do desafio teológico da indiferença religiosa na cultura secular ou no da provocação ética da exigência de uma justiça para a imensa fração da humanidade contemporânea que espera sua libertação, as questões clássicas do debate teológico adquirem uma inusitada relevância: o problema da afirmação de Deus como questão teorética e como questão prática surge como questão central do debate pós-moderno. A tensão em ter práxis cristã e teoria teológica se mescla apaixonadamente com o problema da tensão entre o condicionado e o incondicionado na linguagem sobre Deus, assim como a questão do lugar privilegiado da reflexão crente, imersa na imanência da história, aberta ao mistério da transcendência, alimentada pela fé e impulsionada pela esperança.

O presente estudo pretende analisar teoreticamente a questão da linguagem religiosa do teísmo cristão, no contexto da atual situação de crise da modernidade e na perspectiva do primeiro artigo de fé, compreendido à luz da revelação bíblica e da tradição eclesial. Metodologicamente, o presente estudo pretende evitar qualquer forma de empirismo teológico, seja sob a modalidade de uma neo-ortodoxia ou sob o pretexto de um neobiblicismo ou de uma neopatrística. A orientação é decisivamente teorética, porém evitando seja o extrinsecismo[1] do aristotelismo cristão de certa neoescolástica, seja o naturalismo e semirracionalismo de justapor hipóteses neomarxistas e teses de fideísmo cristão, como em certas teologias pós-modernas da imanência. Somente uma orientação dialética,

---

[1] N.T.: Com a palavra "extrinsecismo", o autor compreende a via da exterioridade para apresentar a questão, presente no aristotelismo cristão de certa escolástica, cuja definição não foi explícita.

que não anula a tensão de transcendência e história, de cognoscibilidade e mistério, de fé e de razão, pode enfrentar o desafio de pensar o sentido e o significado da linguagem religiosa do teísmo cristão.

A parábola da teologia contemporânea ensina claramente os acertos e desacertos das diferentes escolas: a insuficiência do racionalismo metódico e do ceticismo histórico, na teologia liberal protestante ou na escola histórico-crítica de hermenêutica existencial; a inadequação da gnosiologia religiosa neokantiana, unida a um programa de recuperação neofideísta, na teologia da revelação do positivismo barthiano; o risco de uma redução semântica da mensagem cristã na metodologia tillichiana da correlação; o perigo de capitular ingenuamente ante as instâncias da autonomia secular, perdendo a perspectiva religiosa da teonomia nas teologias radicais da "morte de Deus"; o risco de dissolver a esperança cristã em uma utopia trans-histórica ou intra-histórica, como em algumas teologias da esperança e da história, concebida como revelação em si. Tampouco a teologia católica se revela imune de insuficiências metodológicas. A tensão entre transcendência e história dificilmente alcançou uma síntese dialética das instâncias opostas entre as exigências da identidade e o princípio da diferença, entre escatologismo meta-histórico e encarnacionismo intra-histórico; igualmente se apresenta o oposto perigo de isolar-se da cultura do homem concreto ou de capitular as instâncias da autonomia, por urgir o fantasma de uma religião heterônoma. Também na teologia católica são reais os riscos de derivar formas de neorracionalismo, justapondo hipóteses da cultura filosófica moderna, ou pós-moderna, neoliberal e neomarxista, a expressões de fideísmo evangélico ou de neotradicionalismo doutrinal.

O presente estudo se concebe como expressão de uma nova metodologia teorética, aplicada à reflexão teológica, pensada como elaboração teórica de um problema, descobrindo sua estrutura e indicando as hipóteses de solução. Nesse caso, trata-se de descobrir se a linguagem cristã sobre Deus tem um sentido e qual é seu significado teórico e sua significação prática para o crente. Os pressupostos ou hipótese gerais de compreensão da linguagem da fé deverão e poderão ser verificados em um confronto com a experiência cristã normativa, objetivada na revelação bíblica, vetero e neotestamentária. Posteriormente, poderão ser corroborados, ao confrontá-los com as soluções e fórmulas dogmáticas da tradição eclesial, de modo que a inteligência do problema deve preceder a solução teológica deste, equilibrando utilmente a tensão da inteligência que busca a fé com o impulso da fé à compreensão de sua própria lógica.

Por isso, a presente obra se articula em três partes: a primeira oferece a perspectiva fundamental do problema da afirmação crente, em sua polaridade dialética básica de negação ateia e afirmação de fé. Sob o tema da lógica do inefável, o primeiro capítulo elabora o problema teológico da afirmação de Deus, à luz do primeiro artigo da fé. Examinando a possibilidade de formular uma teoria teológica sobre a linguagem do teísmo cristão, e individuando sua metodologia e axiomática geral, assim como as regras formais e os teoremas que explicitam o conteúdo semântico da afirmação de Deus.

Suposta essa primeira seção de caráter introdutório e teorético, a obra se divide em duas partes fundamentais, que estudam a linguagem sobre o Deus na revelação bíblica e na tradição cristã, respectivamente, tanto a partir de um ponto de vista diacrônico e histórico, como a partir de uma perspectiva sincrônica e sistemática. Assim, na parte dedicada à mensagem da revelação bíblica, o segundo capítulo, analisa-se, em uma perspectiva preponderantemente diacrônica, a dialética fundamental da linguagem bíblica sobre Deus, como tensão entre revelação e mistério. Por sua vez, o terceiro capítulo estuda, em uma perspectiva preponderantemente estrutural e sistemática, o significado da experiência religiosa e da linguagem teológica da revelação cristã, descobrindo a identidade misteriosa do Criador do universo e do Senhor da aliança, do Rei transcendente e do Pai misericordioso. A benévola monarquia do Pai, em sua santidade e presença, em sua justiça e fidelidade, sintetiza a mensagem do teísmo bíblico e do *kerygma* cristão.

Na parte conclusiva, dedicada à tradição dogmática do cristianismo, o quarto capítulo, sob o tema da questão apofática, estuda diacronicamente a evolução temática do problema teológico, como tensão entre linguagem e inefabilidade, apofatismo e catafatismo, fideísmo e racionalismo, transcendência e imanência, descobrindo no contexto do debate teológico, patrístico e escolástico, moderno e atual, a relevância das fórmulas dogmáticas dos grandes concílios da tradição católica, de Niceia ao Laterano IV, do Vaticano I ao Vaticano II. Por último, o quinto capítulo recapitula sistematicamente a questão teológica da afirmação de Deus como ato e conteúdo, discutindo a tensão entre fé e razão, inefabilidade e linguagem, conhecimento e mistério, transcendência e personalidade, amor e temor, reformulando a questão em suas linhas fundamentais.

A linguagem teológica do teísmo cristão aparece como expressão linguística privilegiada da afirmação de Deus, segundo o primeiro artigo da fé católica. Porém, a fé em Deus, como Senhor onipotente e Pai misericordioso, constitui a afirmação básica, tanto para a comunhão católica quanto para as confissões cristãs. A benévola monarquia do Pai, em sua tensão de revelação e mistério, de transcendência e história, de incondicionalidade e personalidade, de temor e de graça, sintetiza a linguagem simbólica do cristianismo e a expectativa religiosa da humanidade, aberta à dimensão do incondicionado. A experiência religiosa, também no cristianismo, se revela como encontro existencial, tanto do indivíduo como da comunidade crente, com o mistério da santidade e da presença divinas e com a revelação escatológica da justiça e da bondade divinas.

Roma, junho de 1985
F. A. Pastor

1. Teísmo bíblico e *kerygma* cristão

Depois de ter considerado, numa perspectiva prevalentemente diacrônica, a evolução histórica e a dialética fundamental da linguagem religiosa do teísmo bíblico,[1] deverá ser analisado, em uma ótica preferencialmente sincrônica, o sentido e o significado dessa linguagem, em sua validade subjetiva e em sua referência objetiva, como ato de afirmação da realidade divina em sua identidade incondicionada e com estrutura de significado. Deverá ser considerado, sucessivamente, à luz da religião bíblica e da revelação cristã, primeiramente, o ato cognoscitivo de afirmação da realidade divina, em sua identidade absolutamente singular e em sua soberania inquestionável. Seguidamente, deverá ser analisada sistematicamente a estrutura dessa afirmação, considerando as diversas polaridades características de oposição semântica: a dialética de transcendência e história, incondicionalidade e personalidade, domina o universo religioso de significado. A intenção, pois, do presente estudo, se orienta ao descobrimento da lógica da afirmação bíblica da monarquia divina, em sua santidade e eternidade, em sua presença e potência, em sua justiça e fidelidade. Uma análise sistemática do teísmo bíblico não poderá deixar de constatar, como notas fundamentais deste, a imanên-

---

[1] N.T.: Aqui o autor faz referência ao capítulo intitulado "A linguagem bíblica sobre Deus", que na versão espanhola recebeu colocação anterior a este.

cia salvífica de Deus, sua absoluta singularidade, sua transcendência e personalidade. Será tarefa do presente estudo também descobrir em que medida o *kerygma* neotestamentário confirma, corrige ou radicaliza a imagem divina do *teísmo* veterotestamentário.[2]

A afirmação de Deus

A dialética fundamental de revelação e mistério determina o caráter fascinante e tremendo da experiência religiosa vetero e neotestamentária. Toda experiência teofânica se resolve em uma epifania velada do mistério. A essa tensão religiosa fundamental corresponde a polaridade básica da linguagem do teísmo bíblico como dialética do Deus que se *revela e que se esconde*. O Deus revelado, no henoteísmo arcaico ou na monolatria javista, no monoteísmo profético ou na teologia sapiencial, no Evangelho de Jesus no na fé na comunidade, se manifesta através do mundo cimo criação ou através da história como salvação. Porém, ao revelar-se, Deus permanece escondido, e ao ser conhecido e afirmado, permanece incompreensível e inefável, em sua identidade absolutamente singular e única e em sua realidade incondicionada e pessoal.[3]

---

[2] Sobre o teísmo veterotestamentário, cf. M. BUBER. *Das Königstum Gottes*, Berlin, 1933; B. BASCHEIT. *Alter und Aufkommen des Monotheismus in der israelitischen Religion*, Berlin, 1938; W. EICHRODT. *Das Gottesbild des Alten Testaments*, Stuttgart, 1956; O. G. DE LA FUENTE. *La búsqueda de Dios en el Antiguo Testamento*, Madrid, 1971; P. E. DION. *Dieu universel et peuple élu* (Paris, 1975); J. GRAY. *The Biblical Doctrine of the Reign of God* (Edinburgh, 1979). Sobre o novo testamento, cf. J. BONSIRVEN. Théologie du Nouveau Testament (Paris, 1951); J. HUBY. *Mystique paulinienne et Johannique* (Paris, 1954); J. JEREMIAS. *Abba* (Göpttingen, 1966); K. RAHNER. "Theos im Neuen Testament, in *Schriften zur Theologie* I (Einsiedeln, 1967), 91-167; R. BULTMANN. *Theologie des neuen Testaments* (Tübingen, 1968).

[3] Sobre a tensão bíblica entre revelação e mistério, cf. F. DUMMERMUTH. "Biblische Offenbarungsphänomene": in ThZ 21 (1965) 1ss; W. ZIMMERLI. "Die Quellen der

1. A identidade de Deus

Na religião bíblica, a questão fundamental do homem, com relação a Deus, não era sua realidade, mas sua identidade. Tratava-se de saber se o Deus dos pais ou do javismo mosaico era também o Deus das nações e protetor de cada indivíduo singular. Tratava-se de afirmar, sempre mais claramente, que o Deus da nação hebreia era também o Criador da natureza cósmica e o Senhor da história humana, universal e pessoal. Em contraste com o politeísmo ambiental, ou com a henolatria arcaica, o povo hebreu professou, sempre mais nitidamente, uma monolotria exclusiva, que se afirma como monoteísmo explícito. Trata-se de um monoteísmo salvífico, de caráter não somente nacional, mas também universal e ainda pessoal. A vivência primordial da fé bíblica experimenta a Deus como aliado onipotente e sofre um processo, simultâneo e paradoxal, de universalização e personalização. De um modo sempre mais explícito, o Deus revelado como Senhor da aliança aparece como Criador do universo e como Senhor da história das nações e ainda da existência individual. Nesse processo plurissecular de configuração da afirmação religiosa, podemos ressaltar três momentos: o período de henoteísmo arcaico e da henolatria javista, que coincide com o momento constitutivo da aliança e com a fase da divina revelação e libertação salvífica; o momento profético, que afirma as exigências da divina monarquia, em sua santidade e potência, em sua justiça e fidelidade; finalmente, o período pós-exílico do judaísmo, que coincide com o momento da restauração da aliança e com a afirmação da divina majestade, como Criador providente e

---

altestamentlichen Gotteserkenntnis", in *Theologie und Wirklichkeit* (Göttingen, 1974), 226ss; M. POHLENZ. "Paulus und die Stoa": ZNW 42 (1949), 69ss; R. BULTMANN "Die Unsichbarkeit Gottes": ZNW 29 (1930), 169ss.

Senhor altíssimo do culto e da história, na meditação sapiencial ou na teologia apocalíptica.[4]

Durante o primeiro período henoteísta, na experiência religiosa e na linguagem teológica se constata uma polaridade dialética fundamental entre um Deus misterioso, universal, benévolo, Senhor da natureza e do mundo (o Deus *'El*), e o Deus revelado aos patriarcas, Senhor do tempo histórico, que protege concretamente a seus adoradores, Abraão, Isaac e Jacó (o "Deus dos Pais"). Nada impede afirmar que essa polaridade resolveu em uma identificação entre o Deus escondido do mundo e o Senhor revelado na história.[5] Sucessivamente, a teologia do êxodo e da aliança, própria do javismo mosaico, proclama uma *monolatria* de fidelidade ética e de libertação histórica. A fé religiosa do javismo se encontra na origem da experiência histórica da libertação da escravidão. Essa vinculação íntima entre transcendência religiosa e imanência salvífica, típica do teísmo bíblico, implica uma concepção pessoal do sagrado e implica também uma teologia da esperança e do futuro. Ademais, a teologia da aliança impede opor falsamente uma religião cúltica a uma religião ética, no caso da religião bíblica. Tanto a proibição da idolatria, quanto a do homicídio são vinculantes para o crente. O javismo mosaico expressa claramente a valência ética na relação religiosa, sublinhando o momento pessoal do encontro com o Deus misterioso e revelado como Deus da confiança e como Deus do temor.[6]

---

[4] W. EICHRODT. *Theologie des Alten Testament* (Berlin, 1963); D. J. MC Carthy. *Der Gottesbund im Alten Testament* (Stuttgart, 1966).

[5] N. LOHFINK. "Welchen Gott brachte Abrahm seine Opfer dar?": Theologische Akademie I (1965), 9-26; H. WEIDEMANN. *Die Patriarchen und ihre Religion* (Göttingen, 1968); H. CAZELLES. "Le Dieu du Yahviste et de l'Élohiste ou le Dieu du Patriarche et du Moïse et de David avant les Prophètes", in J. COPPENS (ed.). *La notion biblique de Dieu* (Bembloux-Leuven, 1975), 77ss.

[6] H. H. ROWLEY. "Moses and Monotheism": From Moses to Qumran (London, 1963), 35ss; E. E. ETTICH. "Die monotheistische Symbolik der Bundestafeln": VT 14 (1964), 211ss.

Durante essa primeira fase, a teologia da *aliança* destrói toda imagem pagã da divindade, vivida como força numinosa indiferente e insensível, caótica ou arbitrária. A aliança manifesta uma vontade divina de disponibilidade histórica e fundamenta uma teologia da história, construída sobre os dogmas da eleição divina e da providência divina. Essa convicção religiosa oferece um sentido ao humano existir e dá à história sua direção e sentido. Confiando em um Deus aliado, o homem controla a angústia em relação ao futuro, esperando que será dominada a potência caótica do destino. Porém, o crente não pensa dominar magicamente o divino, já que, se o Deus dos Pais é benévolo, o Deus de Moisés é terrível: alterna compaixão e ira e não suporta um atentado a sua majestade (Nm 11,33ss; 21,6ss).[7]

Posteriormente, a fé javista deverá lutar contra a perda do sentido da transcendência na vivência do sagrado e contra a privatização mágica do sentimento religioso. Simultaneamente, deverá afirmar a absoluta singularidade da realidade divina, proclamando a identidade entre o Senhor revelado da libertação e a aliança (Javé) e o Deus escondido, rei do panteão cananeu, dominador celeste do universo [*'El-el-hôn*].[8] Porém, ao estabelecer-se no país cananeu, na consciência religiosa de Israel se abriu uma crise, em torno a problemas da vida sedentária, como a questão da fertilidade. As novas realidades terrestres da vida sedentária serviram a Israel de tentação e de opção. Deverá o indivíduo dirigir-se aos *baalim* cananeus, enquanto senhores da fertilidade? Será o Senhor

---

[7] J. KINYONGO. *Origine et signification du nom divin Yahvé a la lumière de récengtes travaux et des traditions semítico-bibliques* (ÊX 3, 13-15 & 6, 2-8), Bonn, 1970; R. DE VAUX. "L'interprétation biblique Du nom de Yahvé", in *Histoires ancienne d'Israel* I (Paris, 1971), 329ss.

[8] E. WÜRTHWEIN. "Gott in Israel": RGG II (1958), 1705ss; M. GILBERT. "Le sacré dans l'Ancient Testament", in *L'expression du sacré dans les grandes religions* I (Louvain-la-neuve, 1978), 208ss.

do povo nômade também o Deus potente na terra da promessa? Para responder a essas questões, nascem na religião bíblica duas respostas teológicas, que se criticam e completam mutuamente. Uma resposta polemiza com a nostalgia do passado e rebaixa a potência dos deuses egípcios ou dos deuses cananeus, em comparação com as gestas salvíficas do Deus de Israel (cf. Os 11,1ss; 13,1ss). A outra resposta teológica exalta a bondade da criação, como obra divina, valorizando os frutos da natureza, e aceita os cultos locais e as festas do calendário cananeu, reinterpretando-os à luz da teologia javista da história (cf. Gn 1,1ss; 2,4ss; 9,9ss). As recordações das gestas salvíficas do passado e a ameaça de perigos comuns diante do futuro incerto mantêm viva a intenção de defender o bem comum, permitindo superar todo risco de privatização da devoção (Jz 5,1ss; 6,8ss; 1Sm 11,5ss). A fé javista rechaça toda divinização das forças naturais e exalta a confiança na providência divina e na fidelidade divina.[9]

No *monoteísmo profético*, o reino divino julga a história humana. A linguagem teológica dos profetas sublinha a incondicionalidade absoluta da monarquia divina, no plano teorético, como santidade, e no plano prático, como justiça: Deus é um rei essencialmente santo, que atua de modo radicalmente justo, julgando a iniquidade humana e a injustiça. A teologia dos grandes profetas critica uma imagem da realidade divina degradada pelo conformismo banal da falsa profecia. O reino divino exige uma restauração religiosa profunda e uma renovação da realidade histórica, por meio de uma reforma ética social e pessoal, que só se fará possível em uma nova aliança. Com os grandes profetas, a linguagem religiosa se explicita em uma afirmação clara de um monoteísmo consciente. O profeta usa a arma da ironia contra

---

[9] O. EISSFELDT. "Jahve und Baal": Kleine Schriften I (Tübingen, 1962), 1ss; R. RENDTORFF. "El, Baal und Yahvwe": ZAW 78 (1966), 272ss; P. D. MILLER. "El the Warrior": HThR 60 (1967), 411ss.

toda tentação politeísta. O Deus de Israel se identifica com o Senhor único e universal, Deus justo e salvador de todas as nações, criador transcendente e Senhor incomparável do futuro.[10]

A linguagem teológica dos profetas é simultaneamente sentimento religioso e consciência ética. Os profetas transmitem o oráculo divino e recordam a norma divina. Como expressão da consciência moral, eles proclamam o advento da justiça divina e do juízo divino sobre a iniquidade humana e sobre a impunidade dos poderosos. Porém, a eventual punição divina jamais adquire uma validade demoníaca, uma vez que está sempre condicionada pela intenção da vontade divina de destruir o mal. A dialética dos profetas tende a contrapor o momento *ideal* da relação religiosa, vista como aliança, a um momento *real* de contradição moral, vista como apostasia ou como injustiça. No entanto, a polêmica profética não conclui no momento negativo, mas convida a um arrependimento do passado e a uma conversão no presente, retornando à dimensão do incondicionado, possibilitado pelo paradoxo da misericórdia divina.[11]

Como expressão da monolatria deuteronomista e do monoteísmo profético, a reforma religiosa do rei Josias purificou a fé de Israel do perigo de uma instrumentalização mágica da natureza, em uma perspectiva de utilitarismo individualista, embora a vivência da aliança tenha se cristalizado ao reafirmar o vínculo do povo israelita com Deus, não sem certo risco de nacionalismo e coletivismo, no dogma da eleição divina. Contra esse nacionalismo religioso, os profetas reagiram, sublinhando

---

[10] E. WÜRTHWEIN. "Elijah at Horeb", in *Proclamation and Presence* (London, 1970) 152ss; J. LUST. "Elijah and the Theophany on Mount Horeb", in *La notion biblique de Dieu*, 91ss.

[11] O. KAISER. "Wort der Propheten und Wort Gottes", in *Tradition und situation* (Göttingen, 1963), 75ss; W. ZIMMERLI. "Gott in der Verkündigung der Propheten", in *La notion biblique de Dieu*, 127ss.

que Deus é o Senhor de todas as gentes e que também, em favor de todas as nações, fez coisas admiráveis. Por trás da história universal se descobre a ação misteriosa da providência divina (cf. Jr 25,9; 27,6; Is 45,1). Nenhum povo é demonizado; todos os povos são objeto da benevolência divina. Emerge uma filosofia politeísta da história universal, como reino imperscrutável da diferença, desvinculado de normas éticas e abandonado à arbitrariedade caótica dos deuses (cf. Am 2,1ss; 9,7ss). A teologia profética, ao narrar a vocação pessoal, legitima um individualismo carismático, frente à apostasia coletiva do povo ou à decadência do corpo sacerdotal (Is 6,1ss; Jr 1,4ss). A ética social dos profetas insiste nas exigências da justiça na sociedade, no primado do bem comum e nos direitos dos pobres a uma particular proteção (Mq 2,1ss; Jr 20,11ss; 29,1ss).[12]

Depois do exílio, Israel realiza uma considerável *restauração* religiosa. O templo é reconstruído e a aliança é renovada. Na experiência religiosa, acentua-se o momento distante e transcendente: Deus é considerado altíssimo Senhor dos exércitos de astros, reinando no vértice da pirâmide cósmica. Também a esperança se dilata, do tempo histórico ao futuro escatológico, do atualismo salvífico à ressurreição futura (cf. Ez 37,3ss; Dn 12,2ss). Deus é confessado não só como Senhor da aliança e da libertação, nem sequer como dominador do oriente fértil, mas desembaraçadamente como rei universal. A esse processo de universalização corresponde um movimento de personalismo religioso, acentuando a proximidade divina na relação a cada indivíduo. Entre ambas tendências, universalista e personalista, não existe contradição. O salmista canta sua confiança em Deus com essas palavras, que expressam ambos momentos da experiência religiosa: "Alço meus olhos aos montes, de

---

[12] J. SCHREINER. "Hören auf Gott und sein Wort in der Sicht des Deuteronomius", in *Miscellanea Erfordiana* (Leipzig, 1962), 27ss; J. GRAY. *The Biblical Doctrine of the Reign of God*, 117ss.

onde há de vir minha ajuda? Minha proteção virá de Deus, feitor de céus e terra" (Sl 121,1ss).[13]

O monoteísmo exclusivo e universal do profetismo bíblico é corroborado pela teologia apocaplítico-sapiencial, confrontando a visão teônoma da vida com diversos aspectos existenciais da situação individual e social. Para a meditação religiosa dos sábios de Israel, o princípio da sabedoria humana é o sentimento do temor divino, identificado com o conhecimento *prático* de Deus, em sua realidade e em sua vontade. Porém, a reflexão sapiencial não esquece a dimensão contemplativa da experiência religiosa, enquanto admiração da glória divina e majestade, revelada na natureza criada e na história salvífica. A teologia sapiencial meditada também sobre o problema do silêncio de Deus, confrontando-se com o problema do mal e com a questão do sofrimento. A justiça divina parece eclipsar-se diante da injustiça humana. Em um dado momento, o sábio se interroga sobre a questão do sentido da vida e do problema do absurdo existencial. Ao constatar que frequentemente o justo padece, enquanto o injusto é feliz, a vida aparece ameaçada intimamente pela dúvida, a desilusão e o ceticismo. Finalmente, na meditação sapiencial emerge o problema *teorético* do conhecimento de Deus, como reflexão religiosa sobre o problema filosófico da proporção entre a beleza e a potência do universo e a inteligência e a onipotência de seu Artífice divino.[14]

---

[13] P. R. ACKROYD. "God and People in the Chronicler's Presentation of Ezra", in *La notion biblique de dieu*, 145ss; Cl. WESTERMANN. "Die Herrlichkeit Gottes in der Priesterschrift", AThANT 59 (1970) 227ss; W. ZIMMERLI. "Die Wahrheitserweis jahves nach der Bottschaft der beiden Exilspropheten", in *Tradition und situation*, 133ss.

[14] J. HASPECKER. *Gottesfurcht bei Ben Sirach* (Roma 1967); L. GORSSEN. "La coherence de la conception de Dieu dans l'Ecclésiaste": EThL 46 (1970) 282ss; A. BARUQ. "Dieu chez les Sages d'Israel", in *La notion biblique de Dieu*, 174ss, cf. 180ss.

Por sua vez, o profetismo apocalíptico se interessa pela relação existente entre o *Deus* único e a *história* universal. O Altíssimo guia o curso da história humana e julga escatologicamente indivíduos e nações. Um decreto divino imutável predetermina sem frustração a história humana. E porque Deus é um e único, a história universal é uma também: a teologia apocalíptica da história, enquanto unidade significativa, é o corolário escatológico-antropológico do monoteísmo teórico dos grandes profetas.[15]

2. A realidade de Deus

Na religião bíblica, através da identidade fundamental entre o Deus revelado na libertação e aliança e o Deus escondido Criador do mundo, o crente se torna consciente da realidade divina. Como Senhor da história é o Criador do universo, pode ser contemplado por meio de sua criação (Sl 9,2ss; 33,6ss). Consequentemente, o hagiógrafo pode julgar inescusável a idolatria, que, em um universo religioso, seria o equivalente do ateísmo. No livro da Sabedoria, analisa-se sob o prisma do reconhecimento universal da realidade divina a situação religiosa dos gentios, concluindo sua culpabilidade pelo não reconhecimento do Criador. Com efeito, os egípcios, seduzidos pela beleza do cosmos e por seu esplendor e potência, substituíram por uma adoração idolátrica de elementos naturais a adoração do verdadeiro e único Deus, Autor do mundo. Não se deu nos egípcios aquele juízo de *analogia* ou *comparação*, que, partindo da beleza e potência da criação, pode legitimamente concluir a realidade e perfeições do fundamento último do mundo. Ainda que se procure atenuar a culpabilidade dos gentios, enquanto seduzidos pela beleza da

---

[15] H. EISING. "Gottes Offenbarung bei Daniel im Rahmen der altentestamentlichen Theophanie", in *Festschrift Nötscher* (Bonn, 1950); M. DELCOR."Le Dieu des Apocalypticiens", in *La notion biblique de Dieu*, 211ss.

criação, acaba-se concluindo sua culpabilidade, por não chegar a uma afirmação explícita da realidade divina (Sab 13,1-9).[16] Dado que os egípcios se encontravam fora do espaço religioso da revelação bíblica, uma afirmação de sua culpabilidade, por não chegar a uma explicitação do conhecimento teorético e do reconhecimento prático da realidade divina, equivale a uma proclamação da cognoscibilidade divina, pela luz natural da razão contemplativa e, equivalentemente, a uma condenação explícita do ateísmo. A religião bíblica conhece, ademais, uma condenação da não aceitação da realidade divina no plano da práxis, rechaçando toda injustiça como forma de ateísmo prático (Sl 10,3ss cf.14,1ss). A negação prática de Deus é rechaçada, não como mero erro inculpável, mas como expressão de culpa e pecado de impiedade (Jr 4,22; 5,12 cf.8,7).[17]

A iniciativa divina, manifestada na eleição e revelação, constitui o último fundamento do conhecimento religioso da realidade de Deus. O povo de Israel conhece a Deus, porque foi previamente conhecido, na predestinação divina. O mesmo acontece com as grandes figuras da religião bíblica (Êx 33,12.17). Somente em uma experiência religiosa extraordinária é possível saber quem é Deus realmente (Gn 33,29ss; Nm 12,6ss). A realidade de Deus se torna evidente na vivência da história salvífica de Israel (Dt 4,32ss; Ez 13,14. 23). Essa experiência deve ser interiorizada na fé, na piedade (cf. Os 6,1-6; Pr 2,1-6). Tal será a afirmação da realidade divina na comunidade escatológica (Is 11,9; Jr 31,34; Hab 2,14). No entanto, a realidade de Deus permanecerá sempre imperscrutável; seu nome é misterioso (Jz 13,18). Deus se revela como presença salvífica irresistível e como solidariedade diante do futuro incerto. A *teofania do nome* não é

---

[16] M. GILBERT. "La connaissance de Dieu selon Le Livre de la Sagesse", in *La notion bibllique de Dieu*, 191ss, cf. 197ss.
[17] J. M. GONZALEZ RUIZ. "L'ateismo nella Bibbia", in *L'ateismo contemporâneo* IV (Roma, 1970), 5ss.

uma declaração metafísica sobre o si mesmo divino, ainda que ontologicamente a implique e suponha; tampouco é uma manifestação de incomunicabilidade, mas a expressão da disposição divina à aliança e à libertação histórica (Êx 3,7ss.14).[18]

Mas a revelação divina não anula o mistério divino. Deus é imperscrutável porque "nada pode ver sua face" (Êx 33,20). O comportamento divino permanece indecifrável no mistério da história, com suas apostasias coletivas e catástrofes nacionais (Is 5,1ss; Jr 8,13ss). O servo de Deus é perseguido, e o mesmo Deus pode ser chamado, paradoxalmente, salvador escondido (Is 45,14ss; 53,1ss). Contudo, no mistério do existir histórico, como corretivo à debilidade da fé, permanece a revelação da palavra divina terrível como um "incêndio" ou como um "fogo" (Jr 5,14; 20,9), como força irresistível da libertação (Jr 28,11), como juízo e norma (Jr 42,19ss). Seus servos recebem a palavra no mistério do símbolo e da imagem, no "sonho" (Gn 28,12ss; 37,5ss), na "teofania" (Êx 19,16ss; 24,15ss), na "visão" profética (Am 7,1ss; Ez 1,1ss; Zc 1,8ss). Os servos de Deus transmitem sucessivamente a palavra divina do povo, servindo a Deus de "boca" (Êx 4,16; Jr 1,9), até que essa experiência religiosa privilegiada se objetiva literariamente na escritura, onde ser conservam as legendas dos patriarcas, as tradições do êxodo, a oração dos salmos, os oráculos proféticos, as leis e os costumes codificados pelos sacerdotes, a reflexão meditativa dos sábios de Israel. O núcleo de cristalização literária desse lento processo de objetificação da palavra revelada se encontra no arcaico documento da aliança mosaica (cf. Êx 24,7). A essa teologia da aliança, voltou sempre seus olhos a fé de Israel, para proclamá-la e recordá-la, para explicá-la e vivê-la, para meditá-la e exaltá-la.[19]

---

[18] A. DUBARLE. "La signification Du nom de Yhavé": RScPhTh 35 (1951) 3ss; H. SCHMID."Ich Bin der ich Bin":ThGl 60 (1970) 403ss.
[19] G. ERNEST WRIGHT. *God Who Acts* (London, 1964), 59ss; J. JEREMIAS. *Theophanie* (Neukirchen/Vluyn, 1965), 112ss.

A experiência religiosa veterotestamentária está determinada pela tensão de revelação e mistério. Toda teofania é epifania velada do mistério. A essa tensão fundamental corresponde a polaridade básica da linguagem religiosa bíblica, do Deus que se esconde e se revela. No henoteísmo arcaico ou no monoteísmo profético, na meditação sapiencial ou na visão apocalíptica, o Deus revelado se manifesta por meio do mundo, como criação, ou por meio da história, como salvação. A situação de revelação pode ser vivida em quatro momentos característicos. Primeiramente, um momento *cósmico-objetivo*, afirmando a possibilidade de uma interrogação religiosa sobre a realidade última, como fundante de toda realidade criada: trata-se de uma afirmação do Criador em sua potência incondicionada, partindo da realidade condicionada do universo (Sb 13,1ss). Em segundo lugar, um momento *ético-subjetivo*, vivendo a experiência religiosa como consciência do dever moral e como sentimento de culpa ou como imperativo ético incondicionado e exigência de conversão (Sl 51,3ss). Em terceiro lugar, um momento *histórico-salvífico*, no que Deus se revela como potência dinâmica e força de libertação na história (Êx 3,14ss). Finalmente, um momento *paradoxal-misterioso*, de uma experiência do divino no eclipse histórico do sagrado. Um momento de esperança contra toda esperança, na presença e potência salvífica do Deus misterioso e escondido (Is 45,14ss). Contudo, o Deus que se revela permanece misterioso, e ainda ao ser conhecido e afirmado em sua realidade permanece incompreensível em seu ser e em sua liberdade.[20]

---

[20] E. BEAUCAMP. "Justice divine et pardon", in *Memorial A. Gelim* (Le Puy, 1961), 129ss; F. GABORIAU. "La connaissance de Dieu dans l'Ancient Testament": Ang 45 (1968) 145ss; R. DE VAUX. "Presence et absence de Dieu dans l'histoire d'après l'Ancient Testament": Concilium 50 (1969), 13ss.

3. Conhecimento escatológico de Deus

O horizonte da religião bíblica é indispensável para compreender a experiência cristã da revelação. O Deus do reino próximo, anunciado por Jesus, é o mesmo Deus dos Pais e da aliança, o mesmo da teologia profética e da piedade religiosa dos sábios de Israel. Para não estar longe do reino que chega, o verdadeiro crente deverá confessar sua esperança exclusiva no Deus único e professar uma solidariedade fraterna. A mensagem religiosa de Jesus anuncia a Deus como Pai, manifestando singular consciência de sua relação filial, feita de confiança ilimitada na bondade divina e na potência divina, fundamento último da esperança de todo crente. O Evangelho de Jesus proclama também o reino de Deus, como *Senhor* único e exclusivo. O discípulo deverá decidir. Não poderá servir a dois senhores. O discípulo deverá resistir frente aos próprios impulsos de egoísmo, cobiça e ambição. Deverá buscar exclusivamente o cumprimento da vontade divina e a obediência aos desígnios da providência divina.[21]

O reino divino, anunciado por Jesus, é Deus mesmo, em sua santidade e potência, em sua justiça e misericórdia. Sobre o mundo condicionado da finitude e alienação, dominado pela iniquidade e o mal, anuncia-se o advento da potência salvífica da monarquia divina, presente no ministério humildade de Jesus, profeta do beneplácito divino e mestre da nova lei, exorcista do mal e taumaturgo da vida, justo, injustamente perseguido e servido da reconciliação divina, rei messiânico escatológico e filho do Deus vivo. Jesus ensina a perfeição da observância divina e o mistério do desígnio divino. A nova práxis do discípulo deverá imitar a perfeição divina, singularmente a misericórdia divina, que deverá traduzir-se em bondade fraterna, inclusive em relação aos próprios inimigos.[22]

---

[21] M. DIBELIUS. *Jesus* (Berlin, 1960), 52ss, cf. 85ss; R. BULTMANN. *Jesus* (Tübingen, 1964), 52ss, cf. 114ss.

[22] G. BORNKAMM. *Jesus Von Nazareth* (Stuttgart, 1963), 58ss, cf. 88ss; J. JEREMIAS. *Abba*, 15ss, cf. 33ss.

As grandes teologias neotestamentárias tematizam a convicção comunitária de ter recebido a plenitude da revelação e de viver a fase escatológica do cumprimento das promessas divinas. Essa convicção não impede uma atenção temática ao problema da não aceitação de Deus, em sua identidade ou como realidade. Já Jesus em seu ministério tinha encontrado frequentemente a *incredulidade*, como expressão de pecado e de ruptura com Deus, e havia chamado simbolicamente a atenção sobre a diferente sorte reservada à palavra divina semeada nos corações de seus ouvintes, conforme a diversa disposição de seu ânimo (Mc 4,3ss.13ss). Também é verdade que Jesus exaltou um tipo de religiosidade "anônima", daqueles que viviam a práxis da fraternidade, ainda que parecesse como "não religioso", a partir do ponto de vista da ortodoxia farisaica, tal é o caso dos que praticam a caridade, ainda sem ter plena consciência da relevância teológica desse fato, segundo pode ver-se no tema das parábolas do bom samaritano (Lc 10,29ss.36ss) e do juízo final (Mt 25,31ss.37ss).[23]

Enquanto revelação e mensagem, a experiência religiosa do cristianismo primitivo encontra resposta adequada na fé da comunidade, tanto na proclamação do significado salvífico universal do Cristo da fé, como na narração do Evangelho de Jesus da história. A comunidade dos discípulos fundamentava sua esperança concreta em uma teologia da ressurreição, confiando no Deus da ressurreição, Pai onipotente de Jesus, e sentindo-se agraciada com a nova justiça da fé, garantia da ressurreição futura (2Cor 1,3; Rm 3,21ss). A comunidade confia igualmente que a potência divina vencerá escatologicamente todos os inimigos do reino, submetendo as potências diversas, por meio do senhorio messiânico do Filho, à *monarquia do Pai* (1Cor 15,28). Ao anúncio gozoso da comunidade (At 2,32ss),

---

[23] E. SCHWEIZER. *Jesus Christus im vielfältigen Zeugnis des Neuen Testaments* (München & Hamburg, 1968), 55ss, cf. 93ss.

responde uma profissão de fé, sentida intimamente e manifestada firmemente (Rm 10,9ss).[24]

A predicação da mensagem salvífica é precedida da recordação de um teísmo bíblico, transcendente e pessoal, que proclama a realidade divina de Deus onipotente. Em todos os homens existe o problema religioso. Por isso, todos buscam ao *Deus desconhecido*, que coincide com o Criador do mundo e dos homens. Esse imperativo religioso universal, levando o homem a uma busca incondicionada da realidade divina, prepara-o para escutar o escandoloso anúncio da salvação escatológica do Deus revelado em Cristo (At 14,15ss; 17,23-27ss).[25] Para a teologia paulina, ainda que os homens inescusavelmente não reconhecessem nem adorassem ao Criador, o Deus desconhecido podia e deveria ser reconhecido através da criação ou da consciência moral (Rm 1,19ss; 2,14ss). Ao ocupar-se da vergonhosa ignorância prática de Deus (1Cor 15,34), Paulo estigmatiza a culpa de quantos desconhecem a realidade divina, apesar das obras da criação, que manifestam o poder e a divindade de seu Autor. Os homens, por sua vez, ao invés de agradecer a Deus seus benefícios e ao invés de glorificá-lo por sua obra, se perveteram na idolatria, realizando uma verdadeira opressão inescusável da verdade (Rm 1,18ss. 28ss).[26]

No contexto religioso da ignorância geral da realidade divina, ressalta o significado revelador da palavra da cruz e do Evangelho da graça. O Deus revelado se manifesta como justo e justificante de quantos, judeus ou gentios, viviam na impiedade (Rm 3,24ss). O Evangelho é a procla-

---

[24] E. SCHWEIZER. "Pour que Dieu soit tout en tous (I CorXV.28)", in *La notion biblique de Dieu*, 275ss.
[25] L. LEGRAND. "The Areopagus Speech", in *La notion biblique de Dieu*, 337ss; V. GATTI. *Il discorso di Paolo ad Atene* (Brescia, 1982), 216ss.
[26] Ibidem.

mação do amor paterno de Deus, revelado na cruz de Cristo, loucura e escândalo para a lógica dos sábios deste mundo (1Cor 1,17ss). A comunidade cristã é consciente de ter alcançado a plenitude do conhecimento divino, conciliável com a situação de fé. O *kerygma* se torna instrumento de mediação do conhecimento da realidade divina em sua identidade. O Evangelho de nossa salvação faz surgir em nós a luz do caos, como em uma nova criação, dando-nos um novo conhecimento de Deus (2Cor 4,4ss). Subordinada à grande mensagem apostólica da salvação, existe na comunidade um desigual conhecimento de Deus e uma desigual palavra de sabedoria. Todos os crentes conhecem o mistério do amor de Deus Pai, atuado em Cristo e interiorizado no Espírito, ainda que não no mesmo grau: uns permanecem "carnais", enquanto outros são "espirituais" (1Cor 3,1ss). No entanto, esse conhecimento de Deus permanece imperfeito e inferior à visão definitiva (1Cor 13,12; 2Cor 5,7). Esse conhecimento da realidade divina, em sua identidade e em seu comportamento salvífico, está também em relação íntima com a práxis cristã, realizada na caridade (1Cor 8,3; 12,12), com a fé (2Cor 4,13ss; Fl 3,9ss) e com a esperança (Ef 1,7ss). O objeto do conhecimento divino é o reconhecimento da revelação escatológica do amor de Deus Pai, manifestado na salvação realizada em Cristo (Ef 3,14ss). Nele, o crente recebe a revelação definitiva: nele, Deus se revela conforme sua imagem epifânica (Cl 1, 15ss; Hb 1,3). Mas Deus também se esconde em sua cruz, que é causa de escândalo (1Cor 1,23), em sua carne de pecado (Rm 8,3) e em sua humilhação até a morte (Fl 2,8).[27]

Na comunidade joanina, o verdadeiro conhecimento de Deus é mediado pela ação reveladora de Jesus, palavra eterna do Pai (Jo 1,14.18), e pela ação iluminadora do Espírito, doutor da comunidade e acusador do mundo (Jo 16,7ss). Com efeito, Jesus é o Filho predileto do Pai e

---

[27] J. DUPONT. *Gnosis. La connaissance religieuse dans lês építres de Saint Paul* (Louvain, 1949); H. SCHLIER. "Die Erkenntnnis Gottes nach den Briefen des Apostels Paulus", in *Besinnung auf das Neue Testament* (Freiburg, 1964), 319ss.

pastor escatológico do rebanho dos crentes (Jo 10,14ss). Quem escuta sua voz, encontra o Pai. Jesus é o caminho, a verdade e a vida (Jo 14,6ss). Ele revela o nome do Pai (Jo 17,6). Por sua vez, o Espírito ensinará a comunidade a aprofundar-se na mensagem de Jesus, interiorizando-o e conduzindo os discípulos até a verdade completa (Jo 16,13). No entanto, o conhecimento de Deus em sua realidade e identidade singular não é fruto de pura reflexão intelectual, mas algo que requer também a práxis da caridade fraterna. Somente conhece a verdade quem faz a verdade. *Conhecer a Deus* é guardar seus mandamentos, particularmente o mandato novo do amor (Jo 13,34ss). Na tensão entre verdade e mentira, fé e incredulidade, amor e ódio, luz e trevas, a teologia joanina polemiza com o "pecado do mundo", proclamando o Espírito acusador de sua culpa (Jo 16,9ss). O ancião denuncia também o ateísmo de quem, vivendo no ódio fraterno, é incapaz de conhecer realmente a Deus, ao não viver a relação existente entre afirmação de Deus e práxis cristã (1Jo 2,9ss).[28]

Assim sendo, o conhecimento escatológico de Deus na comunidade dos discípulos de Jesus está em íntima relação com a revelação do Evangelho e com a práxis cristã. Isso se parece mais com uma meditação religiosa sobre a Palavra de Deus manifestada em Cristo e proclamada na comunidade do que com uma mistagogia esotérica no abismo tremendo do Absoluto.[29] Contudo, a experiência religiosa no cristianismo manifesta momentos análogos à experiência *numinosa* no teísmo bíblico, se bem iluminados pelo esplendor misterioso da cruz do humilhado e a glória do exaltado. Primeira e novamente se polemiza com a ignorância do ímpio e se reafirma a possibilidade de uma interrogação religiosa sobre a realidade última, enquanto fundante de toda a realidade criada. Trata-se do momento *cósmico-objetivo*

---

[28] I. DE LA POTTERIE. "Je suis la voie, la verité et la vie": NRT 98 (1966), 907ss; H. SCHLIER. "Glauben, Erkennen, Lieben nach dem Johannesevangelium", in *Besinnung auf das Neue testament*, 279ss.

[29] R. SCHNACKENBURG. "Erkennen": LThk III, 996ss.

na experiência do divino, vivido como afirmação do Criador em sua potência incondicionada (Rm 1,18ss). Em segundo lugar, se afirma um momento *ético-subjetivo* vivido como imperativo moral incondicionado, sentimento de culpa e exigência de conversão (Rm 2,12ss). Em terceiro lugar, o momento *histórico-salvífico* se resolve num momento cristológico, como palavra e acontecimento, como cruz e como exaltação. No ministério de Jesus, se revela aos humildes o mistério salvífico de Deus Pai (Mt 11,25ss). O anúncio salvífico deve ser interiorizado na fé, superando o escândalo e a loucura da cruz, em que sabedoria e potência divinas se escondem e se revelam (1Cor 1,17ss). Por isso, finalmente o momento cristológico se resolve em um momento *paradoxal-misterioso*. O Espírito leva a comunidade a compreender, como no Filho, Deus Pai pode, a um só tempo, revelar-se e esconder-se. O Pai se revela no Filho, enquanto é sua imagem (Cl 1,15), seu herdeiro (Hb 1,2), sua palavra (Jo 1,1ss). Porém, também se esconde em sua carne de pecado (Rm 8,3), em sua cruz escandalosa (1Cor 1,23), em sua humilhação até a morte (Fl 2,8).[30]

Também para a revelação cristã, Deus permanece escondido e misterioso. Nada pode compreendê-lo, porque habita em uma luz inacessível (1Tm 6,16). A diferença fundamental do cristão e do gentio consiste no passo do desconhecimento divino à sincera afirmação de Deus, em sua realidade e em sua identidade, convertendo-se dos ídolos ao verdadeiro e único Deus vivo, servindo-o no cumprimento de sua vontade (1Ts 1,9), porém o cristão caminha sempre à luz da fé e não da visão (2Cor 5,7). Também para o cristão subsiste a dificuldade do conhecimento divino. Durante esta vida só será parcial e obscura (1Cor 13,8ss). Com efeito, Deus é invisível e inacessível (Rm 1,20; Jo 1,18). Resta somente admirar sua potência divina e sua insondável vontade salvífica (Rm 11,33).[31]

---

[30] L. CERFAUX. "La pensée paulinienne sur le rôle de l'intelligence dans la révélation", in *Receuil Cerfaux* III (Bembloux, 1962), 351ss.
[31] R. BULTMANN. "Die Unsichbarkeit Gottes": ZNW 29 (1930), 169ss.

Análise do teísmo bíblico

A religião bíblica se caracteriza por sua convicção de uma comunhão com o Deus transcendente, realizada na imanência da história. O paradigma desse tipo de relação religiosa é a instituição da aliança. Essa categoria religiosa fundamental domina toda a história da fé de Israel e modifica todas as suas tradições: criação e eleição, revelação e libertação, reino e graça. A afirmação da realidade de Deus, na revelação bíblica, inclui uma série de notas, que expressam sua absoluta incondicionalidade e seu caráter pessoal. Deus se revela como absolutamente singular e transcendente, santo e eterno, vivo e verdadeiro, justo e misericordioso. Depois de ter considerado a questão da afirmação de Deus em sua identidade e em sua realidade, deverá ser analisada a estrutura semiótica dessa afirmação, considerando suas muitas características e polaridades semânticas: a dialética entre transcendência e história e a tensão entre o incondicional e o pessoal, na experiência religiosa do teísmo bíblico.

1. Transcendência e história

Numerosos motivos, inspirados na teologia da *aliança*, se encontram já presentes na refundação das arcaicas tradições religiosas de Israel. Assim sucede já com as tradições sobre a *criação* do homem e do mundo. Na primeira narração teológica da criação, encontramos em realidade um prólogo à história da aliança, com a nota didática característica da teologia sacerdotal. Trata-se da aliança primordial de Deus criador com o homem criado, proclamado "teomorfo", imagem e "vizir" de Deus no mundo (Gn 1,26ss; Sl 8,6ss). Na segunda narração da criação, o javista considera etiologicamente a relação entre Deus e o homem, à luz do paradigma da aliança entre Israel e Javé. Diante do homem aparece a árvore da vida, como símbolo de um futuro de comunhão com Deus. Aparece também Deus transcendente e incondicionado, porém disposto a uma aliança com o homem, na imanência da história. Encontra-se também a árvore da sabedoria, como objeto de proibição; em um contrato de aliança se encontram as diversas cláusulas proibitivas (Gn 2,9). A infidelidade humana não tolhe a disposição divina à graça. A cabeça do dragão do mal será esmagada com o favor divino (Gn 31,5). A benévola providência de Deus protege não somente a Abel, a quem vê como um familiar, mas também a Caim, concebido com o favor divino e protegido, ainda depois de seu crime (Gn 4,10.15). Assim sucederá sempre ao longo da história: a graça será vitoriosa. Depois da punição, vem a paz; depois da ira, vem a fidelidade. Ao dilúvio segue a aliança com Noé, símbolo de que a humanidade toda está envolvida pela graça (Gn 9,9).[32]

A disposição divina à aliança se manifesta também na *eleição* dos Patriarcas, verdadeiro tempo da promessa divina, que tenderá a seu cumprimento até a descendência de Abraão, na futura aliança mosaica. Tanto na narração javista, como na sacerdotal, essa relação de Abraão com Deus aparece como aliança, selada com o rito do esquartejamento (sacrifical) e do fogo, e no que Deus mesmo toma a iniciativa (Gn 15,7ss; 17,4ss). O Deus transcendente, dominador do céu e da terra, vento e fogo, Senhor do passado e do futuro, vem ao encontro do homem no presente de sua própria situação vital e na imanência de sua própria história.[33]

A maior razão da teologia da aliança se torna central nas tradições da revelação do nome e do êxodo da libertação. Ainda que a tradição javista pareça supor um conhecimento do nome de Javé já nos primórdios (Gn 4,26), as tradições eloísta e sacerdotal (Êx 3,14; 6,3) sobre a *revelação* do nome divino remetem a Moisés esse acontecimento, que

---

[32] L. ALONSO-SCHÖNKEL. "Motivos sapienciales y de alianza em Gen 2-3": Biblica 43 (1962), 295ss; A. DEISSLER. "Gottes Selbstoffenbarung im Alten Testament": MySal II (1967), 248ss.

[33] I. CADIER. "lês alliances de Dieu": ETR 31 (1956), 10ss.

constitui ao mesmo tempo uma manifestação de graça. Tanto no nome, com no ato manifestante, aparece a disposição à aliança, expressão privilegiada da imanência do Transcendente na história. A resposta divina não significa uma manifestação extática do si mesmo metafísico, embora onticamente o inclua.Tampouco deve-se compreender a resposta divina com o jogo de palavras para permanecer na penumbra, ainda que se suponha permanentemente o mistério da incompreensibilidade divina. A resposta divina é expressão de uma disponibilidade de Deus para ajudar o povo de Israel, estabelecendo com ele uma aliança na imanência da história. O Deus dos Pais e de Moisés é também aliado onipotente para a *libertação* da nação (Êx 3,14ss; 20,2). Dado que a descendência de Abraão foi escravizada no Egito (Êx 1,1.11), o "Deus de Abraão" desce para libertá-la "das mãos dos egípcios" (Êx 3,6ss), suscitando a liderança carismática de Moisés (Êx 3,1ss). Essa ação libertadora dará a Deus o título de "redentor", expressão derivada do direito familiar, para designar quem liberta um paciente da escravidão ou quem o vinga (Êx 6,6; 15,3). Em categoria derivada do direito comercial, o povo de Israel será considerado "aquisição" divina, "reino sacerdotal e nação consagrada" (Êx 19,5ss). De modo eminente, na ação libertadora parece a intervenção divina como imanente à história.[34]

Unida às tradições da teofania do nome e do êxodo de libertação da escravidão, aparece também a tradição sinaítica da *aliança* (Êx 19–24). Primeiramente, é formulada a proposta da aliança da parte de Deus: a um preâmbulo histórico ("oráculo da águia"), segue a declaração fundamental de lealdade à aliança (Êx 19,4ss). A fórmula do documento de aliança segue o modelo dos contratos diplomáticos de soberania imperial: depois da autoapresentação divina, vêm as cláusulas particulares

---

[34] Sobre a teofania do homem, cf. supra n. 6 & 17. Sobre o tema da libertação cf. S. RUIZ. "Teología bíblica de liberación", in *Liberación* (Bogotá, 1974), 339ss; F. A. PASTOR. "Liberación y Teología": EE 53 (1978), 365ss.

do contrato da aliança ("o decálogo") (Êx 20,1-17). Deus aparece com o libertador comprometido com a salvação histórica do povo de Israel. A esse anúncio salvífico deve responder, no homem, não somente uma lealdade fundamental, mas demais determinados compromissos com relação a Deus e à comunidade nacional. Assim, Deus exerce um particular cuidado, através da ação providente da solidariedade humana e de uma vigilante defesa dos bens humanos, como a família, a honra ou as riquezas e propriedades. Esse vínculo de religião e ética é característico da revelação mosaica; a ela permaneceram fiéis os profetas (Am 5,21ss; Os 6,6; Mq 6,8; Is 1,14ss) e a liturgia (Sl 15,1ss; 24,3ss). Toda renovação religiosa da aliança exigirá também uma renovação dos compromissos éticos de solidariedade comunitária: verticalismo e horizontalismo vão juntos. A transcendência se faz imanente na história, também por meio da fé pessoal, a fidelidade no tempo e a comunhão na solidariedade. A seriedade vinculante dessa relação religiosa paradigmática se expressa, não somente no documento da aliança (Êx 19ss), mas também no código que o acompanha (Êx 21ss) e no rito conclusivo de estipulação do contrato (Êx 24). Tal acontece na liturgia da palavra ou proclamação e aceitação da aliança, na liturgia do *holocausto* ou sinal de uma aliança de sangue e na liturgia do *banquete* sacral ou sinal de uma aliança de comunhão religiosa.[35]

A imanência salvífica de Deus transcendente se expressa nitidamente no anúncio do *reino*, caro aos grandes profetas. Deus é rei, já que domina a história e a submete a seu juízo. Já na visão inaugural de seu ministério, Isaías é o primeiro a proclamá-lo (Is 6,5). Os profetas do exílio retomam com nova intensidade o anúncio da monarquia divina. O trono divino descansa sobre um carro celeste

---

[35] G. E. MENDENHALL. *Recht und Bund in Israel und dem Alten Vorderen Orient* (Zollikon, 1960); D. J. McCARTHY. *Treaty and Covenant* (Roma, 1963); K. BALTZER. *Das Bundesformular* (Neukirchen, 1964).

e não está ligado a um espaço; o reinado divino se manifestará na restauração da nação, liberando-a da dispersão e do exílio (Ez 1,1ss; 3,12ss; 20,33ss). O segundo Isaías anuncia o Evangelho da libertação e do "tu Deus reina"; o reinado divino se manifestará no juízo de condenação sobre as potências que escravizaram Israel (Is 52,7.10). Também os profetas pós-exílicos exaltaram a monarquia divina (Sf 3,15; Abd 1,21; Zc 14,9; Ml 1,14). O profetismo apocalíptico retomará o tema da monarquia divina, acentuando a eternidade e a imperturbabilidade do reinado divino (Dn 2,44; 7,27). A soberania divina é exaltada também nos salmos, por seu esplendor e potência, por sua vitória histórica e escatológica, por seu juízo definitivo (cf. Sl 47,3; 93,1; 96,10; 97,1; 98,9; 99,3).[36]

Nesse contexto de criação e eleição, aliança e revelação, libertação e reino, se coloca o anúncio da graça divina e da misericórdia, da compaixão divina e fidelidade. Do comportamento divino se predica principalmente sua "misericórdia", demonstrada até "mil gerações", já que Deus é "rico" em misericórdia e perdão (Êx 20,6; 34,6ss). O primeiro grande teólogo do amor divino foi o profeta Oseias, que o proclamou no simbolismo do amor matrimonial, que supera uma crise de infidelidade, e no do amor paterno, que se compadece e perdoa (Os 2,4ss; 11,1ss). A influência dessa teologia se fará sentir sobre Jeremias, como motivo perene de conversão (Jr 3,12ss; 4,1ss); sobre Isaías, como incitação à superação da infidelidade (Is 49,15; 54,7ss); no Deuteronômio, como exortação à fidelidade (Dt 7,7ss); e no Salmista, como exortação à esperança (Sl 47,5). O amor misericordioso de Deus é exaltado em sua bondade, em sua ternura, em sua constância e fidelidade; já que conserva sua aliança,

---

[36] O. EISSFELDT. "jahwe als König": *kleine Schriften* I (Tübingen, 1962), 172-193; V. MAAG. "Malkut IHWH": VT 7 (1959), 128ss; M. HORKINS. *God's Kingdon in the Old Testament* (Winona, 1963); M. TREVES. "The Reign of God in the Old Testament": VT 17 (1969), 230ss.

apesar das infidelidades do povo (1Rs 8,23; 2Cr 6,14). Por isso, o amor divino pode ser sempre invocado com confiança (Dn 9,4ss).[37]

2. Incondicionalidade e pessoalidade

Na religião bíblica, a afirmação de Deus, em sua realidade e em sua identidade, inclui uma série de notas, que manifestam sua absoluta incondicionalidade e seu caráter pessoal: Deus se revela como absolutamente singular e transcendente, santo e eterno, vivo e verdadeiro, justo e compassivo. O teísmo bíblico aparece como um monoteísmo salvífico, isto é, como um teísmo transcendente, pessoal e de fidelidade.

Em contraste com a henolatria primitiva, que admitia um politeísmo ambiental sem potência (Jz 11,24; 1Sm 26,19), a convicção da unicidade, da veracidade e da exclusividade divina foi afirmando-se progressivamente. Com efeito, a cláusula fundamental da aliança afirmava já uma monolatria exclusiva. "Não terás outro Deus diante de mim" (Êx 20,3; 34,14). Essa monolatria estrita cresce desde uma afirmação da nulidade dos baais até uma intenção de verificação empírica da divindade de Deus. Elias, na polêmica com o baalismo, é o iniciador desse processo irreversível. "Que se saiba hoje que tu és Deus" (1Rs 18,36.39). Os profetas foram os teóricos do *monoteísmo*. Amós proclama a soberania de Javé também sobre os outros povos (Am 1,3-9). Isaías realiza uma enérgica crítica do politeísmo (Is 2,8.18); os ídolos são "nada" em comparação com Deus, diante do qual os seres semidivinos devem velar-se, por não suportar seu esplendor (Is 6,2). Para Jeremias, os deuses carecem de realidade, como "sopro de ar" (Jr 2,5.11; 10,15; 14,22). A monolatria exclusiva se afirma como teísmo de

---

[37] J. ZIEGLER. *Die Liebe Gottes bei den Propheten* (Münster/W, 1930); J. ASENSIO. *Misericordia et veritas. El Hèsed y 'Emet divines* (Roma, 1949); N. GLUECK. *Das Wort Hesed im alttestamentlichen Sprachgebrauch als menschliche und göttliche gemeinschaftsgemäse Verhaltensweise* (Berlin, 1961).

fidelidade, na tradição deuteronomista. Somente Deus salvou a Isarel, por isso deve ser o único aliado e o referencial único da relação religiosa (Dt 4,33ss; 5,6ss). A fé monojavista, constantemente professada, afirma que somente Deus pode ser objeto de uma realidade incondicionada: "Escuta Israel: Javé é nosso Deus, Javé é único" (Dt 6,4ss). Com o segundo Isaías, o monoteísmo se afirma em fórmulas precisas e lapidares: "Eu sou Deus e não há outro" (Is 45,14.18.22). Sua teologia proclama incisivamente a absoluta singularidade divina, como Criador do mundo e como Senhor da história universal, como onisciente e onipotente, particularmente em comparação com os ídolos das nações (Is 43,11). Israel e todas as nações deverão converter-se, para obter a salvação; já que fora do Senhor não existe outro Deus (Is 44,8). Por isso, depreciando os ídolos, também a piedade de Israel se dirige exclusivamente ao Senhor (Sl 115,4.15).[38]

Deus é uno e santo. A absoluta transcendência da realidade divina se revela como mistério de *santidade* inacessível. De modo incomparável Deus é santo [*quadosh*] (1Sm 6,20). Suas teofanias são fascinantes e terríveis, circundadas de santidade e glória (Êx 3,2ss; 19,18ss). A glória da presença divina é terrível e cheia de majestade, como uma tempestade ou um fogo (Sl 29,1ss; 50,1ss). A experiência religiosa, na revelação bíblica, inclui uma vivência do *numinoso* como santidade e glória (Êx 3,18ss; 40,34ss). A glória da majestade divina se manifesta tanto no culto, como na história da salvação (Lv 9,23ss; Nm 14,20ss). A santidade divina provoca o temor religioso nas teofanias. Assim sucede a Abraão e a Moisés (Gn 18,27; Êx 3,5ss) e aos profetas (Is 6,3ss; Ez 1,28). A teologia profética exalta a perfeição da santidade divina, em sua diferença e contraste com a imperfeição do comportamento humano (Os 9,7ss). Por isso, os profetas condenam

---

[38] M. BUBER. *Der Glaube der Propheten* (Zürich, 1950); V. HAMP. "Der monotheismus im Alten Testament": Sacra Pagina I (1956), 516-521; M.G. CORDERO. "El monoteísmo en el Antiguo Testamento": Burgense 10 (1969), 9ss.

um culto que cobre a injustiça, já que Deus não aceita sacrifícios sem santidade moral, e o culto sem ética é vão (Am 5,21ss; Mq 6,6ss; Is 1,11ss). A presença divina está circundada de glória e incondicionada majestade (Ez 3,12.23; 10,18ss; 11,22ss). A santidade divina exige a purificação de Israel, manifestando-se como imperativo incondicionado de santidade ética (Ez 20,41; 28,22ss; 36,23ss). A glória divina se revelará especialmente ao fim da história, no juízo escatológico (Is 59,19ss; 60,1ss; 66,18). No juízo divino, resplandecerá gloriosamente a justiça divina (Sl 97, 6).[39]

Deus é onipresente e eterno. A transcendentalidade divina, implícita em sua unicidade exclusiva e explícita em sua santidade inacessível, se expressa nitidamente em sua superioridade eminente sobre tempo e espaço, natureza e história. A *onipresença* salvífica de Deus domina a terra e inunda o céu. As potesdades terrestres lhe estão sujeitas. Os deuses do Nilo são impotentes diante dele e os baais de Canaã não podem impedir que dê a terra a seu povo. Seus santuários, Betel e Hebron, Bersabé, são lugares de sua manifestação teofânica e de sua presença de graça. O templo, símbolo de seu reinado, não pode contê-lo; já que nem os mesmos céus podem limitá-lo (1Rs 8,27). Desde o Hades até o Carmelo, desde o fundo do mar até o alto do céu, desde o oriente até o ocidente, sua presença salvífica se dilata e se estende, como canta o salmo (Sl 139,7ss) e proclama o profeta (Am 9, 2ss). A presença divina não pode ser localizada em uma imagem. A tendência iconofóbica deseja superar todo perigo idolátrico como atentado à transcendência divina e como infidelidade ao Senhor exclusivo da aliança (Êx 20,4ss; Dt 4,15ss). Israel deve guardar-se de adorar ídolos mudos, como fazem erroneamente os gentios (Hab 2,18ss; Jr 10,3ss; Br 6,4ss). A ubiquidade divina

---

[39] A.V. GALL. *Die Herrlichkeit Gottes* (Giesen, 1900); B. REICKE. "Heilig ist der Herr Zebaoth":ThZ 28 (1972), 24-31.

toda o contempla: sua presença enche de glória a terra (Jr 23,23ss; Is 40,22ss). A presença divina penetra o universo inteiro; céu e abismo, terra e mar (Jo 11,8ss). Por isso, o sábio contempla a presença divina, que tudo conhece, penetra e governa (Pr 15,3; Sb 7,22ss; 8,22ss).[40]

Como o espaço não limita a Deus, tampouco o tempo o ameaça, sua plenitude de vida não pode ser descrita em uma "teogonia". Somente a *eternidade* lhe convém. Em contraposição aos ídolos, o Senhor da aliança é o Deus vivo e vivificante, por cuja vida pode jurar o crente (Dt 32,39ss; 2Rs 2,2). Deus é sem princípio nem fim. Desde sempre existe (Sl 90,2). Não pode "morrer" (Hab 1,12). Por isso, é proclamado "primeiro" e "último" (Is 44,6; 48,12). Deus se revela como o Senhor vivo e eterno, verdadeiro e fiel (Jr 10,10; Is 26,4; 40,28). A vida divina eterna se manifesta em sua providência especial (Sl 116,8ss). Seus "anos" não têm fim (Sl 102,28). Deus é "rei dos séculos" e vive eternamente (Tb 13,6; Eclo 18,1). Também a apocalíptica proclama a monarquia do Eterno vivente (Dn 12,7). Enquanto eterno, Deus pode dirigir a história (Is 41,4), sendo garantia perene da salvação de Israel (Is 46,3ss), pela qual Deus é incomparável (Is 43,10ss; 45,21). Por sua eternidade, Deus é Senhor, rei e juiz de toda vida, de geração em geração (Sl 9,8; 10,16; 29,10). Por isso, é cantada a eternidade da monarquia divina (Sl 92,9; 93,2). Seu domínio se estende ao universo inteiro. Os astros e as estrelas são servos da potência divina (Is 40,26). Luminares apenas e não seres divinos (Gn 1,14). As potências celestes são dessacralizadas e destronadas; são somente obras da potência criadora divina (Is 42,5; 45,18); efeito magnífico da palavra divina (Sl 33,6.9; 148,5).[41]

Deus é vivo e verdadeiro, onisciente e onipotente. Deus não é só a realidade suprema e absoluta, santa e eterna, metacósmica e meta-

---

[40] J. DURHAM. "Shalôm and the Presence of God", in *proclamation and Presence*, 272-293.
[41] E. JENNI."Das Wort 'ôlam im Alten Testament": ZAW 44 (1952), 197-248; 45 (1953), 1-35; A. DEISSLER. "Gottes Selbstoffenbarung im Alten Testament": MySal II (1967), 235ss.

-histórica. O caráter pessoal do teísmo bíblico se manifesta de diversos modos. A transcendência divina não supõe uma diversidade abstrata, mas concreta e energicamente *pessoal*. Ele é o "santo" de Israel (1Sm 6,20). Sua diversidade sacral e transcendente se expressa em uma relação religiosa intensamente pessoal, feita de confiança e temor (Am 2,7; 4,2). Ele é o autor do cosmos; com sua palavra o criou (Gn 1,1ss). Chama os astros ao ser e vem (Is 40,26; 48,13). O "sopro de sua boca" faz o mundo: neve e vento, gelo e água o obedecem (Sl 147,15ss). Sua potência salvífica ordena o cosmos e a história: Estados e nações, diante de sua presença e domínio, são grãos de areia em uma balança, isto é, completamente irrelevantes (Is 40,15ss; 46,9ss). Seu senhorio não tem nada de fatalismo trágico do destino: é mesmo a presença pessoal de uma fidelidade compassiva. Deus salva a Israel em uma intensa relação de solidariedade e fidelidade. Deus é seu libertador [*ga'al*] e seu redentor [*padah*]. Como criador e como aliado, a presença divina é uma potência salvífica pessoal (Gn 2,15ss; Êx 20,1ss). O teísmo bíblico proclama energicamente a presença vivente de Deus, inclusive com expressões fortemente antropopáticas. De Deus se predicam arrependimento e cólera (Gn 6,7; Êx 33,12), predileção e pesar (1Sm 13,14; 15,11), ódio e dor (Jr 4,26; 25,38; 26,19). Sua fidelidade é proclamada, sobretudo, como compassiva, e sua presença salvífica. Deus se anuncia por sua palavra, diferentemente das divindades mudas do oriente. Deus pode comunicar-se e automanifestar (Is 43,11.25). A teologia profética sublinha o eu divino [*anohî*], que chama e guia, fala e protege (Is 48,15; 51,12). A realidade divina manifesta uma ressonância interior. A linguagem antropopática expressa os sentimentos divinos: a íntima comoção revela a realidade divina como pessoal (Os 11,8; Jr 31,20). A palavra divina revela sua intimidade "cordial" e "visceral" (Jr 3,15; 6,8; 15,1). Deus manifesta sua absoluta espontaneidade e sua incondicionada liberdade na realização de sua misericórdia (Êx 33,19) e de seus desígnios eternos (Is 46,10; Sl 33,11). Deus permanece veraz e fiel a si mesmo, firme em seu propósito e imutável em sua identidade (Nm 23,19; 1Sm 15,29; Ml 3,6). A potência divina é subsistente e seu desígnio é firme (Sl 102,26ss; Pr 19,21). Sua potência vivificante dá vida a quanto existe e renova a face da terra (Jó 34,14ss; Sl 104,30). Sua sabedoria divina se revela esplendorosa e onipotente (Sb 7, 25ss).[42]

O Deus vivo e verdadeiro se revela como pessoal também em sua *onisciência*. O cântico arcaico o proclama sapientíssimo (1Sm 2,3). Particularmente admirável é a sabedoria divina manifestada na criação do céu e no conhecimento dos astros (Sl 136,5; 147,4ss). Admirável é também o conhecimento divino do ânimo humano (Sl 139,1ss). Deus tudo conhece e nada lhe é oculto; conhece o abismo e o coração humano (Jó 28,24ss; Pr 15,11). A ciência divina é o fundamento do sentimento de culpa: Deus conhece as ações humanas, o passado e o futuro (Eclo 23,18ss; 39,19ss; 48,19ss). A oração do justo invoca a sabedoria divina, sobre a própria inocência, e a presciência divina, sobre a malícia humana (Dn 2,21ss; 13,42). Deus não só conhece a própria identidade (Êx 3,14), mas também todo o possível e o real, ainda antes da criação do mundo, como conhece as criaturas todas (Eclo 23,20; Sl 50,11). Deus conhece os pensamentos humanos e, particularmente, o coração do justo (Dt 31,21; 1Cr 28,9; 2Cr 16,9). Deus não se contenta em conhecer o exterior, mas penetra até o íntimo do homem (1Sm 16,7; 1Rs 8,39; Jr 20,12; Ez 11,5). Deus conhece os caminhos humanos, mesmo os profundamente escondidos, e conhece os segredos do coração (Sl 17,3; 44,22). O juízo divino é onisciente. Somente o ignorante nega a onisciência divina, ou a põe em dúvida (Jr 17,10; Jó 23,10; Sl 10,11; 73,11; 94,7). A onisciência divina não está limitada pela liberdade humana ou por um tempo histórico: Deus prediz acontecimentos futuros (Êx 3,19ss;

---

[42] J. GUILLET. "Le titre biblique Dieu vivant", in *L'homme davant Dieu* I (Paris, 1963), 11ss; H. J. KRAUS. "Der lebendige Gott": EvTh 27 (1967), 169ss.

14,1ss), Deus conhece inclusive futuros condicionados ou futuríveis (1Sm 23,9ss; Jr 38,17ss), Deus conhece também o futuro individual pessoal (2Rs 19,27; Sl 139,2ss).[43]

O personalismo bíblico não apenas sublinha a onisciência divina, mas também proclama a *onipotência* divina. O Senhor retamente é chamado Deus onipotente [*'El-Shaddai*], por sua potência criadora e irresistível (Gn 1,1ss; 17,1; 18,14). Deus se revela como onipotente, também na história da salvação (Êx 6,2ss; 15,6ss). A potência divina está orientada ao triunfo da justiça divina e do eterno amor do Senhor da aliança (Jr 18,6ss; 31,3). A potência divina se revelará no juízo escatológico sobre a história (Is 13,6). Deus manifesta sua total liberdade e afeto na criação e na salvação, dominando a história humana com sua onipotência (Is 43,7.25; 49,15; 52,7). Deus cria e elege livremente (Sl 78,67ss; 135,6). À diferença dos ídolos, Deus pode fazer quanto quiser. Sua potência brilha na história da salvação (Sl 44,2ss; 89,14; 115,3; 148,5). A onipotência divina resplandece na criação e tem uma função corretora na vida (Jo 5,17; 9,4ss; 26,13). O amor divino se manifesta na criação, na providência e no perdão. A vontade divina é onipotente. A potência divina está ordenada ao triunfo da justiça divina e da misericórdia divina (Sb 11,24ss; 12,16ss).[44]

Com efeito, o Deus vivo e vivente, onisciente e onipotente é o Senhor justo e compassivo, fiel e misericordioso. Deus se revela como justo, enquanto é fiel a sua aliança de salvação e a sua palavra de promessa. O Senhor revela sua *justiça* defendendo o direito de seu povo e fazendo respeitar os direitos dos pobres. Por isso, Deus é o Senhor da libertação e da esperança (Êx 3,7ss). Em contraste com a injustiça humana, se revela o significado da justiça divina. Em nome da justiça divina, os profetas realizam a crítica social do poder,

---

[43] M. REHM. *Das Bild Gottes im Alten Testament* (Würzburg, 1951).
[44] G. LAMBERT. "La création dans la Bible": NRT 85 (1953), 252ss; T. BLATTER. *Macht und Herrschaft Gottes* (Freiburg, 1962).

recordando-lhe a atenção aos pobres (Am 5,7). Os profetas criticam também o conformismo religioso e social, que tolera a idolatria e a injustiça, e denuncia a riqueza como causa frequente de opressão (Os 6,7ss; Mq 2,1ss). Deus é para Israel o esposo de uma aliança de justiça e direito (Os 2,18ss). A teologia profética convida a uma conversão sincera, não apenas pessoal, mas também social: à luz da justiça divina devem ser superados os problemas da injustiça humana (Is 3,14ss; 5,8ss). A ética social dos profetas sublinha a responsabilidade pessoal em relação ao bem da comunidade e proclama, com imperativo da justiça da monarquia divina, a utopia de uma sociedade futura, definitivamente livre de toda opressão e injustiça (Jr 31,27ss; Is 55,3ss). Os salmos cantam a justiça divina [*sedaquah*]. A piedade de Israel proclama incansavelmente a libertação dos pobres e oprimidos (Sl 10,17ss; 18,3ss; 26,1). Deus escuta a voz do oprimido e faz justiça ao humilhado. Deus é o refúgio do pobre (Sl 43,1ss; 13,5). Deus é justo porque salva: manifesta em suas ações salvíficas que cumpre sua aliança (Is 45,8; 51,6). A justiça divina, ao garantir a sobrevivência diante da opressão, fundamenta também a justiça inter-humana como imperativo ético (Os 2,21; Is 33,5; Jr 9,23). Naturalmente, um dogma tão definido não pode resistir sem crise ao problema do mal e à angustiante questão da retribuição do justo. A prosperidade do injusto resulta escandalosa (Jr 12,1ss). O comportamento divino permanece misterioso (Jó 42,2ss). O sofrimento é uma provação para o justo (Pr 3,11; Jó 5,17ss). A perseguição do justo constitui um ato de expiação "vicária" (Is 53,5ss). O fiel pode consolar-se, porque a felicidade do injusto é só aparente (Sl 73,1ss). No entanto, o Deus justo resgatará o justo da morte (Sl 73,23ss; 49,16). A justiça divina brilhará no juízo escatológico e na ressurreição final (Is 26,19; Dn 12,1ss). A justiça divina é salvífica e eterna (Is 51, 6).[45]

---

[45] H. CAZELLES. "A propôs de quelques textes difficiles relatifs à la justice de Dieu dans l'Ancient Testament": RB 58 (1951), 169ss; J. ALONSO DIAZ. *Jacob lucha com Elohim* (Santander-Madrid, 1964), 63ss; P. DACQUINO. "La formula 'giustizia di Dio' Nei libri dell'Antico testamento": RBlt 17 91969), 103ss, cf. 365ss.

No horizonte da aliança, como expressão da solidariedade e imanência salvífica divina, o comportamento de Deus está caracterizado pela estabilidade e firmeza de sua fidelidade [*'emet*], de sua misericórdia [*hesed*], de sua compaixão [*riham*], de sua benevolência [*hen*] e de seu amor [*ahaba*]. Pode-se crer no Deus da aliança, porque se pode confiar na *fidelidade* divina, já que Deus é estável em seu amor (Gn 24,27; 32,11). O Senhor da aliança é um Deus de compaixão e piedade, lento à ira, rico em misericórdia e fidelidade (Êx 34,6). Deus é fiel e mantém sua aliança e sua predileção eternamente (Dt 7,9; 32,4). Deus cumpre suas promessas e mostra sua justiça em sua fidelidade (1Rs 8,26; 2Cr 1,9; 15,4; Ne 9,33). Deus se faz conhecer ao homem, ligando-se com uma aliança de misericórdia e fidelidade; o homem deve corresponder com sua fidelidade à aliança divina e ao amor divino (Os 2,21ss; 4,2; 6,6). Deus é lealmente fiel e rico em fidelidade (Sl 25,10ss; 40,11ss; 86,15ss). Sua fidelidade é eterna, fundamento da esperança na provação (Sl 89,3ss; 31,6). Deus retarda sua cólera, por sua misericórdia compassiva e pela fidelidade de seu amor (Sl 103,8.17ss; 145,8ss). A compaixão e a benevolência divina são proclamadas nas tradições dos patriarcas (Gn 33,10ss; 43,29) e nas do êxodo e do Sinai (Êx 20,6; 33,10ss; 43,29). Os profetas não se cansam de recordar sempre de novo o anúncio da *compaixão* divina (Os 2,25; Mq 7,18ss; Is 14,1; 30,19). Deus manifestou sua compaixão na história da salvação e na consolação de seu povo Israel (Ez 39,25; Is 49,13; 54,8; Zc 1,16). Também os salmos cantam a compaixão e a benevolência de Deus, invocando a piedade divina (Sl 4,2; 6,3; 9,14; 25,16; 51,3). Nesse contexto da misericórdia, do amor, da benevolência e da piedade de Deus, é colocado o problema da "cólera" ou "ira" divina e do "selo" divino. A ira divina é uma expressão da solidariedade e do interesse divino pelo bem. A ira de Deus contrasta o mal. Nunca assume uma expressão demoníaca de destruir o bem. No documento da aliança se proclama a justiça punitiva de

Deus. "Eu sou o Senhor teu Deus, um Deus ciumento, que castiga nos filhos as iniquidades dos pais" (Êx 20,5). O Senhor é chamado "fogo abrasador" e Deus "ciumento" (Dt 4,24). Também se fala da "ira" divina, em relação ao mal, à dúvida do homem, ao seu orgulho e rebeldia (Nm 11,1; 16,46; Dt 1,34). No entanto, os profetas nos recordam que o selo divino é prospectivo do bem e que a ira divina está marcada por sua compaixão (Os 11,9; Is 26,11; Jr 3,12; Is 54,8). Os salmos anunciam a vitória definitiva da graça (Sl 111,7ss; Is 51,8).[46]

3. Determinação escatológica do teísmo bíblico

A comunidade escatológica da nova aliança vive uma radicalização da tensão entre transcendência e história. A imanência salvífica se radicaliza: O Deus único se faz presente em Jesus. Pode proclamar-se uma imanência mística no coração do crente. A santidade e a glória divina tornam-se presentes em Cristo, nos revestem e glorificam. Igualmente se intensifica o acento pessoal do teísmo transcendente. Uma definitiva e inesperada revelação divina acontece no Filho, palavra eterna e transparente do Pai. Desvela-se também o plano divino total como Criador do mundo e Senhor da história: Deus criou o mundo para salvá-lo em Cristo. A solidariedade divina é proclamada com fiermeza definitiva. Sua justiça salvífica vence definitivamente sua ira. Seu amor compassivo se faz presente em Cristo como fidelidade definitiva e como graça vitoriosa. Afirma-se definitivamente a monarquia benévola do Pai.[47]

---

[46] C. WIENER. *Recherches sur l'amour de Dieu dans l'Ancient Testament* (paris, 1957); A. LAFÉVRE. "Les revelations de l'amour de Dieu dans l'Ancient Testament": Christus 91957) 39ss, 313ss; J. KAHMANN."Die Offenbarung der Liebe Gottes im Alten Testament", in Cor Iesu I (Roma, 1959), 341ss.

[47] K. RAHNER. "Theo sim Neuen Testament": Schriften zur Theologie I (1967), 115ss;

No entanto, fundamentalmente, o Evangelho do reino e a predicação primitiva da comunidade apostólica anunciam o mesmo Deus da aliança, santo e eterno, vivo e verdadeiro, justo e misericordioso. *Jesus* mesmo proclama a cláusula fundamental da nova aliança ou absoluta lealdade a Deus, atualizando o imperativo monolátrico (Mc 12,29ss; Dt 6,4). Jesus ensina também a venerar profundamente o nome divino, expressão de sua inacessível santidade, evitando não somente todo perjúrio, mas ainda qualquer apelação que suponha um atentado à majestade divina (Mt 5,33ss; Êx 20,7). Jesus ensina, sobretudo, a confiança na providência divina, que não abandona suas criaturas (Mt 6,30ss). A absoluta singularidade divina está claramente sublinhada: Deus é o único bom realmente (Lc 18,19). Está claramente notada a tensão de proximidade e distância: o Pai é o Senhor do céu e da terra (Lc 10,21). O Deus vivo da fé de Israel (Mt 16,16; 26,63) só é conhecido realmente pelo Filho (Mt 11,27). Deus é onisciente e onipotente, em sua potência salvífica e em sua providência (Mt 6,26; 10,29; 19,26). Ele conhece infalivelmente os pensamentos íntimos do coração humano e sua malícia (Lc 16,15), e conhece inclusive os futuros condicionados (Lc 10,13ss). A vontade divina deve cumprir-se (Mt 6,10; 26,39.42). Chega o tempo privilegiado da monarquia divina (Mt 3,17). O desígnio salvífico da vontade divina é absolutamente livre e cheio de amor (Mt 18,12ss; 20,1ss). A reprovação divina é sempre consequência do pecado (Mt 23,37ss).[48]

Para a tradição *sinótica*, o Reino de Deus se faz presente no mundo através do ministério de Jesus na potência do Espírito Divino (Mt 12,28). Como profeta do reino, Jesus proclama todas as suas exigên-

---

J. GILBERT. "La revelation de Dieu dans le Nouveau Testament", in *La notion biblique de Dieu*, 233ss; J. PFMATTER. "Eingenschaften und Verhaltensweisen Gottes im Neuen Testament": MySall II (1967), 271ss.

[48] M. DIBELIUS. *Jesus*, 115ss; R. BULTMANN. *Jesus*, 160ss; G. BORNKAMM. *Jesus Von Nazareth*, 114ss; J. JEREMIAS. "Die Botschaft Jesu vom Vater": Calwer Hefte 92 (1968), 5ss.

cias éticas: basta pensar no sermão da montanha ou nas parábolas do reino (Mt 5,1ss; 13,1ss). Deus é "perfeito" em sua misericórdia, ou seja, em seu amor e fidelidade compassiva (Mt 5,48; Lc 6,36): Deus faz benefícios universalmente a bons ou maus, e é como um benévolo rei, potente e generoso, que perdoa dívidas enormes (Mt 6,12; 18,32ss). Essa proclamação da benevolência divina não quer sugerir uma eventual fuga do mundo e sua responsabilidade, para regredir a um nostálgico sentimento filial. Pelo contrário, o anúncio da misericórdia divina convida a uma conversão pessoal, que supera todo ressentimento e ódio, inclusive fraterno. O mesmo evangelista, que proclama com o máximo vigor a misericórdia divina, realiza uma crítica social das riquezas injustas (Lc 6,24ss; 15,4ss), chegando a defender um radicalismo social no ideal evangélico da comunhão de bens (At 2,42). Como "mestre" e como "profeta", Jesus proclama a proximidade da graça e explica as consequências existenciais do advento do Reino: também o crente deve viver o amor e a compaixão, além da confiança filial e a esperança na bondade divina (Mt 5,3ss). Como "exorcista" e como "taumaturgo", Jesus é o sinal da potência divina vitoriosa, que se manifesta epifanicamente, vencendo o mal em todas as suas formas destrutivas (Mc 1,23ss; 3,7ss). Deus oferece escatologicamente uma salvação definitiva, como um banquete preparado por um excelso monarca, que aspira ver repleto de convidados seu castelo (Lc 14,15ss). O Deus da fé evangélica é também o Deus da esperança de libertação dos pobres e oprimidos, de pacíficos e perseguidos (Lc 4,16ss; 6,20ss). No entanto, o Deus da libertação evangélica é também o Deus do amor e da benevolência, que exige a caridade ainda com os mesmos inimigos (Lc 6,35ss; 10,26ss). A exaltação do imperativo da caridade fraterna, em suas formas concretas, adquire uma relevância escatológica. Na parábola do juízo final, o interrogatório do Filho do Homem se centra sobre a práxis de fraternidade (Mt 25,31ss). Igualmente, na parábola do bom samaritano, um semipagão é proposto como paradigma de um novo tipo de comportamento, precisamente por seu amor concreto em relação ao próximo necessitado (Lc 10,30ss).[49]

Também para a *comunidade* primitiva, empenhada em um processo dinâmico de testemunho apostólico e expansão, é viva a dialética entre transcendência e imanência da realidade divina. O Deus único e santo, eterno e onipresente, se manifesta no mundo, criado por meio de sua ação providente, e na história da salvação, através de sua ação predestinante. O Criador universal, que fez o céu, a terra, o mar e todas as criaturas, é o Deus vivo da história da revelação e salvação, ao qual todos são chamados a converter-se (At 4,24ss; 14,15). Ele é o "Deus desconhecido", feitor do mundo, Deus vivo e vivificante (At 17,23ss; Is 42,5). O Deus único e Criador é o fundamento da vida, do dinamismo e do ser, já que nele todos vivemos, nos movemos e somos. Sua eterna presença enche o universo, sem estar longe de quantos lhe buscam (At 17,27ss). Com efeito, a presença do Altíssimo não se circunscreve ao templo, como morada divina, mas "o céu é seu trono e a terra seu escabelo" (At 7,48ss; Is 66,1ss). Abandonando a idolatria, todos devem converter-se ao Deus vivo e verdadeiro (At 17,29ss; Is, 40,12ss). Ele é onisciente e onipotente em sua ação providente e em sua vontade salvífica. O Criador do mundo o assiste com chuva e fertilidade, dando a todos alimento e felicidade (At 14,16ss). Ele conhece o coração de todos os homens e ultimamente se revela ainda aos gentios, por meio da palavra apostólica, purificando seu coração pela fé e salvando-os pela graça (At 15,7ss). Todos devem passar das trevas à luz, do pecado à fé, dos ídolos ao Deus vivo (At 9,17ss; 22,17ss). Na história da salvação, que culmina na Paixão e ressurreição de Jesus, se revela o desígnio salvífico da presciência divina (At 2,23ss).

---

[49] S.V. McCASLAND. "Abba father": JBL 72 (1953), 79ss; H.W. MONTEFIORE. "God as Father in the Synoptic Gospels": NTS 3 (1956/57), 31ss; P. SCHRUERS. "La paternité divine dans Mt 5, 45 et 6, 26-32": EThL 36 (1960), 593ss; S. LEGASSE. "Le logion sur le Fils révélateur", in *La notion biblique de Dieu*, 245ss.

A providência divina facilitava o itinerário religioso da humanidade, que segundo o desígnio divino deveria culminar no evento escatológico da ressurreição (At 17,26ss).⁵⁰

Esses mesmos motivos do cristianismo primitivo retornam com nova intensidade na teologia *paulina*. Paulo sublinha energicamente o monoteísmo, negando qualquer realidade à idolatria, afirmando a monarquia exclusiva do Pai e o princípio messiânico de Jesus Cristo (1Cor 8,3ss). O criador único do mundo é também o Senhor universal de judeus e gentios (Rm 1,20ss; 3,29ss). O tempo da gentilidade era um tempo irreligioso e ateu, o tempo da fé é também o tempo da afirmação exclusiva do único Deus e Pai universal (Ef 2,12; 4,6). Deve-se benção e glória eterna (Gl 1,5; 2Cor 11,31; Rm 11,36; 16,26ss; Fl 4,20) a Deus Pai de quem tudo procede e a quem tudo se orienta. Deus é o "rei dos séculos", "incorruptível", "invisível e único", imortal e transcendente, "rei dos reis", único que possui a "imortalidade", invisível, habita em "luz inacessível" (1Tm 1,17; 6,15ss). O Deus transcendente é também o Senhor pessoal, onisciente e onipotente. O mistério divino se revela no paradoxo da cruz e no ministério do Espírito (1Cor 2,8ss). O decreto divino é insondável e o desígnio divino incompreensível (Rm 11,33). Tudo se torna claro e evidente aos olhos de Deus (Hb 4,13). Deus conhece o coração do homem (1Ts 2,4). A sabedoria deste mundo é loucura, Deus conhece sua presunção, como também revela os segredos do coração (1Cor 3,19ss; 14,24ss). Por isso, Deus julgará com justiça no dia de seu juízo definitivo, com um juízo onisciente (Rm 2,5ss). Chamando do nada à existência e dando a vida, Deus revela sua onipotência criadora (Rm 4,17). Sondando o coração do homem, Deus permanece insondá-

---

⁵⁰ N. B. STOHEHOUSE. "The Areopagus Address", in *Paul before the Areopagus and Other New Testament Studies* (London, 1957), 1ss; H. P. OWEN. "The Scope of natural Revetion in Rom I and Acts XVII": NTS 5 (1958/59), 133ss; R. E. WYCHERLEY. "St Paul at Athens": JTS 19 (1968), 619ss; V. GATTI. *Il discorso di Paolo ad Atene*, 237ss.

vel (Rm 8,27; 11,34). O Deus Criador e Senhor da história da salvação é também o Pai de Jesus e nosso Pai, que nos abençoou com toda sorte de bênçãos espirituais, com a graça da eleição e da filiação divina, com a obra histórica da redenção na cruz, com a revelação do mistério desígnio salvífico divino, com a vocação do povo messiânico e a chamada salvação universal a todas as gentes (Ef 1,2ss).[51]

Particularmente relevante na mensagem paulina é o tema da vontade, absolutamente livre e cheia de amor e benevolência, onipotente e providente, salvífica e predestinante. O crente deve viver constantemente na presença de Deus Pai, enquanto é objeto do amor divino e da eleição divina. A vontade salvífica divina coincide com nossa santificação. A vontade divina nos elegeu para sermos salvos e santificados (1Ts 1,4; 4,3; 2Ts 2,13). O Deus e Pai do Senhor Jesus é proclamado "Pai das misericórdias" e "Deus de toda consolação", enquanto nos fez objeto de sua *vontade salvífica* em Cristo (2Cor 1,3; 5,4). A morte salvífica de Cristo é a prova do amor de Deus, do qual nada será capaz de separar o crente (Rm 5,8; 8,39). Deus elegeu livremente e sem injustiça (Rm 9,11.20). A obra da redenção em Cristo produz uma justificação universal e expressa magnificamente o amor divino (Rm 5,19; 8,32). Deus mesmo colabora ao bem dos eleitos, predestinando, chamando, justificando, glorificando. Contudo, o crente deve evitar o orgulho e viver no temor de Deus (Rm 8,28ss; 11,20ss). A predestinação divina à graça e à glória não é independente do merecimento do próprio comportamento e das boas obras (1Cor 9,24ss; 10,12ss). Particularmente, o crente deve viver no amor do Pai, na comunhão do Espírito, na graça do Cristo, na caridade fraterna e na esperança da glória (2Cor 13,13; Fl 2,2; 3,21). Deus, "rico em misericórdia", pelo "grande amor" com que nos amou, pela graça nos salvou em Cristo (Ef 2,4ss). Perdoado por Deus em Cristo, o crente deve imitar o amor di-

---

[51] J. COPPENS. "Dieu Le Père dans théologie paulinienne", in *La notion biblique de Dieu*, 331ss.

vino, seguindo o exemplo de Cristo na via do amor, da compaixão e do sacrifício (Ef 4,31ss; 5,1ss). Enquanto eleito e amado por Deus, o crente deve viver em sentimento de benevolência e humildade, de doçura e paciência (Cl 3,2). A eleição e a predestinação divina compreende também a pré-definição das boas obras que serão realizadas pelo crente, redimido em Cristo (Ef 1,4; 2,10). A vontade salvífica universal é evidente, já que "Deus nosso salvador" quer que "todos os homens" sejam salvos e cheguem ao "conhecimento da verdade" (1Tm 2,3ss). No entanto, como o soldado na guerra, o atleta na luta e o agricultor no cultivo, também o crente deve realizar obras como fruto da graça (2Tm 2,4ss).[52]

No cristianismo paulino se *radicaliza* a imanência salvífica do Deus transcendente. O Deus uno e único habita no crente como em seu santuário sacral (1Cor 3,16; 8,6). Deus mesmo enviou a nossos corações o Espírito divino de filiação, inspirando-nos uma oração filial, própria dos filhos adotados no Filho (Gl 4,6; Rm 8,9ss). Cristo se interioriza no crente e se faz universalmente presente como salvação (Rm 8,10; Cl 1,27). Como novas criaturas em Cristo e templos do Deus vivo, devemos superar toda impureza (2Cor 5,17; 6,16ss). A glória de Deus resplandece no Cristo, "imagem de Deus" e "Senhor da glória" (2Cor 4,4.6; 1Cor 2,8). Jesus difunde sua mesma glória sobre os que o contemplam; o crente deve, por sua vez, difundi-la, glorificando a Deus (2Cor 3,18; 1Cor 6,20). A diaconia eclesial é ministério de glória e de tribulação (2Cor 3,7ss; 4,10ss), como o serviço do Cristo foi de humilhação e exaltação (Fl 2,8ss). Igualmente se intensifica o acento pessoal do teísmo transcendente. Uma definitiva e inesperada revelação acontece no Filho, "esplendor" da glória divina e "imagem da realidade divina (Hb 1,3). O monoteísmo exclusivo é proclamado energicamente: a diversidade e a unicidade de Deus, sua transcendente metaespecialidade e metatempo-

---

[52] G. SCHILLE. "Die Liebe Gottes in Christus": ZNW 19 (1968), 230ss.

ralidade (1Cor 8,6; 10,20ss; Gl 4,8ss). Desvela-se também o plano divino total: criar o mundo para salvá-lo em Cristo (Ef 1,4; 3,9; Cl 1,26).[53]

Também a solidariedade divina se proclama com firmeza definitiva. Trata-se da fidelidade salvífica de Deus tornada presente no evento de Cristo. O comportamento salvífico de Deus aparece como "justiça", que justifica e salva a quantos primeiro estavam sob a "ira" (Rm 1,16ss). Porém, essa "ira" não é expressão demoníaca de um comportamento divino destrutivo, mas manifestação e denúncia do mal no comportamento humano (Rm 1,24ss). Dessa forma, Deus se manifesta como quem salva e justifica gratuitamente e por amor, não por mérito prévio do homem (Rm 3,21ss; 4,25). Certamente, resulta incompreensível o comportamento divino quando se considera a não aceitação do povo da promessa. Porém, Deus não pode ser acusado de infidelidade ou injustiça. O povo de Israel, por sua vez, é inescusável por sua infidelidade. Permanece, contudo, a esperança de uma restauração do povo eleito e de sua futura conversão (Rm 9,6ss; 10,1ss; 11,16ss). Incompreensível resulta também o comportamento divino, sobretudo quando se considera que a salvação acontece por meio do "escândalo" e "loucura" da cruz (1Cor 1,18). No evento salvífico, Deus liberta o homem das potências do mal, concedendo-lhe a graça e a caridade, renovando na fé todo o seu comportamento (Gl 5,1ss). O fundamento da libertação e liberdade do "homem novo" será Deus mesmo, que exercerá sua *justiça* justificando o pecador (Rm 3,25ss). A mensagem paulina insiste também na fraternidade fundamental dos discípulos de Cristo, promovendo formas concretas de solidariedade e ajuda por meio de uma comunhão de bens (2Cor 8,1ss).[54]

---

[53] F. A. PASTOR. "O Cristo da Fé", in *Semântica do Mistério* (São Paulo, 1982), 30ss.
[54] E. KÄSEMANN. "Gottesgerechtigkeit bei Paulus", in *Exegetische Versuchte und Besinnungen* II (Tübingen, 1965), 181ss; W. SCHENK. "Die Gerechtigkeit Gottes und der Glaube Christi": TLZ 97 (1972), 161ss.

A teologia *joanina* formula a referência última do conhecimento divino, como afirmação de Deus enquanto Pai (Jo 17, 1-3). Como Deus é eterno, também o que faz a vontade divina permanece para sempre (1Jo 2,17). A presença divina é espiritual e pessoal. A adoração deve ser feita em espírito e verdade, porque Deus é "espírito" e sua ação se caracteriza pela "caridade" (Jo 4,24; 1 Jo 4,8). A vida e a luz de Deus são reveladas pelo Verbo eterno, unigênito do Pai (Jo 1,1ss.14). O Deus vivo, que dá a vida e a ressurreição, realizará a salvação escatológica e o juízo definitivo por meio de seu amado Filho (Jo 5,20.26). A vontade divina do Pai se cumpre na aceitação da fé no enviado divino, Jesus. O Pai instrui interiormente e atrai até Jesus e até a si mesmo (Jo 6,39ss). O Filho é o mediador absoluto no caminho até Deus. Nada vai ao Pai senão por Jesus, caminho, verdade e vida (Jo 14, 6). Deus é luz e misericórdia, ainda quando o coração denuncia nossas trevas e ainda quando a consciência nos acusa (1Jo 1,5; 3,20). Na vontade divina resplandece seu eterno *amor*. Com efeito, Deus amou tanto o mundo, que lhe deu seu Filho único, como mediador de vida eterna; enviando-lhe ao mundo para sua salvação pela fé (Jo 3,16ss). O alimento do justo é fazer a vontade do Pai e realizar sua obra de salvação (Jo 4,34). Nossa filiação divina é um sinal do grande amor do Pai. Nascer do Pai é conhecer a Deus; conhecê-lo é também amá-lo e manifestar esse amor aos irmãos (1Jo 3,1ss; 4,7ss). Entre o crente e o Pai existe uma imanência divina. Deus é amor e quem permanece no amor permanece em Deus, e "Deus permanece nele" (1Jo 4,16). A eleição e o amor de Deus são anteriores à criação do mundo (Jo 17,24). A graça divina é anterior ao mérito e às obras boas de caridade (Jo 15,16; 1Jo 4,19). A vontade salvífica divina se revela em Jesus, o justo, nosso intercessor diante do Pai e "vítima de expiação" por nossos pecados e os do mundo inteiro (1Jo 2,1ss). A predestinação à graça e à salvação se realiza em Jesus, pastor messiânico do rebanho do Pai (Jo 10,14ss).[55]

---

[55] J. GILBERT. "Jesus et Le 'Père' dans Le 4° évangile", in *L'Évangile de Jean* (Bruges, 1958), 111ss; G.B. CAIRD. "The Glory of God in the Fourth Gospel": NTs 15 (1968/69),

Também no cristianismo joanino se radicaliza a tensão entre transcendência e história. Basta recordar as fórmulas joaninas de imanência e inabitação do Pai, do Filho e do Espírito, no crente (Jo 14,16.23). Na cruz de Jesus se revela o amor definitivo do Pai (Jo 3,14ss). O comportamento escatológico divino se revela com amor salvífico no dom de seu Filho Jesus (1Jo 4,9ss; Jo 3,16). Jesus é palavra do Pai e não apenas palavra sobre o Pai (Jo 1,1ss.18). Palavra divina, definitiva e transparente (Jo 14,9ss). Como Abraão não eximiu a seu filho Isaac do sacrifício, a morte de Jesus revela o amor do Pai a nós todos, já que não exime a seu próprio Filho, mas que no-lo dá em resgate e expiação. Por isso, a cruz faz o homem tomar consciência de sua situação diante de Deus e o obriga a pronunciar-se e a decidir-se. Sua decisão é juízo, crise, separação: entre aceitação e não aceitação, a decisão é também cisão. Ao convidá-lo à comunhão divina, o amor de Deus, que é "vida" do crente, é também sua "crise" existencial. Aceitar o amor de Deus em seu Filho é passar da condenação ao perdão, da ira à graça, da morte à vida, do ódio ao amor, das trevas à luz, da mentira à verdade, da carne ao espírito (Jo 3,18ss; 5,24ss). Como Deus é espírito, também é luz e amor (Jo 4,24; 1Jo 1,5; 4,8). Nesse amor do Pai, recebido em Cristo, é possível amar aos irmãos e a Deus mesmo. Entre o amor do próximo e o amor do Pai existe uma profunda unidade (1Jo 3,14ss; 4,7.20).[56]

A transcendência divina é vivamente acentuada na *apocalíptica* cristã. Deus é eterno e onipotente. Deus, Senhor de tudo, alfa e ômega, "é, era e vem" (Ap 1,8). Deus é o eterno Vivente, primeiro e último (Ap

---

265ss; X. LEON DUFOUR. "Pére, fais-moi passer sain et sauf à travers cette heure (Jean 12, 27)", in *Neues Testament und Geschichte* (Tübingen, 1972), 157ss.

[56] J. P. LOUW. "Narrator of the Father", in *The Christ of John* (Potchefsroom, 1971), 32ss; I. DE LA POTTERIE. "L'Esprit Saint dans l'Evangile de Jean": NTS 18 (1971/72), 448ss; M. SINOIR. "Le mystère de l'amour divin dans la théologie johannique": Esprit et Vie 82 (1972), 465ss.

1,17). Deus é onisciente em seu juízo definitivo (Ap 2,23). À divina e *eterna monarquia* se deve glória, honra e poder, enquanto Deus é Rei dos séculos e Criador do universo (Ap 4,9ss). Deus é vivente eterno e Criador do céu, terra e mar. Ele é o juiz eterno da iniquidade (Ap 10,6; 15,7). Deus é princípio e fim da criação e salvação. Ele dará ao sedento a água da vida eterna (Ap 21,6). A onisciência divina contempla presente e futuro (Ap 1,19). Deus reina majestosamente desde seu trono de glória e santidade (Ap 4,2ss). Deus conhece os segredos do futuro, lendo no Livro da Vida (Ap 5,1). A onipotência divina está a serviço da justiça de sua soberania e reinado (Ap 11,7ss). Como celeste monarca, Deus rege a história universal, submetida a seu império e a seu mandato (Ap 6,6). O reino divino manifesta a santidade e a justiça de Deus (Ap 6,10). A presciência conhece a glória futura e o sofrimento da comunidade (Ap 10,8.10). Deus fará uma aliança definitiva com seu povo eleito (Ap 21,3). Deus vence a rebeldia das nações e renova eficazmente o universo (Ap 20,11; 21,5). Pronunciando a primeira e última palavra, Deus é primeiro e último, princípio e fim da história, que dirige até sua meta escatológica (Ap 21,6).[57]

Conclusão

Tendo alcançado a conclusão do presente estudo sobre a afirmação de Deus no teísmo bíblico, seja permitido recapitular as linhas fundamentais da estrutura da linguagem em que essa afirmação se objetiva:

1. No teísmo bíblico, a questão básica do homem religioso com relação a Deus era sua *identidade*. Cada vez mais claramente, o Deus da aliança foi conhecido também como Criador do mundo e Senhor da história universal e pessoal. O horizonte religioso do teísmo bíblico

---

[57] A. VÖGTLE. "Der Gott der Apokalypse", in *La notion biblique de Dieu*, 3337ss; cf. 385ss.

nos permite compreender a originalidade da mensagem cristã. O Deus do reino próximo, anunciado por Jesus, é o mesmo Deus dos Pais e da aliança. A mensagem religiosa de Jesus anuncia a Deus como Pai, manifestando uma singular consciência de sua relação filial, e como Senhor único e exclusivo. O reino divino, anunciado por Jesus, é Deus mesmo, em sua santidade e potência, em sua justiça e misericórdia.

2. Mediante a identidade fundamental entre o Senhor revelado, na libertação e na aliança, e o Deus escondido, criador do mundo, o crente se torna consciente da *realidade* divina. Como o Senhor da história é o criador do universo, pode e deve ser contemplado por meio da criação. Por isso, se julga inescusável a idolatria, que, em um horizonte religioso, seria equivalente ao ateísmo. O Deus revelado se manifesta por meio do mundo, como criação, e através da história, como salvação. A situação de revelação da realidade divina pode ser vivida de diversos modos: como afirmação da possibilidade de uma interrogação religiosa sobre a realidade última; como fundante de toda realidade criada; como vivência religiosa da consciência do dever moral e como imperativo ético incondicionado; como revelação de uma potência salvífica incondicionada, de libertação e redenção na história; como experiência paradoxal do mistério do divino, que na história salvífica se revela e se esconde.

3. O teísmo bíblico se caracteriza por sua convicção de uma comunhão com o Deus transcendente, realizada na imanência da história. O paradigma desse tipo de relação religiosa é a instituição da aliança. Essa categoria religiosa fundamental domina toda a história da fé de Israel e condiciona todas as suas tradições: criação e eleição, revelação e libertação, reino e graça. A comunidade escatológica da nova aliança vive uma nova, intensa e definitiva experiência de comunhão com Deus e, portanto, vive também uma radicalização da tensão dialética entre *transcendência* e *história*. O Deus único se faz presente em Jesus. A santidade e a glória do Pai se apresentam no Filho e nos revestem de glória na força divina e vivificante do Espírito. Jesus é o mediador de uma revelação inesperada e definitiva e de uma salvação plena e insuperável.

4. Na religião bíblica, a afirmação de Deus em sua realidade e identidade inclui uma série de notas e atributos, que manifestam sua absoluta incondicionalidade. Deus se revela com o uno e único, santo e eterno. A realidade divina é absolutamente singular e transcendente, oniperfeita e onipresente. O monoteísmo salvífico da religião bíblica aparece inequivocamente como *teísmo transcendente*. Em contraste com a henolatria arcaica, que admitia o politeísmo ambiental, a convicção da unicidade e exclusividade da realidade divina se afirmou progressivamente, na monolatria prática e no monoteísmo teórico da fé de Israel. Deus é mistério de santidade inacessível. Altíssimo em sua majestade e glória, superior e independente do espaço e do tempo, da natureza e da história, Deus, como vivente eterno, domina a terra e enche o céu com sua onipresença salvífica. Jesus atualiza o imperativo monolátrico e ensina profundamente o nome divino, expressão de sua santidade, porém confiando sempre na providência do Pai.

5. Deus não é apenas a realidade suprema e absoluta, santa e eterna, metacósmica e meta-histórica. Deus se revela como vivo e verdadeiro, como onisciente e onipotente. De diversos modos o monoteísmo bíblico se manifesta como um *teísmo pessoal*. Deus é o santo de Israel, o Senhor da aliança, o Libertador da escravidão, o Redentor da servidão, o Artesão do mundo. Como Criador e como aliado, Deus é uma potência salvífica pessoal. Ele não é uma divindade muda, cega, impotente, falsa. Deus permanece sempre firme em seu propósito e imutável em sua identidade. Deus se revela como onisciente e onipotente em sua criação e sua providência, em sua eleição e em sua graça. Com a revelação escatológica cristã, se desvela definitivamente o plano divino total como Criador do mundo e Senhor da história: Deus criou o mundo para salvá-lo em Cristo; o Pai de Jesus nos adota e santifica no Espírito.

6. O Deus vivo e vivente, onipotente e onisciente, é também o Senhor justo e compassivo, misericordioso e fiel. Deus se revela como justo, enquanto é fiel a sua aliança de salvação. Deus é justo porque salva.

Deus revela sua justiça defendendo a seu povo perseguido e a seus pobres oprimidos. Deus é o Senhor da esperança. Deus faz justiça ao humilhado. Ele zela pelo bem. A ira divina contrasta o mal. No horizonte religioso da aliança, o comportamento de Deus está caracterizado pela firmeza de sua fidelidade e justiça, pela estabilidade de seu amor e benevolência, pela constância de sua compaixão e misericórdia. Na comunidade escatológica, Jesus afirma o desígnio salvífico divino como absolutamente livre e pleno de amor. O amor compassivo divino se faz presente no sacrifício da cruz como graça vitoriosa e com benevolência definitiva. O monoteísmo bíblico se confirma como um *teísmo de fidelidade*, em que se afirma escatologicamente a monarquia misericordiosa do Pai.

2. A afirmação de Deus como problema

A questão teológica da afirmação de Deus, em sua possibilidade e em sua realidade, como ato e como conteúdo, sempre ocupou lugar central na reflexão crente. Ao longo do tempo, os diversos modelos de compreensão se sucederam em favor de diversas escolas. Modelo apofático e modelo catafático, aproximação racionalista e aproximação fideísta, teologia da transcendência e teologia da imanência, teísmo teórico e teísmo prático, foram as tentativas mais consistentes de elaborar o problema da linguagem do teísmo cristão, em sua dialética interna e em suas condições de possibilidade, em sua estrutura formal e em seu significado teórico e prático, para o crente e para a comunidade eclesial. Qualquer proposta teológica de formular a afirmação de Deus, em sua realidade e em sua identidade, suscita consistentes objeções. De modo que a pretensão teológica de afirmar a realidade divina, de conhecê-la e denominá-la, de elaborar uma linguagem coerente e completa, a partir do ponto de vista do sujeito crente, parece condenada a sucumbir à tentação idolátrica ou a uma fuga na irracionalidade. Antropomorfismo ou abstração, arrogância racionalista ou crença fideísta, intelectualismo ou voluntarismo, ilusão ou superstição, capitulação ou titanismo ameaçam a reta proposição da afirmação crente. Objeto do presente ensaio é elaborar, em chave sincrônica ou sistemática, a questão teológica da afirmação de Deus e da linguagem do teísmo cristão, analisando principalmente as proposições mais relevantes dos magistérios eclesial, conciliar e papal, confrontando-os sucessivamente com o tema do debate atual. Examinaremos, primeiramente, a questão da afirmação de Deus como ato; seguidamente, examinaremos o conteúdo informativo dessa afirmação, ou seja, a linguagem teológica do teísmo cristão, sempre com particular referência ao primeiro artigo de fé, tal como o formula o magistério da Igreja em seus símbolos, em suas declarações dogmáticas e em suas definições de fé.[1]

A afirmação de Deus

Serão analisadas sucessivamente a questão da cognoscibilidade de Deus em sua realidade ou existência, a dialética e tipologia da analogia na linguagem religiosa e crente e, finalmente, a tensão entre o conhecimento e a incompreensibilidade ou ainda entre linguagem e inefabilidade na noética do discurso crente.

---

[1] Entre os principais compêndios do magistério eclesiástico podem ser assinalados: H. DENZINGER – A. SCHÖNMETZER (ed.). *Enchiridion Symbolorum, definitionum et declarationus de rebus fidei et morum* (Barcelona, 1976). Sobre as diversas traduções e adaptações, com: *Die wichtigsten Glaubensentscheidungen und Glaubenekkentnisse der katholischen Kriche* (1938), *El magistério de la Iglesia* (1955), *The Sources of Catholic Dogma* (1957), *Sommaire de Théologie dogmatique* (1969), que ordenam os documentos segundo uma ordem rigorosamente cronológica. Ademais: F. CAVALLERA. *Thesaurus doctrinae catholicae ex documentis magisterii ecclesiastici, ordine methodico dispositus* (Paris, 1920); outras obras atuais ordenam também os documentos eclesiásticos segundo um critério sistemático, ver: J. NEUER – H. ROOS. *Der Glaube der Kirche in den Urkunden der Lehrverkündigung* (1961); A. LAPPLE. *Urkundenbuch des katholischen Glaubens* (1969); G. DUMEIGE. *La foi catholoique* (1975). Finalmente, J. COLLANTES. *La Fe de la Iglesia Católica* (Madrid, 1983), que inclui documentos do Concílio Vaticano II e do Magistério de Paulo VI e João Paulo II.

1. Sobre a cognoscibilidade de Deus

Os *símbolos de fé* surgem em um contexto catecumenal, como expressão da profissão crente, com ocasião da recepção do batismo ou sacramento da fé. Na liturgia da noite pascal, a explicação do símbolo precedia a ação batismal: nela, o catecúmeno declarava primordialmente sua fé em um "único Deus Pai todo-poderoso Criador do céu e da terra". Nessa ação encontramos em eco a fé apostólica, cujo primeiro artigo se refere sempre ao Deus único Criador e Pai, seja em fórmulas batismais, seja em doxologias litúrgicas, seja em anáforas eucarísticas. Toda a vida da comunidade orante tem como referência última a oração eclesial ao Pai e sua monarquia divina na economia salvífica. O mesmo sucede nas orações de benção e unção pós-batismal, de confirmação de batizados, de imposição das mãos, como reconciliação de penitentes ou como rito de oração ao ministério.[2]

Em todos os símbolos do período patrístico, desde sua forma mais arcaica de simples coordenação de proposições da fé, em expressão declaratória ou interrogativa, até as fórmulas mais elaboradas de caráter tripartido, se insiste, como primeira proposição crente, na fé no único Deus Pai Criador. Assim se professa no chamado Símbolo *Apostólico* das Igrejas do Ocidente e nos diversos símbolos das Igrejas do Oriente, particularmente nos símbolos conciliares de *Niceia e Constantinopla* (em

---

[2] *Didaché, IX, 1*: CLEMENS ROMANUS. *Ep. Ad Corinthios* I, 58; JUSTINUS. *Apologia* I, 33, 5; 35, 3; 42, 1; 44, 1-2; 65-66; IREANAEUS. *Adversus haeres*, III, xvii, 1-2; *Demonstratio praedicationis evangelicae*, 3 cf. 7; TERTULLIANUS. *De baptismo*, 3; *De corona*, 3; *Adversus Praxeam*, 2; *De spectaculis*, 25; HIPPOLYTUS. *Contra haeresim Noeti*, 17; *Traditio Apostolica*, 3, 8-9, 22; CLEMENS ALEXANDRINUS. *Paedagogus*, III, xii, 101, 2; ORIGENES. *De principiis*, I Praef. 4; *In Ioannem commentarii*, VI, 17; *In Exodum homiliae*, IX, 3; CYPRIANUS. *Ep. LXXIII*, 22; *Sacramentarium Serapionis*, 29; AMBROSIUS. *De mysteriis*, vii, 42; HIERONYMUS. *Dialogus contra Luciferianus*, 5.

325 e 381, respectivamente). O Sínodo constantinopolitano (de 543) aprovou um *Edicto* Justiniano de caráter antiorigenista, afirmando a infinitude e a incompreensibilidade, corroborando, assim, o apofatismo fundamental da linguagem sobre Deus.[3]

A linguagem ortodoxa professa sua fé no único Deus Pai onipotente criador da realidade visível e invisível do Universo, identificando, assim, contra os dualistas gnósticos, o Deus criador da aliança antiga com o Deus salvador e Pai misericordioso da nova. O Deus infinito e incompreensível, eterno e ingênito, santo e onipotente, é identificado com o Pai do Filho eterno e divino e com o inspirador ativo do Espírito Santo, como princípio sem princípio e origem sem origem da vida intradivina "imanente" e da "economia" da história salvífica, defendendo sempre a unidade da monarquia divina, coexistente com a triplicidade hipostática e com a igualdade interpessoal na única essência divina indivisa.[4]

---

[3] *Epistola Apostolorum* (DS 1); *Papyrus liturgicus Der-Balyseh* (Ds 2); *Constituitiones Ecclesiae Aegyptiacae* (DS 3-5); *Symbolum baptismale Ecclesiae Armeniacae* (DS 6); HIPPOLYTUS. *Traditio Apostolica* (DS 10); EUSEBIUS CAESARIENSIS. *Ep. Ad suam diocesim* (DS 40); CYRILLUS HIEROSOLYMITANUS. *Catecheses* (DS 41); EPIPHANIUS. *Ancoratus* (DS 42); THOEDORUS MOPSUESTENUS. *Catecheses* (DS 51); MACARIUS MAGNUS. *Apohtegmata* (DS 55); Conc. NICAENUM I. *Symbolum* (DS 125); Conc. CONSTANTINOPOLITANUM I. *Symbolum* (DS 150); *Edictum Iustiniani Imperatoris publicatum in Synodo Constatinopolitana* (DS 410).

[4] AMBROSIUS. *Explanatio symboli* (DS 13); AUGUSTINUS. *In traditione symboli* (DS 14); PETRUS CHRYSOLOGUS. *Sermones* (DS 15); TYRANNIUS RUFINUS. *Expositio in symbolum* (DS 16); NICETAS REMESIANENSIS. *Explanatio symboli* (DS 19); ILDEFONSUS TOLETANUS. *De cognition baptismi* (DS 23); PIRMINIUS. *Scarapsus* (DS 28); *Symbolum "Fides Damasi"* (DS 71); *symbolum "Clemens Trinitas"* (DS 73); *Symbolum "Quicumque vult"* (DS 75); *Symbolum Sirmiense I* (DS 139); *"Fides Pelagii Papae"* (DS 441); Conc. BRACARENSE I. *Anathematismi*, cn. 1-2 (DS 451-452); Conc. TOLETANUM VI. *De Trinitate* (490); Conc. TOLETANUM XI. *De Trinitate divina* (525); Conc. FOROIULIENSE. *De divina Trinitate* (DS 617).

No Ocidente latino, o Magistério medieval constantemente repropõe o ensinamento do primeiro artigo de fé, contra toda tentação herética de panteísmo ou de dualismo. No Concílio *Carisiaco* (851) e no Concílio *Valentino* (855), foram reprovados diversos erros sobre a presciência e predestinação divina, que implicavam a negação de uma liberdade responsável no homem, ou que diminuíam a fé na justiça divina e bondade, ao propor novamente a heresia de uma necessidade teológica do mal, enquanto conhecido pela divina presciência e decretado pela divina predeterminação.[5]

O Concílio *Senonense* (1140) rechaçou como heréticas algumas proposições de Abelardo, referentes ao optismo, no obrar divino no mundo, assim como a necessidade não frustrável na ação divina, inclusive em relação ao mal, que Deus mesmo não pode impedir. Por sua vez, o Concílio *Remense* (1148) criticou a linguagem teológica de Gilberto de Poitiers, ao distinguir a essência a divina, enquanto substância ou natureza, e a trindade divina, enquanto realidade tripessoal. A distinção real entre o natural e o pessoal em Deus foi rechaçada também por Eugênio III.[6]

O Concílio *Lateranense IV* (1215) se opôs tanto ao dualismo teológico de cátaros e albigenses, quanto ao panteísmo de Amalrico de Bena, ensinando a unidade de Deus Criador e Salvador, pai santo onipotente, e sua distinção do todo universal. A doutrina conciliar manteve também a tensão entre conhecimento e incompreensibilidade, analogia e inefabilidade. Com efeito, professa-se a fé em Deus, uno e único, verdadeiro e eterno, imutável e imenso, onipotente, incompreensível e inefável; afirma-se a distinção entre criatura e Criador, em uma dialética de

---

[5] Conc. CARISIACUM. *De praedestinatione*, cap. lii (DS 623); Conc. VALENTINUM. *De praedestinatione*, cn. li & vi (DS 626ss, 633).
[6] Conc. SENONENSE. *Errores Petri Abaelard*, 6-7 (DS 726ss); Conc. REMENSE. *De Trinitate divina*, cap. I (DS 745).

dessemelhança e semelhança, em que a dessemelhança é sempre maior, aproximando-se, assim, do apofatismo moderado.⁷

O Concílio de *Lyon* II (1274) defendeu, contra todo dualismo e pessimismo cósmico-diabólico, a doutrina da divina unidade e unicidade, confirmando a profissão de fé do Imperador de Constantinopla, Miguel Paleólogo, já precedentemente proposta por Clemente IV (em 1267). O Concílio *Florentino* (1442) renovou o mesmo ensinamento em um decreto de união com os orientais. Nessa mesma intenção de restauração da unidade ecumênica, o Concílio *Tridentino* (em 1564) renovou sua fé professando o símbolo Niceno-Constantinopolitano.⁸

Na Constituição *In agro dominico* (1329), João XXII condenou diversas proposições sobre a eternidade, unidade e bondade divinas, em escrito do mestre Eckart. De sua linguagem teológica parecia deduzir-se a eternidade do mundo, a unidade pessoal de Deus e a impossibilidade de falar da bondade divina.⁹

Por meio desses símbolos de fé, declarações teológicas e definições dogmáticas, o magistério medieval conciliar e papal reafirmava a crença da cristandade antiga, professando a *identidade* profunda entre o Deus misterioso, criador e providente, e o Deus revelado, Pai de misericórdia e bondade; professando também sua convicção da insuperável *diferença* existente entre o mundo e Deus, entre a criatura e o Criador. Afirmando a incompreensibilidade e inefabilidade divina, por uma parte, e, por outra parte, a presença e ação de Deus, a fé eclesial supunha dialeticamente

---

[7] Conc. LATERANENSE IV. cap. I: *De fide catholica* (DS 800); cap. LI: *De errore abbatis loachim* (DS 806 7 808).

[8] Conc. LUGDUNENSE II. Sessio IV: *Professio fidei Michaelis Palaeologi Imperatoris* (DS 851); Conc. FLORENTINUM. *Bulla unionis Coptorum Aethiopumque "Cantate Domino"* (DS 1330ss); Conc. TRIDENTINUM. *Bulla "Iniuctum nobis"* (DS 1862).

[9] IOHANNES XXII. Const. "In agro dominico": *Errores Echardi*, 1-3, 23-24 (2) (DS 951ss, 973ss, 978).

a transcendência e a imanência de Deus, opondo-se também a qualquer linguagem, que poderia menosprezar a fé na justiça e na bondade dele; seja em relação à realidade criada, seja referindo-se à presciência e à predestinação divinas. Durante o primeiro milênio, o perigo para a fé cristã no primeiro artigo do símbolo crente era sobretudo a tentação de admitir uma diarquia divina, dividindo a monarquia do Pai em um duplo princípio supremo do mal e do bem, da criação e da salvação, da velha e da nova aliança. Durante o segundo milênio cristão, o risco de negar o primeiro artigo de fé origina principalmente uma perda de consciência da diferença entre criatura e Criador, mundo e Deus, finito e infinito, concluindo por afirmar um *panteísmo* monista, seja de cunho espiritualista e emanatista, seja de cunho materislita e naturalista, que se resolve definitivamente no *ateísmo* e niilismo. Na época da modernidade, porém, o modelo de profunda integração entre razão filosófica e fé religiosa, típico do apofatismo antigo do platonismo cristão, foi substituído no período medieval por um de subordinação moderada da razão científica da fé crente, típico do catafatismo do aristotelismo cristão. Aquele desemboca em um esquema teológico de exagerada subordinação da razão crítica a uma fé pensada heteronomamente, como no *fideísmo* e tradicionalismo, ou ainda subordina de forma igualmente desproporcional as exigências de uma fé teônoma ao controle crítico da razão autônoma, como no *racionalismo* iluminista ou idealista.[10]

Consequentemente, o magistério eclesial em suas declarações deve rechaçar o fideísmo e o racionalismo, reafirmando a utilidade teológica de uma integração profunda das exigências da fé com o método racional: deve rechaçar também toda forma de panteísmo,

---

[10] *Theses a L.E. Bautain iussu sui episcope subscriptae:* Th. 1, 5, 6 (DS 2751, 2755ss); *Theses ex mmandato S.C. Episcoporum et Religiosorum a L.E. Bautain subscriptae:* Th. 1 & 4 (DS 2765 2768); *Decretum S.C. Indicis contra tradicionalismum A. Bonnety:* Th. 1 & 4 (DS 2811ss).

absoluto ou essencial, emanatista ou evolutivo, defendendo a diferença essencial entre a realidade divina e o mundo, assim como a liberdade divina em sua ação criadora e providente. Com efeito, os erros do fideísmo tradicionalista de L. Bautain e A. Bonnety, assim com os do racionalismo católico de A. Günther e L. Frohschammer, foram condenados durante os pontificados de Gregório XVI e Pio IX. Igualmente, os erros de um panteísmo ou de um ontologismo panteísta, em sua negação de liberdade do ato criativo divino, foram condenados no tempo de Pio IX.[11]

Nesse mesmo contexto religioso e cultural, adquire um significado singular o magistério conciliar do *Vaticano I*, em sua constituição dogmática *Dei Filius* (1870) sobre a fé católica, rechaçando como erros heréticos: panteísmo e ateísmo, deísmo e agnosticismo, racionalismo e fideísmo. O Concílio afirma a realidade de Deus e sua diferença essencial do mundo; confirma a linguagem sobre Deus da revelação bíblica e da tradição teológica; indica a possibilidade real de uma afirmação de Deus, a partir da realidade criada, por parte da razão humana, e igualmente, a partir da revelação divina, por parte da luz da fé. Contudo, o Concílio não pretendeu decidir a metodologia teológica, nem indicou uma preferência por um determinando modelo ou sistema filosófico-religioso, aceitando seja a conaturalidade e espontaneidade do sentimento religioso, seja a instância apofática da transcendência e do mistério, seja a possibilidade catafática de uma afirmação da realidade divina pela vida da causalidade.[12]

---

[11] PIUS IX. Breve *"Eximiam tuam"*: Errores A. Günther (DS 2828ss); Ep. *"Gravissimuas inter"*: Errores I. Froschammer (DS 2853ss); Decretum S. Officii (18.IX.1861): Errores Ontologistarum (DS 2841-47); *Syllabus*, 1-5 (DS 2901ss).

[12] CONC. VATICANUM I. Const. dogm. *"Dei Filius"*: cap. I: De Deo (DS 3001ss, cf. 3021ss); cap. ii: De revelatione (DS 3004ss, cf. 3026ss).

Por ocasião da crise modernista, na época de Pio X, no decreto *Lamentabili sane* (1907) e na encíclica *Pascendi dominici* (1907), assim como no juramento antimodernista contido na carta *Sacrorum antistitum* (1910), o magistério papal afirmou a possibilidade de uma teologia natural, ainda sem identificar-se com a metodologia de uma determinada escola filosófico-teológica. Porém, indicou na vida da causalidade o itinerário de uma demonstrabilidade da realidade divina, superando uma noção de religiosidade reduzida ao imanentismo da subjetividade e ao individualismo da consciência pessoal. Posteriormente, por ocasião do debate eclesial sobre a "nova teologia", Pio XII, na encíclica *Humani generis* (1950), ainda reconhecendo a dificuldade da mentalidade moderna para aceitar uma teologia "natural", propôs novamente a tese da possibilidade real da afirmação de Deus, pela luz da razão natural, chegando à aceitação de sua existência, como realidade transcendente e única, absoluta e pessoal.[13]

A condenação do ateísmo e a proposição de um teísmo racional não equivalem a uma legitimação de um catafatismo extremo, sob a expressão de uma linguagem teológica racionalista. O dogma eclesial supõe sempre a ideia de Deus como absoluto mistério, transcendente e pessoal, incompreensível e inefável, tanto em sua realidade imanente quanto em sua autocomunicação salvífica. Por isso, a afirmação de uma natural cognoscibilidade de Deus, como precondição do ato de fé, superando uma posição fideísta, não significa negar o mistério; tampouco significa negar a influência da tradição crente, para elaborar a resposta da fé ou negar a utilidade da revelação e, incluída sua necessidade moral, para conhecer com certeza e sem erro a verdade moral e a verdade religiosa. Contudo,

---

[13] PIUS X. Decr."*Lamentabili sane*", n. 20 (DS 3420); Ep. Encycl. "*Pascendi dominici gregis*":AAS 40 (1907), 596ss (DS 3475ss); Litt. Motu próprio "*Sacrorum antistitum*":AAS 2 (1910) 669ss, (DS 3538); PIUS XII. Litt. Encycl. "*Humani Generis*": AAS 42 (1950) 561ss, 571ss (DS 3875ss, 3892ss).

uma ignorância não culpável dessas verdades não implica uma exclusão da misteriosa providência divina salvífica.[14]

A questão da negação de Deus, no plano teórico e no plano prático, ocupou a atenção do Concílio *Vaticano II* em diversos documentos. Na constituição *Lumen Gentium* (1964) se afirma que não está excluído da salvação quem vive uma vida "reta", ainda sem chegar a um reconhecimento explícito de Deus. Com efeito, os elementos de verdade e bondade presentes na vida honesta não acontecem sem a graça divina e constituem uma verdadeira "preparação evangélica". Igualmente, no decreto *Ad Gentes* (1965), se afirma que Deus, de modo misterioso, pode atrair à fé aqueles homens que sem culpa desconhecem o Evangelho.[15]

Também a constituição *Gaudium et Spes* (1965) se refere ao problema do ateísmo, constatando a gravidade do fenômeno, por ser uma negação explícita no homem da comunhão com Deus. A perda da consciência da transcendência condena o homem a permanecer em si mesmo como problema não resolvido. Nos diversos ateísmos, se observa frequentemente que se nega especialmente uma caricatura perversa do divino mais que a verdadeira realidade do "Deus do Evangelho". Outras vezes, a intenção não é tanto a de negar a Deus, quanto a de afirmar a autonomia responsável do homem, frente a uma ideia heterônoma de religião, defendendo sua emancipação de toda forma de opressão injusta. Contudo, a busca de uma libertação histórica não raramente se limita a uma ação social, econômica e política, circunscrevendo-se, assim, ao horizonte meramente terrestre da imanência. Ainda que esse perigo não

---

[14] PIUS XI. Litt. Encycl. *"Divini Redemptoris"*: AAS 29 (1937), 65ss; Decr. S. *Officii ad Archiep. Bostoniensem* (8.VIII.1949): (DS 3866ss); PIUS XII. Litt. Encycl. *"Ad Apostolorum Principis"*: AAS 50 (1958), 601ss; IOANNES XXIII. Litt. Encycl. *"Mater et magistra"*: AAS 53 (1961), 451ss; PAULUS VI. Litt. Encycl. *"Ecclesiam suam"*: AAS 56 (1964), 651ss.

[15] CONC. VATICANUM II. Const. dogm. *Lumen Gentium*: cap. Ii, n. 16; Decr. *"Ad gentes"*: cap. I, n. 7.

justifique uma alienação dos cristãos das questões da justiça social, nem uma fuga até a transcendência e até um espiritualismo a-histórico.[16]

A novidade da doutrina do Concílio, contida na declaração *Nostra Aetate* (1965), foi a de afirmar não apenas uma possibilidade de conhecimento de Deus, mas também a realidade desse conhecimento na experiência do sagrado dessas religiões históricas. Nessa experiência *numinosa* se debatem as máximas questões do ser e existir humano, do bem e do mal, da felicidade e da dor, da angústia e da esperança, do temor religioso e do desejo de Deus.[17] Por sua vez, a constituição *Dei Verbum* (1965) nos propõe o mistério do Deus da revelação e da fé, que em sua bondade e sabedoria nos revelou o mistério de seu desígnio divino de salvação universal. Pela criação, Deus oferece um perene testemunho de si mesmo. Àqueles que perseveram na prática do bem, Deus oferece a vida eterna. Ele se manifestou sempre à humanidade e especialmente ao povo da promessa como o único Deus vivo e verdadeiro, criador onipotente e providente, juiz onisciente e justo, Pai santo e misericordioso.[18]

Ainda que o Concílio não tenha proposto uma nova fórmula de profissão de fé, limitando-se a manifestar sua fidelidade aos símbolos da tradição eclesial, de sua doutrina emerge nitidamente o primeiro artigo da fé em um único Deus, Criador e Pai. Essa mesma fé foi renovada no *Credo do Povo de Deus*, de Paulo VI (1968). Por sua vez, a encíclica *Dives in misericórdia* (1980), de João Paulo II, propõe novamente o tema da bondade divina, revelada no mistério cristão.[19]

---

[16] Const. past. *Gaudium et Spes*: n. 19-22.
[17] Decl. *Nostra aetate*: n. 1-4.
[18] Const. dogm. *Dei Verbum*: cap. I, n. 2-6; cf. Const. dogm. *Lumen Gentium*: cap. I, n. 2.
[19] PAULUS VI. *Solemnis profession fidei*: AAS 60 (1968), 436ss (n. 6ss); IOANNES PAULUS II. Lit. encycl. *"Dives in misericordia"*: AAS 72 (1980), 1177ss.

2. A questão da analogia

Sobre o fundamento bíblico, que afirma a possibilidade de conhecer a Deus por meio do testemunho da natureza e da história, da realidade cósmica e da realidade moral, a tradição cristã proclamou constantemente um conhecimento certo de Deus, seja mediato, enquanto realizado pela ordem providente e da realidade do mundo, seja imediato, enquanto derivado da experiência religiosa mística e extática, ontológica e contemplativa.[20] O magistério eclesiástico, particularmente o do último século, tem assumido uma posição antiagnóstica, cristalizada dogmaticamente na doutrina do Concílio Vaticano I, confirmada no Concílio Vaticano II, de uma cognoscibilidade de Deus *naturali rationis humanae lumine*, a partir do cosmos criado. O fideísmo foi repetidamente combatido, pelo magistério papal e conciliar; durante a crise modernista e, posteriormente, durante a crise da "nova teologia". O magistério papal afirmou a possibilidade de tematizar o conhecimento de Deus em uma "demonstração".[21] Segundo a teologia, esse conhecimento é mediato e imperfeito, analógico e dialético: mediato, enquanto supõe a experiência da criaturalidade e da contingência; imperfeito, enquanto intermediário entre a ignorância e a visão; analógico, enquanto realizado na tensão de semelhança e dessemelhança entre a criatura finita e a realidade divina infinita; dialético, na medida em que assume a tensão entre o momento da afirmação, o momento da negação e o momento da eminência.[22]

---

[20] THEOPHILUS. *Ad Autolycum*, I, 4-5; MINUTUS FELIX. *Octavius* xvii, 4-5; AUGUSTINUS. *Confessiones*, X, vi, 9; *De vera religion*, xxxx-xxxi, 54-58; IOANNES DAMASCENUS. *De fide orthodoxa*, I, 3.

[21] Cf. supra n. 10, 12-13, 18.

[22] O platonismo cristão sistematizou a doutrina da analogia na *via affirmationis, negationis ete eminentiae*. Cf. I. DAMASCENUS. *De fide orthodoxa*, I, 12.

Na revelação bíblica se propõe também o contraste entre fé e visão. Da fé se afirma sua necessidade; da visão, seu imediatismo, dentro do horizonte fundamental da incompreensibilidade divina. Por sua vez, a tradição proclamou a radical incompreensibilidade divina, fundamentando-a especulativamente na infinidade divina. Nas polêmicas antiorigenista, antiariana e antieunomiana, a tradição defendeu sempre a absoluta transcendência divina do ser superessencial e infinito, incompreensível e inefável.[23] O magistério eclesial dogmatizou também a incompreensibilidade divina, no contexto do caráter sobrenatural da visão escatológica, intuitiva e imediata.[24] Dentro desse horizonte, fundamentalmente apofático, se coloca a afirmação da cognoscibilidade de Deus, pela luz da razão e pela luz da fé, e igualmente a qualificação do ateísmo, não apenas como erro racional, mas também como heresia em relação à fé ortodoxa.[25]

A problemática atual se refere ao esquema teológico subjacente à doutrina dogmática do magistério, no modo de conceber as relações entre a *lumen rationis* e a *lumen fidei* e, portanto, entre a razão e a fé, entre a natureza e a graça. O texto do Vaticano I contrapõe uma *supernaturalis via* a um *naturale lumen*, distinguindo os objetos próprios

---

[23] ATHENAGORAS. *Legatio pro christianis*, 10; MINUTIUS FELIX. *Octavius*, xviii; EPHRAEM. *Adversus scrutatores*, Sermo XLVII; ATHANASIUS. *Oratio contra gentes*, XXXV; HILARIUS. *De Trinitate*, II, 6; GREGORIUS NAZIANZENUS. *Oratio theologica*, II, 5; GREGORIUS NISSENUS. Contra Eunomium, I (MG XLV, 461); DIDYMUS ALEXANDRINUS. *De trinitate*, III, xvi; IOANNES CHRYSOSTOMUS. *De incomprenhensibili*, Hom. III, 1; I. DAMASCENUS. *De fide ortodoxa*, I, 1; AMBROSIUS. *De fide ad Gratianum*, I, xvi, 16; AUGUSTINUS. Sermo CXVII, iii, 5; THOMAS AQUINAS. *Summa theologiae*, I, q. xii 1305.

[24] DS 420, 800, 3001, cf. 1000, 1305.

[25] "Si quis unum verum Deum visibilium ete invisibilium creatorem ete Dominum negaverit: anthema sit" (DS 3021).

desses dois modos de conhecimento, ao distinguir entre objetos naturais e mistérios de fé, que superam toda compreensão.[26]

Uma interpretação adequada da teologia do Vaticano I não pode prescindir da consideração do contexto dialético, defensivo e polêmico em que se movia o debate conciliar. Com efeito, a emancipação da razão autônoma, filosófica ou científica, de toda autoridade heterônoma, metafísica ou religiosa, contrapõe o Concílio a seus anatematismos, precisamente àquelas posições "racionalistas", que podiam constituir uma ameaça para a fé, porém sem cair no extremo contrário de um fideísmo tradicionalista, racionalmente agnóstico. A intenção conciliar é evitar o racionalismo sem cair no fideísmo. Para realizá-la, o concílio utilizou a doutrina teológica julgada mais adequada, isto é, a doutrina neoescolástica sobre a relação entre a natureza e a graça, conhecer e crer, razão e fé. Segundo esse esquema, existe uma ordem "natural", uma ordem da criação, de quanto é devido ao homem enquanto homem. E existe também uma ordem "sobrenatural", uma ordem da graça e da salvação, constituída por aquelas realidades e finalidades, que "nec constitutive nec exigitive, nec consecutive, pertinent ad naturam". Existe entre ambas as ordens uma relação de "potentia oboedientialis" e atualização gratuita.[27]

---

[26] "Hoc quoque perpetuus Ecclesiae catholicae consensus tenuit et tenet, duplicem esse ordinem cognitionis non solum principio, sed obiecto etiam distinctum: principio quidem, quia in altero naturali ratione, in altero fide divina cognoscimus; obiecto autem, quia praeter ea, ad quae naturalis ratio pertingere potest, credenda nobis proponuntur mysteria in Deo abscondita, quae, nisi revelata divinitus, innotescere no possunt" (DS 3015).

[27] "Ac ratio quidem, fide illustrate, cum sedulo, pie et sobrie quaerit, aliquam Deo dante mysteriorum intelligentiam eamque fructuosissimam assequitur tum ex eorum, quae naturaliter cognoscit, analogia, tum e mysteriorum ipsorum nexu inter se et cum fine hominis ultimo; numquam tamen idonea redditur ad ea perspeicienda instar veritatum, quae proprium ipsius obiectum constituent" (DS 3016).

Esse esquema teológico serve ao Concílio para definir efetivamente a racionalidade da fé. No entanto, o modo de fazê-lo, em sua dicotomia entre fé e razão, parece sugerir duas vias independentes para chegar ao mesmo conhecimento da realidade divina. Com efeito, o concílio fala de uma possibilidade ativa de conhecimento objetivo e certo da realidade divina a partir da realidade criada, como de algo próprio da natureza humana e racional enquanto tal, ainda prescindindo da atualização do fato dessa mesma possibilidade. Porém, essa distinção conceitual entre razão e fé poderia coincidir realmente com a distinção entre possibilidade e atualização. Ou seja, que essa potência ativa para reconhecer e aceitar a Deus se atualize, uma vez que se supõe a vontade salvífica universal de Deus e a ação proveniente da graça, nessa natureza, que verdadeiramente deve ser considerado um ato religioso e um ato de fé. Em uma palavra, o magistério conciliar, ao dogmatizar a racionalidade da fé, contra o racionalismo e fideísmo, não pretendia legitimar um semirracionalismo eclesiástico ou teológico, que de fato subordina o ato religioso a um ato metafísico, a fé à razão, e, consequentemente, o Deus da revelação ao Deus dos filósofos.[28]

O que o magistério eclesial quer defender é a possibilidade do homem encontrar a Deus, como algo ínsito na própria natureza humana e não como algo estranho a ela. Com isso, pretende simplesmente defender o ensinamento bíblico da possibilidade humana de uma aceitação inteligente de Deus, ainda fora do âmbito regional em que se dá a revelação da Palavra divina. De fato, a revelação bíblica assimila o reconhecimento de Deus por um pagão àquele reconhecimento que

---

[28] Uma confirmação de tal interpretação da doutrina do Vaticano I se encontra na Decl. *Nostra aetate* do Conc. Vaticano II. Cf. n. 2: "Iam ab antique usque ad tempus hodiernum apud quae cursui rerum ete eventibus vitae humanae praesen est, imno aliquando agnitio Summi Numinis vel etiam Patris. Quae perceptio atque aginitio earum intimo sensu religioso petrant".

acontece no interior do ato de fé. Já no Antigo Testamento reconhecia na natureza uma referência à causa que fundamentava sua realidade. O Novo Testamento atribui a essa referência ôntica o caráter de *revelação cósmica* e universal. Ademais, no íntimo da natureza humana se descobre uma referência ética em relação ao Criador e Legislador universal. A não aceitação de Deus por parte de um apagão resulta semelhante à não aceitação idolátrica por parte de Israel. Enquanto Israel tem a Palavra, as nações devem contentar-se com um eco da Palavra divina: a criação, feita do nada ao rumo onipotente da Palavra de Deus. O paralelismo entre conhecimento de Deus e estrutura da fé se torna também importante ao falar da busca de Deus nas religiões.[29]

Falando da afirmação de Deus, de sua realidade e cognoscibilidade, e da linguagem que o expressa, a *questão da analogia* tem a primazia ôntica e noética. Se entre o Criador e a criação se diz univocidade, não existirá distinção e diversidade, mas identidade sem diferença, e haveria que afirmar, em definitivo, um panteísmo. Se entre Deus e o mundo se diz uma equivocidade total e insuperável, uma linguagem teológica seria estritamente impossível. Somente um caminho intermediário entre identidade e diversidade permite certa linguagem sobre Deus. Ora, dada a radical diferença entre finito e Infinito, entre relativo e Absoluto, entre contingente e Necessário, entre condicionado e Incondicionado, a linguagem ontológica supõe uma analogia do ser. Parmênides identificava o ser com a identidade e, por isso, não podia distinguir os seres entre si, pois sua distinção era também ser. Heráclito identificava o ser com a contradição, incidindo no domínio da não salva diferença. Aristóteles resolveu a aporia pela via intermediária da predicação análoga, diversa da unívoca e da equívoca, restringindo o princípio parmenideiano quanto às realidades que coincidem no gênero, não às que somente coincidem

---

[29] Sb 13,1-9; Dt 4,12 cf. Sl 33, 6; Rm 1,18-21; 2,14-16; At 17, 245-28; Hb 11,6-7.

transcendentalmente no conceito do ser. A problemática da linguagem teológica foi novamente tratada no debate medieval, quando o aristotelismo cristão reagiu contra o semiagnosticismo de Maimônides. Este, ainda concedendo a possibilidade de conhecer a existência de Deus pela via da causalidade, negava qualquer conhecimento da essência divina, já que, quanto se afirmasse Deus, ou coincidiria com sua essência, resultando assim uma linguagem puramente tautológica, ou não coincidiria, colocando em perigo simplicidade divina. Por isso, dado que Deus é causa última e transcendente da criatura, entre esta e seu Criador somente poderia admitir-se uma analogia de atribuição extrínseca. Contra essa posição, o tomismo deverá elaborar sua doutrina da *analogia entis*. Também o magistério deverá recorrer a uma doutrina da analogia no caminho intermediário entre identificação mística e extrema distinção racional, estabelecendo que entre Criador e criatura existe semelhança [*similituto*], porém existe também maior dessemelhança [*dissimilitudo*].[30]

A teologia dialética renovou a discussão, com sua polêmica contra a analogia do ser, em nome da analogia da fé. A razão dessa oposição reside em um mal-entendido sobre o conceito de analogia do ser na teologia católica, enquanto caminho do finito ao Infinito, como se a compreensão primária se referisse ao ser limitado e relativo e a ele se subordinasse a ideia do ser divino. Nesse sentido, pode-se falar justamente de procedimento idolátrico e blasfemo, atentado à transcendência divina, atento a "objetivar Deus", mais para dominá-lo que para obedecê-lo. Segundo a mesma teologia dialética, entre Deus e o homem somente é possível falar de *analogia fidei*: suposto o evento cristão, existe uma analogia entre duas decisões, a saber, entre a decisão divina de autocomunicar-se na revelação e na graça

---

[30] DS 806: "quia inter creatorem ete creaturam non potest similitude notary, quin inter eos maior sit dissimilitude notanda". Para a doutrina teológica da analogia ver: THOMAS AQUINAS. *Summa theologiae*, I, q. xiii, a. 1-12. Cf. também I. T. RAMSEY. *Words about God* (London, 1971), 23ss, 202ss.

e a decisão do homem, pela mesma ação da graça, de aceitar a Deus na fé, unindo-se na força do Espírito, à revelação do amor de Deus em Cristo. A essa analogia, fundada sobre a revelação e a fé, a criação e a graça, a teologia dialética a chama "analogia da fé", seguindo uma indicação paulina (cf. Rm 12,6). Com isso, se retorna a um conceito fundamental da hermenêutica da tradição cristã, usado principalmente para compreender a relação dialética entre antiga e nova aliança, entre Lei e Evangelho.[31]

Compreender a dialética existente entre *analogia entis* e a *analogia fidei* constitui um problema teológico fundamental. Essa tensão apresenta-se constantemente na teologia sob diversas formas: conhecer e crer, razão e revelação, natureza e graça, utopia e esperança, filantropia e caridade, libertação e Evangelho, história humana e Reino de Deus. Na questão da afirmação de Deus também aparece sob diversas antinomias da linguagem religiosa e do discurso teológico: o Deus escondido e inefável e o Deus revelado e conhecido, o Deus dos filósofos e o Deus da fé, o Deus da religião e o Deus da revelação, o Deus transcendente e absoluto e o Deus imanente e pessoal, o Deus santo e justo, que inspira temor, e o Deus bondoso e misericordioso, que desperta o amor da criatura. Como conceber essa tensão? O princípio teológico fundamental para resolver a questão somente poderia derivar de uma consideração do centro da revelação e da história da salvação, Cristo revelação e salvação concreta, nova criação e nova aliança. Na presente história da salvação, a criação é pressuposto da aliança, a qual é fundada cristocentricamente. Por isso, deve-se afirmar que na presente ordem concreta a analogia do ser não se dá sem a analogia

---

[31] "In ceteris analogia fidei sequenda est" (DS 3283 cf. 3826); "ratione habita vivae totius Ecclesiae Traditionis et analogiae fidei" (Const. Dogm. *Dei Verbum*, n. 12). Para o debate ecumênico cf. K. BARTH. *kirchliche Dogmatik*, I/1, 8; W. PANNEBERG. "Analogie und Doxologie": *Grundfragen Systematischer Theologie* (Göttingen, 1967), 181-201; P. W SCHEELE. "Okumenische disput über die Glaubenswelt als Analogie": *Catholica* 24 (1970), 323-324.

da fé: o Deus da criação se revela como o Deus da aliança. Mais ainda, dado que a ordem da criação está de fato obscurecida pelo pecado e que a revelação sobrenatural é "moralmente necessária", enquanto pela graça se consegue superar a diferença entre conhecimento e reconhecimento de Deus, pode-se dizer que a "analogia da fé" completa, corrige e repara a "analogia do ser". Com efeito, com relação à natureza concupiscente e pecadora, a graça é também iluminadora e salvadora, incitando e movendo à conversão e à aceitação de Deus na fé.[32]

Por outra parte, à luz da fé deve-se afirmar uma superior tensão de "semelhança e dessemelhança", aquela existente entre Criador e criatura, à luz da criação e da natureza. Com efeito, a autocomunicação divina na Encarnação do Verbo e no dom incriado do Espírito Santo constitui uma realidade muito superior à da ordem natural da criação. Nesse sentido, a *analogia fidei* reforça sobremaneira a *analogia entis* e de algum modo pode subsumir-se nesta, dado que a ordem da revelação e da graça é totalmente imerecida, de parte do homem, e livre, da parte de Deus. O homem está aberto à ordem sobrenatural, porém não o determina em absoluto. A ordem natural da criação e do ser criado é pressuposto ôntico e noético da autocomunicação divina na revelação e na graça, enquanto ambas as realidades pressupõem a razão natural e a natureza criada. Assim sendo, deve-se dizer não apenas que a "graça supõe a natureza", mas também que a revelação supõe a razão, o mundo da fé supõe o mundo ser, o Deus da aliança supõe o Deus da criação e a "analogia da fé" supõe a "analogia do ser".[33]

---

[32] "Quatropter divina 'revelatio' moraliter necessaria dicenda est, ut ea, quae in rebus religionis et morum rationi per impervia non sunt, in praesenti quoque humani generis condicione, ab omnibus expedite, firma certitudine et nullo admixto errore cognosci possint" (Ds 3876, cf. 3005).

[33] A *analogia fidei* não só pressupõe a *analogia entis*, mas utilmente a usa na reflexão teológica (DS 3026). Cf. também B. GERTZ. "Was ist analogia fidei? Klarstellung zu einem kontroversthema": *Catholica* 26 (1972), 309-324.

3. Conhecimento de Deus e inefabilidade

A problemática precedentemente discutida, em relação à cognoscibilidade de Deus com a questão da analogia, tem particularizado já alguns aspectos do problema da afirmação de Deus, incluindo o paradoxo da tensão entre *revelação e mistério*, conhecimento e incompreensibilidade, linguagem e inefabilidade. Exasperando os termos da questão, em sua polaridade de oposição semântica, poder-se-ia perguntar: se Deus é incompreensível, como pode ser manifestado e, em certo modo, "objetivado" em uma linguagem? Sem dúvida, ambos dados são conciliáveis. Deus é conhecido, ou melhor, reconhecido como incompreensível e proclamado como inefável, no ato mesmo religioso de aceitação e afirmação de fé. De fato, o ato crente de aceitação da revelação divina pressupõe a abertura humana à transcendência do Absoluto. Já que o homem está diante da realidade cósmica ou histórica não meramente como um objeto abandonado ao destino, mas sujeito disponível e desperto, livre e pensante. Enquanto o homem conhece o homem, conhece o limite e a finitude de uma determinada realidade essencial ou existencial, vital ou histórica, é necessário pressupor ou supor simultaneamente ao menos um conhecimento do Infinito, como dado implícito ou explícito a todo conhecimento.[34]

Assim sendo, todo conhecimento categorial, todo juízo objetivável, supõe um "horizonte" transcendental, infinito e ilimitado, em si mesmo isento de possibilidade de objetivação e misterioso, porém presente em nosso conhecimento conceitual, ao menos de forma indireta e mediata. Somente posso conhecer a *finitude, enquanto tal, se conheço o Infinito*. Essa perspectiva inobjetivada e inobjetivável da transcendência do infinito constitui o profundo em que se coloca a afirmação de Deus, não apenas

---

[34] THOMAS AQUINAS. *De veritate*, XXII, I ad I: "Omnia cognoscentia cognoscunt Deum implicite in quodlibet cognito".

na *analogia entis*, mas também na *analogia fidei*. Ocorre que Deus nunca aparece como um objeto objetivável, mas seu conhecimento supõe a afirmação de sua transcendência e personalidade. Por isso, sua afirmação supõe sua aceitação, e seu conhecimento supõe seu reconhecimento. O momento *prático* é articulado com o momento *teórico*.[35]

No que se refere ao momento teórico da afirmação de Deus e da linguagem do teísmo cristão, caberia perguntar: como definir a estrutura noética dessa afirmação a partir do ponto de vista do sujeito cognoscente? As explicações gnosiológicas, na versão neotomista do aristotelismo cristão, não carecem de um árido intelectualismo. Ou porque se veja a validez dessa afirmação e linguagem na natureza abstrata dos conceitos de perfeições simples e puras – estas se aplicam a Deus em sua formalidade, ainda que não se verifique o modo de realização dessa aplicação, pois na criatura é finito e em Deus somente pode ser supereminente e infinito –; ou porque se prefira ver essa validez na propriedade de nosso juízo de afirmar uma realidade em Deus, ainda sem conseguir conceituá-la plenamente em uma representação objetivável; ou ainda porque se prefira ver, finalmente, o ato de afirmação, a linguagem sobre Deus, um ato dinâmico projetivo, objetivo e tendencioso, isto é, que tende objetivamente a Deus, sem que a afirmação permaneça em um plano puramente funcional *quoad nos*, mas alcançando uma afirmação verdadeira, ainda que inobjetivável, sobre a realidade divina *in se*.[36]

O aspecto inefável na afirmação de Deus não deriva somente do caráter de imediatez mediata, que possui o ato de conhecimento de Deus, seja na experiência ontológica transcendental, seja na aceitação de fé. Ainda na visão escatológica permanece válido o dado da incom-

---

[35] I.T RAMSEY. *Religious Language* (London, 1967), 25ss, 28ss.

[36] M. T. L. PENIDO. *Le role de l'analogie em théologie dogmatique* (Paris, 1931), E. GILSON. *Le Thomisme* (Paris, 1948), 150-151; E. SCHILLEBEECKX. *Révélation et Théologie* (bruxelles, 1965), 243-324.

preensibilidade divina. Porém, certamente a tensão da mediatez acentua a inadequação da capacidade representativa de nossa afirmação de Deus. Deus é e será sempre incompreensível, no *lumen rationis*, no *lumen fidei*, no *limen gloriae*. Deus é e será sempre o Deus *semper maior*. Por isso, a *analogia entis* e a *analogia fidei* se resolvem sempre em uma *analogia imaginis*, seja que o homem teomorfo se torne itinerário para Deus, descobrindo o conteúdo de realidade incondicionada nas formas e símbolos do Absoluto, presentes na realidade condicionada; seja que o Cristo, imagem por excelência da bondade divina, revele no mistério de seu itinerário a potência paradoxal da misericórdia do Pai. Deve-se ter presente, ademais, que se o lugar existencial do ato de afirmação de Deus é também o ato de aceitação de Deus, o ato de abertura para o Deus presente supõe a esperança no Deus do futuro. Se o Deus da fé é também o Deus da esperança, dever-se-á dizer que o lugar privilegiado da *analogia* se encontra na *homologia* e na *doxologia*.[37]

O caráter predominantemente apofático de nosso conhecimento de Deus e de nossa linguagem sobre Deus se manifesta particularmente nos chamados atributos *negativos*, isto é, aqueles que negam em Deus alguns dos limites encontrados nas criaturas. Por exemplo, a finitude das criaturas é negada no atributo da infinitude divina. Mas ainda, aqueles atributos chamados *positivos*, cujo conteúdo supõe uma perfeição formal, como a potência criatura e salvífica divina, ou sua fidelidade compassiva, se afirmam em Deus de modo dialético, em uma tensão de afirmação e negação, negando quanto suporia limite em Deus, afirmando quanto supõe perfeição positiva pura, potenciando eminentemente quanto se predica do Ser absoluto e transcendente, incondicionado e pessoal. Observa-se, porém, que a negatividade predomina na linguagem sobre Deus. Negação de toda finitude nos atributos negativos; negação de um

---

[37] G. WAINWRIGHT. *Doxology. The Praise of God in Worship, doctrine and Life* (London, 1980), 182ss, 218ss.

modo finito de realização das perfeições puras e simples, nos atributos positivos; negação de uma adequada representatividade da eminente plenitude divina, na realização do ser e da bondade de Deus, enquanto sujeito absoluto e pessoal. Não podia ser de outro modo. Justamente o magistério eclesial, sintetizando a tradição cristã, proclamou maior dessemelhança, ainda na semelhança existente entre a criatura e seu Criador, admitindo, com isso, um predomínio da "via negativa" e da "via da eminência", sobre a "via afirmativa", em toda linguagem sobre Deus.

Tampouco se deva pensar que o momento intelectual de afirmação cognoscitiva da linguagem sobre Deus possa prescindir do momento da práxis, de uma aceitação e encontro interpessoal, de compromisso e empenho pela justiça e pelo bem. É a dimensão da experiência religiosa, em que se coloca, segundo a revelação e a tradição, o *instictus fidei*, a atração da graça e a conversão do coração. No ato religioso da fé incidem elementos não plenamente conceituáveis, derivados da natureza mesma do ato, que não é apenas uma afirmação de enunciados intelectuais, mas fundamentalmente uma aceitação de Deus como realidade salvífica, suma e presente, transcendente e pessoal. Disso deriva uma dose de inefabilidade, não conceituável adequadamente. Isso não supõe a negação de qualquer elemento conceitual, sem o qual não seria possível o ato mesmo da afirmação de Deus.[38]

Ora, a experiência religiosa do cristianismo supõe uma síntese dialética de revelação e mistério, cognoscibilidade e incompreensibilidade, transcendência e história, incondicionalidade e personalidade. Nenhum dos extremos dessas polaridades pode excluir a seu oposto. O dilema que propõe exclusivamente, como alternativas rivais na opção religiosa, fé mística como abertura à transcendência ou fraternidade como empenho

---

[38] *Summa theologiae*, IIa IIae, q. viii, a. 8 ad 2: "Non enim posset homo assentire credendo aliquibus propositis, nisi ea aliqualiter intellgiere". Cf. também J.H. GILL. "The Tacit Structure of Religious Knowing" IPhQ 9 (1969), 533-559.

ético na história, contribui a empobrecer a riqueza do ato religioso cristão, caracterizado em sua complexidade pela tensão entre teoria mística e práxis moral, que encontrará sua síntese e superação em uma experiência da santidade divina, não somente como presença contemplada ou justiça que contradiz o mal, mas, sobretudo, como fidelidade e misericórdia, que fundamentam a esperança e a graça, a luz misteriosa da cruz de Jesus. A *razão contemplativa* e extática se abre ao Mistério divino, transcendente e absoluto em seu ser e em sua vida divina, santa e eterna. A *fé* obediente à revelação profética e evangélica do Deus vivo e salvador, justo e bondoso, confessa a glória do desígnio divino, surpreendente e inesperado, de vontade salvífica universal e concreta, no mistério paradoxal da justificação do pecador, pela redenção divina realizada em Jesus, servo crucificado e Senhor glorificado. Desse modo, a razão religiosa encontra a fé confessada. Nasce, assim, a teologia como inteligência religiosa, que busca sua própria racionalidade e inteligibilidade. Por isso, a teologia se resulta nobremente em uma *teoria da fé*.[39]

Na dialética entre revelação e mistério se impõe uma conclusão extremamente importante: o Deus *escondido* e misterioso, buscado sagazmente pela razão religiosa, é o mesmo e idêntico Deus *revelado* e obedecido na fé. Portanto, o Deus da razão religiosa é também o Deus da revelação e a da fé. Em outras palavras, o Deus velado e escondido, que mora na luz inacessível do mistério, fundamento incausado de toda realidade causada e referência necessária de toda realidade contingente,

---

[39] "Non enim frustra rationis lumen humanae menti Deus inseruit; et tantum abest, ut superaddita fidei lux intelligentiae virtutem extinguat aut imminuat, ut potius perficiat, auctisque viribus, habilem ad maiora reddat" (DS 3135); "Ac primo quidem philosophia, si rite a sapientibus usrpetur, iter ad veram fidem quodammodo sternere et munire valet" (DS 3136); "solidissimis positis fundamentis, perpetuus et multiplex adhuc requiritur philosophiae usus, ut sacra theologia naturam, habitum, ingeniumque verae sicentiae suscipiat atque induat" (DS 3137).

é o mesmo Deus revelado na história da salvação como Pai fiel e compassivo. O Deus *in se* se manifesta no Deus *quoad nos*. Desse modo, o Deus incompreensível e eterno se torna o Deus conhecido no tempo privilegiado da revelação e da graça. Assim, a realidade última e absoluta, infinita e incondicionada pode ser conhecida e afirmada, ainda por meio da rede noética da realidade imediata e contingente, relativa e finita.[40]

A criatura inteligente se manifesta, assim, como uma finitude aberta ao *Infinito*, que simultaneamente se revela como santidade e bondade incondicionada. O Deus *distante* e transcendente se torna Deus imanente e *próximo*. O Deus metacósmico da criação se revela como Deus intra-histórico da salvação. O Deus criador da natureza é também o Deus aliado na história. Por sua vez, Deus revelado na fé de Israel e na esperança cristã é também o Deus buscado nas religiões históricas e na religiosidade humana. Deus é, pois, uno e único e absolutamente singular. O axioma do monoteísmo conserva toda a sua vigência: somente

---

[40] EPHRAEM. *Adversus scrutatores*, sermo XLVII: "Pater enim eius ab unoquoque in omnibus est absocnditus; et quantumvis extendit homo propriam scientiam et cogitationem, impossibil est investigare quomodo sit, aut comprehendere quantus sit"; I. CHRY. SOSTOMUS. *De incomprehensibili*, Hom. III, 1: "Vocemus itaque ipsum ineffabilem, inintelligibilem Deus, invisibiliem, incomprehensibilem, humanae linguae vim superantem, mortalis mentis comprehensionem excedentem"; AUGUSTINUS. *Sermo CXVII*, iii, 5: "Sit pia confessio ignorantiae magis quam temerária professio scientiae. Attingere aliquantum mente Deum magna beatitudo est, comprehendere autem omnino impossibile", cf. PIUS IX, Ep. *"Gravissimas inter"*: "Sancti Patres in Ecclesiae doctrina tradenda continenter distinguere curarunt rerum divinarum notionem, quae naturalis intellientiae vi omnibus est communis, ab illarum rerum notitia, quae per Spiritum Sanctum fide suscipitur, et constanter docuerunt, per haec ea nobis in Christo revelari mysteria, quae non solam humanam philosophiam, verum etiam angelicam naturalem intelligentiam transcendunt, quaeque etiamsi divina revelatione innotuerint et ipsa fide fuerint suscepta, tamen sacro adhuc ipsius fidei velo tecta et obscura caligine obvoluta permanent, quamdiu in hac mortali vita peregrinamur a Domino" (DS 2856).

Deus é Deus! Somente o Senhor reina! O monoteísmo monocrático proclama a absoluta singularidade da *monarquia divina* sobre a natureza e a história, sobre a ética e sobre a religião.[41]

Deus se manifesta, assim, como *absoluto e pessoal*; por um lado, necessário e incondicionado; por outro, fundamento de não frustrável esperança e confiança e por incontido temor e tremor. A realidade divina jamais deixa indiferente, já que se expressa não somente em relação ontológica transcendental, mas também na relação ética fundamental e na relação pessoal incondicionada. O sujeito criado a afirma não somente como objeto absoluto, mas principalmente como sujeito Infinito, de absoluta potência, de absoluta verdade e bondade. Na epifania escatológica, o *Deus* misterioso se revela como *Pai* compassivo, isto é, a realidade infinita e última, única e eterna, se manifesta como realidade extremamente íntima e pessoal, singular e próxima. Por isso, o símbolo da fé deve sempre começar afirmando a suprema identidade entre o Deus único, Criador Onipotente, e o Pai santo, aliado onipresente, esperança paradoxal da existência concreta.[42]

A linguagem do teísmo cristão

Depois de ter examinado o problema da afirmação de Deus, como ato do sujeito cognoscível, analisando a tensão entre revelação e mistério, conhecimento e inefabilidade, na dialética crente da razão e da fé, deverá ser analisado o conteúdo informativo dessa afirmação. Isto é, a linguagem teológica do teísmo cristão, tanto em sua estrutura formal concreta de linguagem crente, quanto principalmente em suas polaridades de oposição semântica e pragmática, manifestadas no discurso teo-

---

[41] Sobre a unicidade de Deus cf. DS 125, 150, 800, 3001, 3021.
[42] Sobre a identidade entre o Deus Criador do Antigo Testamento e o Pai que nos salva em Cristo e nos santifica no Espírito da Nova Aliança, cf. DS 198, 325, 790, 854, 1336.

lógico dos atributos divinos. Sucessivamente serão também examinadas a questão da helenização da linguagem sobre Deus e o problema da crise secular do teísmo cristão, como objeções reais ao discurso tradicional da linguagem crente.

1. Sobre os atributos de Deus

Da tensão insuperável, precedentemente considerada, entre a intenção de afirmar a Deus e a incompreensibilidade do mistério divino, emerge o problema fundamental da linguagem crente, cuja referência é sempre o Deus inefável. Toda linguagem religiosa encerra em si o paradoxo insuperável de pretender falar de um Deus, do qual é necessário proclamar a impossibilidade de dizer algo adequadamente. Por isso, a linguagem crente deve conciliar corretivamente o silêncio apofático e a proposta catafática, mística do mistério divino e a afirmação da linguagem teológica. O Deus da fé é um Deus inefável. A forma linguística, limitada e finita não consegue expressar o conteúdo absoluto, incondicionado e infinito, da realidade divina, noeticamente incompreensível, ontologicamente transcendente, pessoalmente incompreensível em sua liberdade. Toda afirmação de Deus é, pois, paradoxal, dialética, simbólica, enquanto quer dizer em suas formas humanas o conteúdo da mensagem divina e do mistério divino.[43]

---

[43] O paradoxo fundamental da linguagem crente tem sido constantemente acentuado na tradição cristã. Cf. ATHENAGORAS. *Legatio pro christianis*, 10: "Satis igitur demonstratum a me est atheos nos non esse, qui unum ingenitum ete aeternum tenemus Deu, invisibilem et impssabiliem, qui Nec capi aut comprehendi potest, qui sola mente et ratione cognoscitur, ac luce et pulchritudine et spiritu ac potentia non enarrabili circundatus est"; GREGORIUNS NISSENUS. *Contra Eunomium*, I: "Simplicitas enim doctrinae veritatis Deum ponit sicut est: nec nomine, nec cogitatione, nec ulla alia mentis apprehensione comprehensibilem; non solum humana, sed etiam angélica et omni suprahumana apprehensione altiorem manentem, ikneffabilem et inenarrabilem,

O universo do discurso religioso crente oferece uma complexidade polimorfa, em sua gramática, em sua semântica, em sua pragmática. Com efeito, a linguagem da fé deve expressar a totalidade do serviço divino, no culto, na doutrina, na vida, como doxologia, como homologia, como norma. Numerosos são os documentos que o testemunham: os símbolos da fé e as anáforas litúrgicas, as declarações teológicas e as definições dogmáticas, as normas morais e as orientações pastorais. Todo o processo de vivência e comunicação da fé, de experiência e testemunho da esperança, de finalidade religiosa e práxis da fraternidade e justiça estão implicados e explicados na linguagem crente. A linguagem sobre Deus é polivalente em seu uso, em seu significado, em suas funções, por envolver todo o processo de comunicação de ideias, sentimentos e comportamentos do viver crente. A linguagem sobre Deus *expressa* a perspectiva religiosa profunda de aceitação incondicional do mistério divino e da realidade divina e *comunica* a convicção crente indicando a relevância teórica e prática de sua mensagem, na liturgia e na diaconia, na teologia e na ética.[44]

Se existe uma linguagem ortodoxa, no símbolo de fé e na doxologia litúrgica, deverá existir também uma linguagem *analógica*, que informe ao crente sobre a realidade divina, enquanto se manifesta. Deus aparece assim como revelado e misterioso, afirmável e inefável, singular em sua identidade e incompreensível em sua vontade, objeto de amor infinito e de temor incondicionado. Essa linguagem será *catafática* enquanto afirma e *apofática* enquanto nega ou enquanto corrige ilimitadamente o

---

et omni vocum significatione excelsiorem"; HILARIUS. *De trinitate*, II, 6: "Haec veritas est sacramenti Dei, hoc imperspicabilis naturae nomen in Patre. Deus invisibilis, ineffabilis, infinitus, ad quem et eloquendum sermo sileat, et investigandum sensus hebetetur, et complectendum intelligentia coartetur". A inefabilidade divina foi repetidamente explicitada no Magistério, cf. DS 525, 800, 3001.
[44] G. WAINWRIGHT. *Doxology*, 149ss.

sentido de qualquer afirmação crente "sobre Deus". Essa particular dialética, feita de afirmação, negação e eminência, subjacente a toda linguagem religiosa, teológica e dogmática, recebe o nome de analogia. Síntese dialética de apofatismo e catafatismo, excluindo equivocidade e univocidade, a analogia resulta em uma forma de catafatismo, moderada pela correção apofática. Dado que a linguagem teológica não pode omitir a dimensão paradoxal na experiência cristã, um elemento intensamente paradoxal se encontra no interior de toda analogia. Na analogia do ser, o paradoxo se apresenta como tensão de finito infinito, condicionado e incondicionado, já que o incondicionado e infinito se revela por meio de fórmulas finitas e condicionadas de uma linguagem por força antropomórfica, mítica e simbólica. Na analogia da fé, o paradoxo da opção divina preferida, que escolhe os pobres e humildes, e especialmente o paradoxo do símbolo da cruz, loucura para a razão lógica e escândalo para a razão ética.[45]

Depois de ter considerado a linguagem sobre Deus em seu aspecto formal, deverá ser analisado também seu conteúdo informativo, pelas oposições mais significativas, tanto a partir de um ponto de vista teórico, quanto a partir de uma perspectiva prática. Preliminarmente deve constar como *antinomia fundamental* da linguagem sobre Deus a oposição noética e precedentemente considerada entre Deus *revelado* e *escondido*, conhecido e incompreensível, afirmável e inefável. A tradição cristã e

---

[45] O caráter analógico da linguagem sobre Deus foi magistralmente elaborado pelo platonismo cristão, cf. GREGGORIUS NISSENUS. *Contra Eunomium*, XII: "Ex negatione eorum quae non insunt, et ex affirmatione eorum quae de eo pie intelliguntur, quid sit apprehenditur"; DIONYSIUS AREOPAGITA. *De divinis nominibus*, VII, 3: "ad cognoscendum illud summum bonum et omnium bonorum finem, via et ordine pro viribus ascendimus, in ablatione et superlatione omnium et in omnium causa"; I. DAMASCENUS. *De fide orthodoxa*, I, 12: Atque haec sunt vocabula affirmantia et negantia. Ex utrisque porro suavissima conexio fit, sicut superessentialis essenti, superdivina deitas, principium omni principio superius, aliaque similia".

o magistério eclesial constantemente defendem a possibilidade real de afirmação de Deus pelo homem e a realidade da experiência religiosa, seja de modo espontâneo e primitivo, seja de modo histórico e cultural nas grandes religiões históricas. Pela luz da razão religiosa da fé obediente à revelação divina, Deus se afirma como fundamento do ser e do sentido de toda a realidade.[46]

A tensão noética, considerada a nível ontológico, se manifesta como polaridade de oposição *semântica* entre a *santidade* divina e a *presença* divina. Deus se revela como o ser santo, absolutamente singular e único, atualíssimo, infinito, oniperfeito. Ele se revela também como vivente eterno, imenso e onipresente, sendo sua presença divina uma realidade pessoal e espiritual. A mesma tensão fundamental, considerada a nível ético, se manifesta como polaridade de oposição *pragmática*, entre a *justiça* divina e a *fidelidade* divina. Deus se revela como realidade espiritual e pessoal, infinitamente inteligente e onisciente e absolutamente livre e onipotente, também em sua justiça e em seu juízo de reprovação do mal. Enquanto realidade atuante, seja na ordem da criação, seja na de salvação, Deus se revela como Criador bondoso, em sua santa e misteriosa providência; como Senhor fiel, em sua aliança de salvação universal; como Pai misericordioso, pleno de compaixão de graça.[47]

---

[46] Const. dogm. *Dei Verbum*, cap. I, n. 6: "Confitetur Sacra Synodus, 'Deum, rerum omnium principium et finem, naturali humanae rationis lumine e rebus creates certo cognosci posse' (cf. Rm 1,20); eius vero revelation tribuendum esse docet, 'ut ea, quae in rebus divinis humanae rationi per se impervia non sunt, in praesenti quoque generis humani conditione ab omnibus expedite, firma certitudine et nullo admixto errore cognoscie possint" (cf. DS 3004ss).

[47] Const. dogm. *Lumen Gentium*, cap. I, n. 2; "Aeternus Pater, liberrrimo et arcane sapientiae ac bonitatis suae consilio, mundum universum creavit, hominess ad participandam vitam divinam elevare decrevit, eosque lapsos in Adamo non dereliquit, simper eis auxilia ad salute praebens, intuit Christi Redemptoris".

Nas precedentes considerações aparece implicitamente confirmada a complexa estrutura do ato religioso cristão, enquanto confrontação existencial do crente com o mistério divino, em sua inefável santidade e presença eterna, em sua justiça fiel e em sua fidelidade compassiva. No ato religioso cristão se sintetizam dialeticamente, junto ao momento *numinoso* fundamental, tanto a dimensão sacramental e epifânica, extática e mística da experiência religiosa, quanto a dimensão ético-crítica, profético-evangélica da experiência da graça. À irrupção do incondicionado no sagrado, como teofania da santidade divina, responde a adoração mística da presença divina; porém, a expressão do momento fascinante na experiência de Deus se associa à exigência incondicionada da justiça divina, como norma ética e tensão de infinito temor. A tensão entre mística e ética, na dialética insuperável de identidade e diferença, somente se resolve de forma inesperada na teologia paradoxal da graça.[48]

Abandonando parcialmente o discurso funcional e prático do teísmo bíblico, a linguagem teológica do teísmo cristão, codificada na tradição patrística e dogmatizada pelo magistério eclesial, sublinhou, primeiramente, o dado ontológico da atualidade divina e oniperfeição. Deus é o *ser* atualíssimo e oniperfeito. Ora, a linguagem do teísmo cristão acentua não tanto a atualidade salvífica quanto a atualidade divina essencial e pessoal, enquanto Deus é o mesmo ser subsistente [*ipsum esse subsistens*] e ato puro [*actus Purus*]. A oniperfeição divina é infinita, enquanto Deus é perfeito em tudo [*perfectus in omnibus*]. Sua infinitude não é meramente relativa e potencial, mas Deus é absoluto e atualmente

---

[48] Decr. *Ad gentes*, cap. I, n. 3: "hoc universal Deis propositum pro salute humani perficitur non solum modo quasi secreto in mente hominum vel per incepta, etiam religiosa, quibus ipsi multipliciter Deum quaerunt, si forte attrectent eum aut inveniant quamvis non longe sit unoquoque nostrum (cf. At 17,27): haec enim incepta indigent illuminari et sanari, etsi, esxbenigno consilio providentis Deis, aliquando pro paedagogia ad Deum verum vel praeparatione evangélica possint haberi".

infinito [*infinitum actual et absolutum*]. Sua oniperfeição não comporta divisão, contradição ou composição [*simplÊX omnino*].[49] Frente ao perigo de uma concepção dualista da realidade divina, a primeira teologia acentuou a unicidade de Deus, posteriormente elaborada como unidade divina [*unitas*], atributo implícito na infinita atualidade do ser divino.[50]

---

[49] GREGORIUS NYSSENUS. *Contra Eunomium,* VIII."Unum indicium verae divinitatis ostendit sermo sanctae scripturael, quod per supernam vocem didicit Moyses, audiensa dicentem: *Ego sum qui sum*. Igitur illud solum divinum esse vere credendum arbitramur, cuius exsistentia aeterna ete infinita apprehenditur; et quidquid in ipso conspicitur, semper eodem modo se habet, neque accedens neque deficiens"; HILARIUS. *De trinitate*, I, 5:"Non enim aliud proprium magis Deo quam esse intelligitur; quia in ipsum quod esy neque desimentis est aliquando neque coepti"; AUGUSTINUS. *Sermo VIII*, 7: "Iam ergo ângelus, et Iná agelo dominus, dicebat Moysi quaerenti nomen suum: *Ego sum quis um; dices filiis Israel: Qui esta, misit me ad vos*. Esse nomen est incommutabilitatis. Omnia eninm quae mutantur, desinuny esse quod erante, et incipiunt esse quod non erant. Esse verum , esse sincerum, esse germanum, non habet nisi qui non mutatur"; BONAVENTURA. *Itinerarium mentis in Deum*,V, 3: "Volens igitur contemplari Dei invisibila quoad *essentiae unitatem* primo defigat aspectum in ipsum esse et videat, ipsum esse adeo in se *certissimum*, quod non potest cogitari non esse, quia ipsum *esse* purissimum non occurrit nisi in plena fuga *non-esse*, sicut et *nihil* inplena fuga esse. Sicut igitur *omnino nihil* nihil habet de esse Nec de eius *conditionibus*; sic econtra ipsum *esse* nihil habet de *non-esse*, Nec actu nec potentia, Nec secundum veritatem rei nec secundum aestimationem nostram";THOMAS AQUINAS. *Summa theologiae*, I, q. xiii, a. II:"nomen *qui est* triplici ratione est máxime proprium nomen Dei. Primo quidem, propter suam significationem. Non enim significat formam aliquam, sed ipsum esse"; DS 3623:"Divina essentia, per hoc quod exercitae actualiati ipsius esse identificatur, seu per hoc quod est ipsum Esse subsistens, in sua veluti metaphysica ratione bene nobis constitua proponitur, et per hoc idem rationem nobis exhibet suae in perfectione".

[50] "Credimus in unum Deum Patrem omnipotentem" (DS 125, cf. 150);"Si quis dixerit atque crediderit, alterum Deum esse priscae Legis, alterum Evangeliorum: anathema sit" (DS 198); "unus solus est verus Deus" (DS 800); "unum esse Deum verum et vivum, creatorem AC Dominum caeli et terrae" (DS 3001).

Igualmente, sobre a verdade divina, a tradição teológica sublinhou não tanto a fidelidade salvífica de Deus, quanto suas implicações metafísicas. Para o platonismo cristão, Deus é mesma verdade, total e suprema [*veritas ipsa*]. Para o aristotelismo cristão, sob o tema da verdade é possível reduzir a denominador comum quatro aspectos da verdade divina: sua dimensão ontológica [*veritas in essendo*], gnoseológica [*veritas in cognoscendo*], revelatória [*veritas in dicendo*], salvífica [*veritas in agendo*]. Para o magistério eclesial, a verdade de Deus não é só expressão do *kerygma* da fidelidade divina, mas implica também a infinitude da inteligência divina, por ser a verdade do ser infinito.[51] Algo semelhante ocorre com o tema da bondade divina do qual a tradição teológica acentua as implicações ontológicas. Tanto no plano ontológico, quanto ético, Deus é a bondade mesma, universal e suma [*bonitas ipsa*]. A bondade divina é uma implicação da oniperfeição divina e se manifesta principalmente na criação e providência, na graça e predestinação.[52]

Em segundo lugar, a linguagem teológica do teísmo cristão acentua o tema da vida divina. Deus é o eterno *vivente*. A relação entre eternidade e vida se faz evidente na definição boeciana da eternidade divina, como possessão simultânea e perfeita de uma vida interminável [*aeternitas est interminabilis vitae tota simul et perfecta possessio*]. Progressivamente se acentuou a nota de imutabilidade ontológica na eternidade divina, implícita em certo modo já na definição agostiniana da eternidade divina

---

[51] "Si quis unum verum Deum visibilium et invisibilium creatorem et Dominum negaverit: anathema sit" (DS 3021); "Deus enim, cum sit veritas omnium prima, summumque bonum, tum vero fons est praealtus, unde vita vere haurire hominum coniunctio potest quae nimirum recte constitua sit et frugifera, ad hominunque dignitatem apta" (DS 3973).

[52] "Hic solus verus Deus bonitate sua et 'omnipotenti virtute' non ad augendam suam beatitudinem nec ad acquirendam, sed ad manifestandam perfectionem suam per bona, quae creaturis impertitur, libérrimo consilio 'simul ab initio temporis utramque de nihilo condidit creaturam, spiritualem et corporalem" (DS 3002, cf. 800).

como presente imutável [*nunc stans*]. Enquanto os símbolos da fé da época patrística falam da eternidade no contexto da trancenscendência do ser divino incriado, a teologia escolástica e o magistério eclesial associam eternidade e imutabilidade. Deus é, pois, vivo [*vivus*]. Eterno [*aeternus*], imutável [*incommutabilis*].[53] Paralelo ao tema da metatemporalidade divina, aparece a temática da transcendente metaespacialidade de Deus, em um plano absoluto e negativo, como imensidão [*immensitas*]; no plano relativo e positivo, como onipresença [*omniprasentia*]. Deus é onipresente, por sua essência [*per essentiam*], por sua presença [*per praesentiam*], por sua potência [*per potentiam*]. A imensidade e onipresença de Deus é implicação de sua atualidade oniperfeita e de causa universal. Na realidade, a linguagem escolástica submeteu a noção bíblica de uma onipresença salvífica de Deus, na noção metafísica da imensidão ontológica do fundamento último do ser, enquanto ser absoluto e necessário. Ao aceitar essa linguagem, o magistério eclesial implicitamente reconheceu a conciliação entre a noção filosófica e noção bíblica de Deus.[54]

Finalmente, a linguagem teológica do teísmo cristão notou o caráter espiritual e pessoal da realidade divina. Deus é *espírito* onisciente e onipotente, enquanto possui uma vida infinitamente inteligente e livre, na qual se comporta como Senhor justo e misericordioso. Com efeito, o discurso bíblico sobre a potência e a sabedoria divina, salvífica e criadora, foi considerada na linguagem teológica da tradição cristã e por meio de atributos e perfeições próprios da inteligência e vontade divinas. Deus é onisciente [*omnisciens*]. A ciência divina é infinita, enquanto Deus é a causa primeira de toda inteligência e ordenador último do cosmos. Enquanto expressão

---

[53] BOETHIUS. *De consolation philosophie*, V, 6; THOMAS AQUINAS. *Summa theologiae*, I, q,. x, a. 2-3; cf. q. ix, a. 1; "verus Deus aeternus, immensus et incommutabilis" (DS 800); "aeternum, imensum", "simplex omnino et incommutabilis substantia" (DS 3001).
[54] AUGUSTINUS. *Liber de praesentia Dei ad Dardanum* (Ep. CLXXXVII); THOMAS AQUINAS. *Summa theologiae*, I, q. viii, a. 3; DS 800, 3001, 3330.

inteligente e viva da realidade atualíssima do ser infinito, a ciência divina transcende o tempo e a sua sucessão no passado, presente e futuro, e compreende e supercompreende o ser criado. No debate teológico moderno, a relação entre onisciência divina e a liberdade humana tem sido vista frequentemente sob um esquema de rivalidade heteronômica, entre a sabedoria de Deus e a autonomia do homem. O magistério eclesial deixou aberto o debate, limitando-se à afirmação do dogma da onisciência divina ainda de futuros humanos livres, sem definir o modo e o meio divino desse conhecimento infalível da história humana.[55] Paralelo ao discurso sobre a onisciência, referente à inteligência divina, é o da onipotência divina, referente à vontade infinita. Deus é onipotente [*omnipotens*]. Contra todo fatalismo, cósmico ou histórico, pessoal ou social, a tradição cristã sempre defendeu a liberdade da vontade divina, subsistente e onipotente, fundamento da liberdade humana; a vontade divina é justa e misericordiosa, plena de amor desinteressado, base não de absurdo e arbitrariedade demoníaca, mas da salvação e do bem. Os símbolos de fé proclamam Deus como Pai onipotente. Posteriormente, o magistério eclesial explicará a perfeição, infinitude e liberdade da vontade e da potência divina. Desse modo, a linguagem teológica do teísmo tradicional considerou Deus Pai, sobretudo, como ser atualíssimo e oniperfeito, vivente eterno e onipresente, espírito onisciente e onipotente, criador conservador e providente, Senhor justo em sua predestinação e reprovação, Pai fiel e misericordioso.[56]

---

[55] AUGUSTINUS. *De trinitate*, XV, xiii, 22; THOMAS AQUINAS. *Summa theologie*, I, q. xiv, a. 13; DS 2866: "cum Deus qui monium mentes, ânimos, cogitationes habitusque plane intuetur, scrutatur et noscit"; cf. 3001ss, 3890.

[56] DS 115: "credendum est in Deum Patrem omnipotentem"; DS 800 "incomprehensibilis, omnipotens et ineffabilis"; DS 3001 "omnipotentem" "intellectu ac voluntate omnique perfection infinitum". A onipotência divina, ainda que predicável das três hipóstases (DS 29, 75, 164, 169, 173, 441, 490), atribui-se principalmente ao Pai (DS 2-64, 71, 125, 150, 191, 290, 297), cf. 441 *"Patrem scilicet omnipotentem, sempiternum, ingenitum"*.

2. A questão da helenização

O cristianismo antigo percebeu a utilidade da filosofia grega, com fundamentação metafísica da realidade divina, em sua transcendência e liberdade, para superar toda representação politeísta ou dualista, panteísta ou materialista. A legitimação desse processo de assimilação e adaptação teológica, originado pela tarefa missionária do diálogo apologético, se encontra já na abertura da diáspora bíblica à religião natural, como expressão da relação com o mesmo e único Deus transcendente, Criador e Pai. Precisamente a necessidade de acentuar a dimensão transcendente na noção divina explica o predomínio do uso de uma linguagem negativa na primeira teologia cristã. Deus é incompreensível e inefável, invisível e ilimitado, incircunscrito e imenso, incriado e impassível, indivisível e indescritível, infinito e imutável, inviolável e inabarcável. Recolhendo a herança do platonismo cristão, o aristotelismo escolástico elaborou uma linguagem teológica sobre a doutrina sistemática do conhecimento da realidade divina e dos atributos próprios de sua essência. A questão teológica sobre a realidade divina [*na Deus sit*], responde à doutrina das cinco vias tematizando a experiência cósmica de Deus, como ato puro e motor imóvel [*motor immobilis*], causa incausada [*causa prima*], como ser absolutamente necessário [*ens necessarium*], como ser perfeitíssimo na hierarquia da realidade [*Iens perfectissimum*], *ordenador inteligente do universo* (*aliquid intelligens a quo omnes res naturales ordinatur ad finem*). A doutrina dos atributos essenciais [*attributa quiescentia*] responde a questão da essência divina, isto é, a absoluta infinitude e perfeição, eternidade e onipresença, imutabilidade e imensidão, atualidade e simplicidade, unidade, verdade e bondade. O conteúdo desses atributos deve ser interpretado à luz da doutrina da analogia do ser, entre a realidade finita e a realidade infinita, na dialética da afirmação, negação e eminência. A questão relacionada com a atividade divina é respondida na doutrina sobre os atributos ativos ou operativos [*attibuta operativa*] relacionados com a inteligência divina e a vontade divina, isto é, sabedoria e potência, ciência e liberdade, em grau infinito. Deus onisciente e onipotente atua de modo justo e misericordioso em sua providência natural e em sua predestinação salvífica.[57]

A linguagem teológica do aristotelismo cristão influenciou intensamente tanto a escolástica da contrarreforma, quanto a ortodoxia protestante, permanecendo como síntese pacificamente admitida na teologia cristã do primeiro artigo de fé. Isso explica a função limitada exercida pelo magistério eclesial, em relação à "doutrina de Deus". As declarações dogmáticas do magistério têm o caráter apologético de uma defesa ortodoxa da noção revelada de Deus e das implicações ontológicas dessa noção. Na antiguidade cristã, o magistério teve que condenar o dualismo gnóstico; na época moderna, enfrentou-se mais ainda com as diversas formas de monismo, seja de tipo panteísta e espiritualista, seja de tipo ateu e materialista.[58] Particular interesse têm duas séries de afirmações relacionadas respectivamente com a transcendência divina e com a imanência salvífica de Deus. Com efeito, tanto a afirmação da indivisão ou simplicidade da essência divina, quanto a proclamação da incompreensibilidade divina pelo homem são fundamentalmente rea-

---

[57] Cf. ex. C., THOMAS AQUINAS. *Summa theologiae*, I, q. ii: "De Deo, na Deus sit"; q. iii: "De Dei simplicitate"; q. iv: "De Dei perfectione"; q. vi: "De bonitate Dei"; q. vii: "De infinitate Dei"; q. viii: "De existentia Dei in rebus"; q. ix: "De Dei immutabilitate"; q. x: "De Dei aeternitate"; q. xi: "De unitate Dei"; q. xii: "Quomodo Deus a nobis cognoscatur"; q. xiii: "De nominibus Dei"; q. xiv: "De scientia Dei"; q. xviii: "De vita Dei": Q. xix: "De voluntate Deis"; q. xx: "De amoré Dei"; q. xxi: "De iustitia et misericórdia Deis"; q. xxii: "De providentia Dei"; q. xxiii: De praedestinatione"; q. xxv: "De divina potentia"; q. xxvi: de divina beatitudine".

[58] Ex. C., DS 325: "si Novi et Veteris Testamenti, id est, Legis et Prophetarum et Apostolorum unum eundemque credit auctorem et Deum"; DS 3023: "Si quis dixerit, unam eandemque esse Dei et rerum omnium substantiam vel essentiam: anthema sit".

firmações da natureza estritamente transcendente da realidade divina.[59] Igualmente, os símbolos e as declarações trinitárias são reafirmações da historicidade divina, de sua imanência salvífica concretizada em Cristo e no Espírito e da validez e definição escatológica da autocomunicação divina na história da salvação.[60] Contudo, dificilmente pode-se negar que o magistério eclesial, ao admitir pacificamente a linguagem apofática do platonismo patrístico ou linguagem catafática do aristotelismo escolástico, legitimiva o processo de *helenização* subjacente a esses modelos teológicos, em sua intenção de salvar a conciliação entre a noção ontológica de Deus e o personalismo do teísmo bíblico.[61]

Ora, contra o postulado de uma conciliação entre o teísmo filosófico e a noção bíblica de Deus, diversas instâncias teológicas atuais formularam suas reservas, particularmente a teologia dialética da revelação, a teologia *kerygmática*, algumas teologias radicais e diversas teologias da práxis. Com efeito, desejaram definir os limites dessa conciliação, acentuando o primado e a originalidade do personalismo bíblico em sua definição escatológica, assim como a necessidade da teologia, enquanto *scientia fidei*, de se adequar ao processo da história da salvação e à linguagem da revelação divina. A teologia cristã tem por ofício falar do Deus da revelação e não do Deus da filosofia. Ora, na revelação bíblica se manifesta fundamentalmente não um Absoluto transcendente conhecido na tematização metafísica da experiência ontológica da finitude, mas a automanifestação do único Deus vivo, transcendente e diverso em sua santidade, imanente e salvífico em sua presença, justo e fiel em sua eleição e aliança, não obstante a infidelidade humana, mi-

---

[59] Cf. DS 745, 800ss, 1330, 3001ss, 3021ss.
[60] DS 125ss, 150ss, 525ss, 800ss, 1330.
[61] W. PANNEBERG. "Die Aufnahme des philosophischen Gottesbegriffe als dogmatisches Problem der frühchristllichen Theologie", in *Grundfragen systematischer Theologie* (Göttingen, 1967), 296-346.

sericordioso e compassivo como Pai cheio de bondade. Não há dúvida de que o discurso bíblico sobre o Deus da aliança, Pai santo, Rei eterno, Criador onipotente, Juiz onisciente da vida e da história resulta mais expressivo em seu simbolismo que a linguagem meramente filosófica de um teísmo intemporal.[62]

A linguagem bíblica resulta também mais condizente com o caráter pessoal e histórico da revelação divina e da salvação realizada em Cristo e interiorizada pelo Espírito, como automanifestação da bondade divina e autocomunicação da vitoriosa misericórdia do Pai. Por isso, a linguagem teológica sobre Deus não pode olvidar o discurso da revelação histórica, em seu concreto simbolismo, quando proclama Deus como Senhor da aliança e Criador do universo, Rei dos séculos e Pai de Jesus. Ora, a linguagem bíblica sobre Deus recebe em Cristo sua chave de inteligibilidade. Com efeito, em Cristo se revela a santidade e a glória divina, sua sabedoria e sua potência paradoxal, sua vida eterna e seu amor histórico. No acontecimento histórico da cruz de Cristo, Deus aparece como o Pai, que "ama plenamente na liberdade". Para ambas categorias fundamentais, liberdade e amor podem, respectivamente, subordinar os atributos divinos essenciais e operativos: na *liberdade* divina, soberana e transcendente. Subsumam-se os atributos essenciais e incomunicáveis de Deus, por sua vez o *amor* divino sintetiza os atributos operativos do comportamento salvífico de Deus.[63]

Também a teologia transcendental relacionou contra uma imagem excessivamente helenizada do teísmo cristão, corrigindo a estruturação escolástica da doutrina de Deus, com a distinção fundamental entre atributos necessários de Deus e modos de comportamento da liberdade divina na história da salvação. Essa distinção pode fundamentar-se filosófica e teologicamente, definindo como atributos divinos aquelas

---

[62] Cf. E. BRUNNER. *Dogmatik* I (Zürich, 1960).
[63] Assim por exemplo, K. BARTH. *kirchliche Dogmatik*, II/I, 377-378.

perfeições necessárias, que devem afirmar Deus, à luz da ordem da criação, ainda que de fato também possam conhecer, direta ou indiretamente, à luz da revelação e da história da salvação. Chamam-se modos livres de comportamento de Deus aqueles modos assumidos pela ação livre de Deus na história da salvação, conhecidos diretamente somente pela luz da revelação histórica positiva e não deduzíveis aprioristicamente a partir da essência divina e de seus atributos essenciais ou operativos. Essa dialética fundamental entre necessidade e liberdade, ontologia e personalismo, explica a tensão insuperável da linguagem teológica do teísmo cristão. Ora, entre ambos os grupos de afirmações sobre Deus não poderão ser negadas possíveis coincidências, já que o Deus da história e o Deus da natureza, o Deus da aliança e o Deus da criação são um mesmo e único Deus. Porém, tampouco podem deixar de assinalar as diferenças que distinguem *atributos necessários* do ser divino e *modos livres* de comportamento de Deus na história. Os modos de comportamento livre de Deus, enquanto procedentes de sua pleníssima liberdade e de sua atualíssima consciência, são de sua exclusiva decisão e eleição. Portanto, não podem ser previstos ou deduzidos *a priori*, mas constatados *a posteriori*, partindo de uma interpretação teológica da história bíblica da salvação. Por sua vez, os atributos de Deus recebem um conteúdo inesperado à luz da revelação, centrada no grande paradoxo da cruz. A justiça e a fidelidade, a força e a potência, a sabedoria e a verdade de Deus não são apenas perfeições "puras", predicadas analogamente da realidade divina, ou meros atributos "físicos", predicados da vontade ou da inteligência divina, mas que são a manifestação concreta da força do Espírito divino, revelada na ação salvífica do Pai, no acontecimento da cruz de Jesus, servo humilhado e Senhor glorificado.[64]

---

[64] K. RAHNER."Theos im Neuen Testament", in *Schriften zur Theologie* I (Einsiedeln, 1967), 91-167, esp. 128ss.

Entre atributos divinos e modos de comportamento livre de Deus existe uma relação de proporcionalidade semelhante a que pode ser constatada entre criação e aliança, natureza e graça, razão e fé, analogia do ser e analogia da fé. Como a aliança não pode ser deduzida da criação, tampouco os modos de comportamento livre de Deus podem ser deduzidos de seus atributos necessários essenciais ou operativos. Do mesmo modo, como a criação é pressuposto da aliança, assim os atributos divinos necessários são pressupostos de seu livre comportamento na história da salvação e da graça. E assim como entre criação e aliança existe uma unidade concreta, na presente ordem da salvação centrada em Cristo, assim existe também uma unidade entre os atributos necessários e os modos de comportamento livre de Deus, ainda que não seja possível unificá-los em uma única linguagem das perfeições de Deus. Epistemologicamente, os atributos são perfeições do ser divino, conhecidas pela luz da razão na analogia do ser entre a criatura finita e o Criador infinito, ou seja, são afirmações ontológicas da profundidade e do mistério do ser divino enquanto fundamento do ser criatural. Os modos de comportamento livre de Deus na história da salvação só podem ser afirmados à luz da fé e na analogia da fé, isto é, são afirmações de fé feitas à luz do testemunho da revelação divina, prometida na história da salvação e realizada plenamente em Cristo.[65]

3. Crise secular do teísmo cristão

A secularidade é o fenômeno característico da modernidade. Nela, o homem aparece como verdadeiramente autônomo e responsável por sua situação global. Esse fenômeno cultural é o resultado de um largo processo histórico. Pode-se também pensar a mesma revelação divina,

---

[65] "Bemerkungen zur Gotteslehre in der katholischen Dogmatik", in *Schriften zur Theologie* VIII (Einsiedeln, 1967), 165-188.

enquanto consciência da criação e da aliança, como força secularizante, ao demitizar a natureza dos cosmos e responsabilizar eticamente o homem, para o essencial de sua existência vital e de seu destino histórico. A *secularidade* se caracteriza por uma real emancipação da vida, com relação ao controle de certo modo de entender o saber e de viver a religião. O processo secularizante procura entender os diversos setores vitais de um modo imanente à própria realidade, independentemente das afirmações dos sistemas teológicos ou metafísicos do passado. O importante para uma hipótese científica não é sua concordância com esses sistemas metacientíficos, mas sua verificabilidade ou sua falsidade. Por isso pôde-se falar de "maturidade cultural", para descobrir o fenômeno de emancipação do saber científico e da autonomia da cultura humana. Ademais, outra característica do homem secular é seu interesse pela vida presente. A alergia junto a uma determinada forma de compreender teologicamente a relação entre escatologia e tempo o faz rechaçar a forma meramente contemplativa de viver o cristianismo, considerado depreciativamente um "platonismo para o povo". O homem secular perdeu o interesse por "ideias eternas", concentrando sua atenção em fenômenos verificáveis e controláveis. Em seu ceticismo, não há o interesse por grandes teorias metafísicas, religiosas ou políticas, e o homem secular adere sem dificuldade a uma forma de empirismo pragmático.[66]

Tanto o filósofo moderno como o teólogo atual sentem frequentemente a dificuldade de encontrar uma linguagem apta para expressar a própria reflexão sobre a realidade humana ou sobre a experiência de fé. Não é possível pensar o ser ou Deus do mesmo modo e com as mesmas categorias em que era possível fazê-lo no passado. A situação secular se caracteriza também pela perda de certa forma de linguagem filosófica e religiosa. Segundo alguns analistas da cultura, com a modernida-

---

[66] Cf. M. STALLMANN. *Was ist Säkularisierung?* (Tübingen, 1960).

de secular se inicia uma *nova época* da história da sociedade humana. Depois de uma fase religiosa própria do mundo arcaico e mítico, e de outra fase metafísica, que nasce com a cultura ontológica da pólis grega, está iniciando-se uma terceira fase cultural, caracterizada pelo pensamento funcional, técnico, positivo, do *homo urbanus* da megalópole pós--moderna. Em perspectiva cultural, a humanidade se encontraria em um ponto de fratura somente comparável ao fim do mundo antigo, dos mitos babilônicos ou homéricos, com o nascimento da civilização ática. A humanidade se encontraria, similarmente, no momento de transição do segundo para o terceiro período cultural da civilização ocidental, que deveria assinalar também o crepúsculo dos nacionalismos imperiais e o aparecimento de uma civilização verdadeiramente mundial.[67]

Como deve ser julgado, a partir do ponto de vista teológico, o fenômeno histórico da secularização? Como acontecimento lamentavelmente anticristão? Como realidade evangélica positiva? Como processo religiosamente neutro? Desse juízo teológico preliminar depende a atitude posterior do cristianismo diante do processo secularizante. Para o fundamentalismo protestante ou para certo integralismo católico, a secularização é essencialmente um fenômeno de signo anticristão. Para certo ecletismo teológico, típico do anglicanismo e do protestantismo angloxão e subjacente a alguns representantes da "nova teologia", o fenômeno da secularização é um fenômeno religiosamente neutro, consistente em um rechaço cultural de módulos de pensamento próprios de uma época pré-científica. O homem secular não estaria mais ou menos distante da situação religiosa que o homem antigo ou medieval. O cristianismo deveria apenas constatar que hoje o imperativo de anunciar o Evangelho tem como destinatário um tipo de homem distinto, enquanto marcado pelo processo secularizante. Finalmente, para o otimismo

---

[67] A. Th. Van LEEUWEN. *Christianity in World History* (London, 1964).

religioso de certo progressismo católico ou para a esperança teológica de certa teologia radical da modernidade, por trás do processo secularizante se descobre a ação de Deus, já que a secularidade resultante permite ao homem alcançar sua maturidade cultural e livra o anúncio evangélico de uma interpretação fundamentalmente falsa. Com efeito, o processo secularizador é consequência lógica da consciência da autonomia criatural. De outra parte, a ação de Deus na história da salvação e o anúncio da revelação evangélica despojaram o mundo de uma auréola *numinosa* e deram ao homem a experiência da responsabilidade ética e a abertura à verdade teórica, enquanto imagem autônoma da realidade divina espiritual e pessoal. Em certo modo, o processo secularizante arranca-o da cosmovisão bíblica, já que as narrações teológicas da criação, do êxodo e da aliança nada mais são que dessacralizações do mundo e do homem, enquanto natureza, história e religião. A ordem sagrada antiga não pôde resistir ao impacto, religiosamente revolucionário, da fé de Israel.[68]

Para o cristianismo, o fenômeno da secularização constitui não apenas uma questão teórica, mas também um problema prático, enquanto desafio pastoral. Deverá o cristianismo, em nome da tradição do passado, rechaçar um mundo secularizado? Será sua esperança a de aguardar pacientemente um retorno de outros tempos? Ou deverá traduzir o Evangelho para o homem secular, permitindo que a tradição viva da fé eclesial fale de modo novo e diverso, formulando a mensagem evangélica em uma linguagem apta a expressar sua força divina?[69]

Porém em nosso tempo, a afirmação de Deus provoca não raramente sentimentos de ceticismo e aversão. A ideia de Deus aparece como alienante, inútil e impossível. Alienante, enquanto privaria o homem de

---

[68] H. E COX. *The Secular city* (New York), 21ss, 105ss, 241ss.
[69] FR. GOGARTEN. *Verhängnis und Hoffnung der neuzeit* (Stuttgart, 1953); J. A.T. ROBINSON. *Honest to God* (London, 1963); L. DEWART. *The future of Belief* (New York, 1966), 171ss.

autonomia responsável e livre autodeterminação. Ademais, argumenta-se que a afirmação de Deus empurraria o homem a um refúgio pós-histórico fora da situação mundana. Ao invés de pensar em modificar politicamente o mundo, para fazê-lo melhor e mais humano, o homem religioso parece limitar-se a considerar a vida como mera contemplação da eternidade. Desse modo, a religião serviria para legitimar um sistema de estruturas sociais essencialmente conservador, estável e imutável. Nesse universo religioso, hierárquico e patriarcal, a imaginação criadora parece carecer de um espaço. Ao unir-se à vivência religiosa, a política se sacraliza. Estruturas sociais anacrônicas se tornam consistentes às mudanças radicais necessárias ao sentirem-se legitimadas por uma sorte de direito divino. Além disso, argumenta-se que a ideia de Deus é perfeitamente *inútil* para melhorar a vida humana, já que as opções políticas concretas acontecem em um horizonte intraterrestre. Somente em um segundo momento, no caso do crente apenas, essas opções são ulteriormente legitimadas por uma motivação religiosa. Finalmente, a ideia de Deus parece *impossível* de ser pensada, suposto o crepúsculo da metafísica e dada a impossibilidade de uma verificação puramente empírica. Para uma filosofia concebida como mera fenomenologia da realidade social ou como pura análise estrutural da linguagem humana em suas diversas situações, a ideia de Deus somente pode aparecer incrível. Essa ideia parece conceber, pois, como exumação fantasmagórica de um universo ultrapassado ou como uma ilusão transcendental, cujo definitivo eclipse pode acontecer, sem despertar um particular sentimento de nostalgia.[70]

A confrontação entre secularização e religião se faz particularmente problemática ao afrontar a questão fundamental da afirmação de Deus e da linguagem própria da teologia, constituindo um desafio para a re-

---

[70] H. GOLLWITZER. *Die marxistische Religionskritik und der christliche Glaube* (München, 1967), 23ss, 66s, 114ss.

flexão crente, em sua tensão dialética de razão e fé, de inteligibilidade e mistério, duplamente ameaçada pela posição neorracionalista ou por opção neofideísta. De um lado, a alergia metafísica da cultura secular entra em choque com o aristotelismo cristão, codificador dos tratados dogmáticos sobre a cognoscibilidade de Deus e os atributos divinos, seja na teologia católica, seja na ortodoxia protestante. Com efeito, o neorracionalismo oscila entre niilismo ateu e neopositivismo agnóstico, seja por negar a transcendência divina, em sua identidade singular e em sua diferença infinita, seja por duvidar da cognoscibilidade divina e da certeza da fé. De outro lado, uma opção positiva pela revelação bíblica pela luz da fé, abandonando como incapazes a filosofia religiosa e a razão contemplativa e crítica, pode conduzir a reflexão teológica a um neofideísmo. Não faltam motivos, de caráter fundamentalmente teológico, para essa opção. Não é acaso o Deus da revelação um "Deus escondido"? Ainda sendo diferente totalmente do ídolo representável e objetivável, contudo não se faz Deus presente para guiar o homem ao futuro, tornando-se disponível nos momentos mais dramáticos da existência? Tanto para o indivíduo religioso como para a comunidade crente, o Deus que se mescla com a história aparece, não apenas como realidade absoluta e infinita, mas, sobretudo, como realidade viva e pessoal. Ora, o resultado da liberdade divina na história da salvação só pode ser conhecido mediante a luz da fé.[71]

O Deus que se revela e salva, se manifesta também com o Pai fiel e misericordioso, que escuta e se comove, coisa que poderia não acontecer com a realidade conhecida sob a noção ontológica de fundamento imóvel [*motor immobilis*] ou sob a ideia da autonomia divina [*deus causa sui*]. Ademais, não apenas está em crise a linguagem do teísmo aristotélico em sua recepção teológica, mas também a fragmentação confessional do

---

[71] K. BARTH. *Römerbrief* (München, 1922); *Das Wort Gottes und die Theologie* (München, 1924).

cristianismo e a controvérsia ecumênica, enquanto uma crítica da razão histórica denuncia inumeráveis intolerâncias e fanatismos, cometidos em nome da diferença religiosa. Por outra parte, o problema do mal, eterna objeção a toda teodiceia, retorna com renovada incisão, como grito de protesto diante de tantos crimes cometidos em nosso tempo: guerras de extermínio, exploração e tirania, neocolonialismo econômico, sem que se manifestasse a potência punitiva divina. Por isso, a teologia atual evoluiu no sentido de uma conversão à revelação divina positiva e à afirmação bíblica da fé, já que só a palavra divina nos pode falar realmente de Deus, em sua ação salvífica e em sua liberdade indecifrável. É também função da teologia destruir uma imagem falsa ou ideológica de Deus, como dispensador arbitrário e despótico de riqueza e pobreza. Essa imagem, apesar de mitológica e idolátrica, é alienante e mítica, fazendo da realidade divina um questionável prolongamento do mundo.[72]

Porém, que alternativa pode ser oferecida, ao invés do teísmo tradicional? Caso se pretenda dar o nome de "teísmo" a um sistema pseudorreligioso, fundado na imagem de um *deus otiosus* da religião extática identificado com o *ens necessarium* do aristotelismo teológico, ou transformando a imagem de um *deus activus* da religião profética em um *deus nobiscum* do nacionalismo confessional, poderá então se falar legitimamente em teologia de um "a-teísmo", como negação dessa imagem unilateral e falsa do Deus da revelação. Para ajudar a corrigir essas deformações, diversas alternativas têm sido propostas que, renovando em profundidade a linguagem teológica do teísmo cristão, o imprimiram uma orientação irreversível sob muitos aspectos, ainda que possa ser retificável em alguns conceitos. Primeiramente, pode-se considerar irreversível a atenção teológica à revelação divina e a consciência de que através dela é que conhecemos realmente o Deus vivo e livre.

---

[72] H. GOLLWITZER. *Gottesoffebarung und unsere Vorstellung von Gott* (München, 1964).

Essa convicção teológica se explicita no que se denominou a concentração cristocêntrica da revelação. A Palavra de Deus é Cristo Jesus, a quem nós chegamos através da Escritura e da tradição eclesial, que nos transmitem a revelação divina. Essa palavra divina não revela uma fragmentada multiplicidade de abstrações, mas a Deus mesmo, que se manifesta como criador onipotente, disponível à aliança, e como Pai fiel e compassivo. Ora, a mensagem bíblica é também a objetivação literária de uma experiência religiosa fundante e, nesse sentido, testemunho humano à palavra divina. Por isso, pode-se também considerar irreversível a atenção hermenêutica e a incidência existencial. Com efeito, o *kerygma* nos revela também nossa sinceridade pessoal e nossa autenticidade existencial ou, pelo contrário, nossa falta de amor e de fé, de fidelidade e de esperança. O caminho de Jesus foi de radical autenticidade e constitui para nós uma verificação concreta de nossa aceitação incondicionada de Deus.[73] Igualmente, é possível considerar também irreversível uma atenção teológica aos aspectos dramáticos da existência humana, enquanto ameaçada. O homem, sujeito e destinatário da teologia, aparece em toda sua finitude e fragilidade, ameaçado ontologicamente pela morte, como trágico destino; ameaçado eticamente pela culpa, como possibilidade existencial de alienação e pecado; ameaçado pelo absurdo e pelo vazio existencial, em seu itinerário angustiante pela vida; ameaçado pelo mal social e pela iniquidade histórica, em seu desejo de realização pessoal e comunitária. A situação e a condição humana constituem o teatro concreto da revelação divina, cuja mensagem se torna relevante precisamente no confronto dialético com a finitude e a alienação, com a ambiguidade e o mal, como proclamação de fé e esperança no amor divino, que envolve o destino humano.[74]

---

[73] R. BULTMANN. "Der Gottesgedanke und der moderne Mensch": ZThK 60 (1963), 335ss.
[74] P. TILLICH. *Sein und Sinn* (Werke IX), 117ss.

Irreversível é possível considerar também a necessidade de aceitar a condição de secularidade de nosso tempo, o qual supõe, por sua vez, aceitar a impossibilidade de pensar Deus, de falar da realidade divina como se se tratasse de um *deus ex-machina*, ao qual apelar em situações de impotência humana. Simultaneamente, supõe aceitar a condição de incredulidade e de noite, própria de nosso tempo, em que o crente deve afirmar sua fé, vivendo-a profanamente. O crente aceita viver sua fé sem possibilidade de verificá-la, limitando-se a afirmá-la paradoxalmente na profundidade mundana. O crente sofre a provocação do eclipse do sagrado, em um mundo que organiza sua consistência *etsi deus non daretur*. Essa atitude corresponde ao Deus do Evangelho, que se revela na solidão e no abandono da cruz.[75]

Igualmente irreversível é a atenção prática na reflexão teórica da teologia, tomando consciência do mal-estar que afeta numerosos cristãos, em sua dificuldade de encontrar-se na explicitação convencional da fé, e a necessidade de encontrar o ponto de relevância e significação da fé dentro da vida humana, buscando categorias novas e expressivas para os temas decisivos e reanimando a tensão prática da fé no exercício da liberdade e do amor ao próximo, vigário de Cristo, também durante o tempo do "silêncio de Deus".[76] Irreversível é, finalmente, a atenção aos problemas da práxis, em busca de uma nova relação entre transcendência e historicidade. O encontro com a transcendência acontece na imanência da história, no próximo e na práxis, no compromisso e no empenho, na justiça e na fraternidade cristã, na revelação e na graça. O primado cristão da práxis não deve conotar necessariamente a

---

[75] D. BONHÖFFER. *Widerstand und Ergebung* (München. 1966); G. EBELING. Die "nicht religiöse Interpretation biblischer Begriffe", in *Wort und Glaube* (Tübingen, 1960), 90ss.
[76] G. VAHANIAN. *The Death of God* (New York, 1961); W. HAMILTON. *The New Essence of Christianity* (1961); P. M. van BUREN. *The secular Meaning of the Gospel* (New York, 1963); Th. J. J. ALTZER. *The Gospel of Christian Atheism* (New York, 1966).

ambiguidade própria de um ilógico "ateísmo cristão" ou o imanentismo histórico de um impróprio "Evangelho terrestre".[77]

Contudo, uma reflexão sobre as implicações da aceitação do *kerygma* cristão legitima a defesa da tradição dogmática, também em relação com sua linguagem teológica sobre um teísmo transcendente e pessoal. Se hipoteticamente esse teísmo cristão fosse eliminado, inclusive como estrutura de intelecção da revelação bíblica, o *kerygma* permaneceria ininteligível em si, perdendo sua força de convicção e sua razão de ser. Somente um Deus *in se* pode ser fundamento de um Deus *extra se*. Por outra parte, a argumentação da "encarnação" como crise da transcendência só seria vinculante reprisando um *patripassianismo* já condenado pela tradição patrística. Tampouco o postulado da práxis e do empenho político na imanência da história pode constituir um álibi para uma autêntica *fuga dei*. Nem o fato de postular a possibilidade da existência de um ateísmo inculpável pode justificar a aceitação do niilismo como herdeiro legítimo da cosmovisão cristã.[78]

Por isso, deverá concluir-se que a linguagem teológica do teísmo cristão, ainda que deva ser repensada e reformulada em cada época, carece de alternativas convincentes, teologicamente aceitáveis. Tanto a partir de um ponto de vista teórico, quanto em uma perspectiva prática, a situação secular de nosso tempo constitui um desafio crítico para a linguagem do teísmo tradicional, no dogmático e no pastoral. Uma eventual reformulação da "doutrina sobre Deus" na teologia sistemática

---

[77] W. KERN. "A-theistisches Christentum?", in *Ahteismus kritisch betrachtet*. Ed. E. CORETH – J. B. LOTZ (München, 1971), 143ss.

[78] CONC. VATICANUM II. Const. Past. *"Gaudium et Spes"*, n. 21: "omnis homo interea sibi ipsi remanet quaestio insoluta, suboscure percepta. Nemo enim quibusdam momentis, praecipue in maioribus vitae eventibus, praefatam interrogationem omnimo effugere valet. Cui quaestioni solus Deus çlene et omni certitudine responsum affert, qui ad altiorem cogitationem et humiliorem inquisitionem hominem vocat".

não poderá prescindir, por um lado, da obediência fiducial ao *kerygma*, da confrontação com a tradição eclesial, corrigindo os excessos de uma helenização metafísica da imagem bíblica de Deus; por outro lado, essa reformulação deverá atender às legítimas exigências da secularidade, respondendo à problemática existencial do homem e definindo a dimensão social e política do teísmo cristão, no terreno da ação histórica, da construção do futuro, das exigências da práxis. Porém a linguagem teológica do teísmo cristão, enquanto explicitação da afirmação cristã de Deus, expressa uma legítima implicação da fé, constitui uma estrutura lógico-linguística necessária para a compreensão teórica do *kerygma* e um pressuposto para sua livre aceitação prática.

Conclusão

Chegado o final do presente estudo, seja-nos permitido recapitular brevemente alguns pontos fundamentais sobre o problema da afirmação cristã de Deus e a linguagem teológica do teísmo cristão, à luz do primeiro artigo de fé.

1. O magistério eclesial, por meio de símbolos crentes, declarações dogmáticas e definições teológicas, constantemente reafirmou a profissão cristã de fé em um único Deus, revelado e misterioso, afirmável e inefável, Criador onipotente e Pai de bondade, santo e eterno, justo e compassivo, providente e salvador. Consequentemente, o magistério rechaçou sempre como heterodoxa a incisão da monarquia divina do Pai em uma diarquia antitética e suprema, do mal e do bem, da matéria e do espírito, da criação e da graça, da velha e da nova aliança. É rechaçada também a afirmação de qualquer monismo e panteísmo, seja emanatista e espiritualista, seja naturalista e materialista, por isso mesmo equivalente a um niilismo e ateísmo. A ortodoxia eclesial deseja salvar constantemente a consciência crente da *absoluta identidade* da monarquia divina do Pai, único Deus vivo e eterno, origem sem origem e princípio sem

princípio da vida intradivina e da criação universal e da história salvífica, e igualmente a consciência da absoluta *diferença* existente entre a criatura e seu Criador, entre mundo finito e Deus infinito.

2. Dado que a experiência religiosa cristã supõe uma insuperável dialética de revelação e mistério, incondicionalidade e pessoalidade, todo dilema que propõe metodicamente, como alternativas teológicas antitéticas, uma teologia mística da transcendência divina ou uma teologia ética do empenho na história, contribui para empobrecer a riqueza do ato religioso cristão, anulando a tensão entre teoria e práxis, contemplação e dicaconia, razão e fé. A metódica da teologia cristã poderia empreender a via da síntese dialética, em que a razão religiosa encontra a fé inteligente. A razão contemplativa e extática adora o mistério divino, transcendente, absoluto, infinito, eterno e santo; a fé obediente à revelação evangélica do Deus justo e Pai misericordioso confessa a glória do desígnio divino de uma vontade universal de salvação, na epifania misteriosa da cruz e da graça. Nasce, assim, a teologia cristã como inteligência religiosa buscando a fé, para transformar-se logo em fé religiosa buscando sua própria inteligibilidade. Por isso, a teologia nobremente se resulta em uma *teoria dialética* da razão crente.

3. Da tensão insuperável entre a incompreensibilidade do mistério divino e a intenção de afirmar Deus surge o problema fundamental da linguagem teológica do teísmo cristão, cuja referência última é sempre o Deus inefável. Por isso, o teísmo crente deve conciliar corretivamente silêncio *apofático* e linguagem *catafática*. O Deus da fé é um Deus inefável, noeticamente incompreensível, ontologicamente transcendente, pessoalmente incompreensível em sua liberdade. A forma linguística, limitada e finita, não consegue expressar plenamente o conteúdo absoluto, infinito e incondicionado do mistério divino e da mensagem divina. Por isso, toda afirmação de Deus deve expressar-se em uma linguagem dialética e simbólica, *analógica* e *paradoxal*. Na analogia do ser, o paradoxo aparece com insuperável tensão entre a revelação surpreendente

da graça e a justificação imerecida do pecador. Dado que o homem é símbolo teomorfo, enquanto criado à imagem divina, e Cristo é símbolo real da bondade divina, enquanto imagem filial do Pai eterno e expressão de sua autocomunicação divina, também sob a analogia do símbolo, o paradoxo é inevitável.

4. A tradição cristã e o magistério eclesial constantemente defendem uma possibilidade real de afirmação de Deus, assim como o fato da experiência religiosa universal. Pela luz da razão religiosa e da fé obediente à revelação divina, Deus se afirma na existência humana como fundamento do ser e do sentido de toda realidade. A realidade última e absoluta, infinita e incondicionada, pode ser conhecida e afirmada por meio da realidade imediata e contingente, relativa e finita. O Deus incompreensível e eterno se torna conhecido no tempo privilegiado da revelação natural e da revelação positiva. Entre revelação e mistério existe uma dialética de identidade. O Deus misterioso, buscado pela razão religiosa, é o mesmo e idêntico Deus revelado, obedecido na fé. Em outros termos, o Deus escondido, fundamento incausado e referência necessária de toda realidade contingente e causada, é o mesmo Deus revelado como Senhor da aliança e Pai compassivo, na história da salvação. O Deus *in se* se revela no Deus *extra se*.

5. Segundo a tradição cristã e o magistério eclesial, o Deus da fé se revela simultaneamente como realidade absoluta e realidade pessoal. Enquanto *absoluto*, Deus se revela como o ser infinitamente santo, singularmente único, atualíssimo e oniperfeito; revela-se também como terno vivente, imenso e onipresente, sendo sua presença divina uma realidade espiritual e pessoal. Enquanto *pessoal*, Deus se revela como infinitamente inteligente e livre, onisciente e onipotente, justo em sua justiça e em seu juízo, misericordioso em seu desígnio, na ordem da criação e na da salvação. Por isso, Deus se revela como Criador onipotente, em sua santa e misteriosa providência; Senhor fiel, em sua aliança universal de salvação; Rei justo, em sua monarquia divina cósmica e histórica; Pai compassivo,

cheio de graça e misericórdia. Porém, o Deus transcendente, metacósmico é idêntico ao Senhor fiel – uma aliança intra-histórica –, e o Rei santo e eterno é idêntico ao Pai bondoso da epifania escatológica da graça divina.

6. Assim, no ato religioso cristão, na afirmação de Deus, junto a um momento *numinoso* fundamental, sintetizam-se dialeticamente, tanto a dimensão sacramental e epifânica, mística e extática da experiência religiosa do Absoluto, quanto a dimensão ética e crítica, profética e evangélica da experiência da graça do Deus pessoal, que se autocomunica escatologicamente. A uma irrupção do incondicionado no sagrado – como teofania da santidade divina – responde a adoração mística da presença do Eterno. Porém, a expressão do momento fascinante na experiência numinosa se associa também à exigência incondicionada da justiça de Deus, como imperativo ético e como tensão do incondicionado temor. Na dialética insuperável entre identidade mística e diferença ética, a tensão só encontra solução de forma inesperada e surpreendente no paradoxo divino de uma teologia da cruz e da graça. Assim, aparece finalmente confirmada a estrutura complexa do ato religioso crente como confrontação existencial com o *divino mistério*, em sua inefável santidade e eterna presença, em sua justiça fiel e em sua fidelidade misericordiosa.

3. A lógica do Inefável

Fé e secularidade

A afirmação de Deus em nossa época deve ser professada no contexto do processo cultural da secularização – caracterizado pela busca de um novo humanismo, entre cujos valores dominantes podem enumerar-se a autonomia e a responsabilidade do indivíduo –, tanto no plano da emancipação prática como no da racionalidade teórica. Em todos os setores da atividade vital, a cultura secular se interessa pelo funcional e útil, no plano prático, e pelo verificável e controlável, no plano teórico.[1] A secularidade significa não só o crepúsculo do universo mágico da cultura arcaica, mas também o fim da atitude contemplativa, própria da ontologia grega ou da teonomia medieval, tanto em sua versão platônico-agostiniana como em sua forma aristotélico-escolástica. O processo de secularização cultural rompe com a tradição que pretende fundar o finito no infinito e o tempo na eternidade. A cultura contemporânea pretende ser antropocêntrica tanto no plano prático do ético, do social e do político, como no plano teórico do estético, do epistemológico e

---

[1] Cf. particularmente K. R. POPPER. *Logik der Forschung* (Vien, 1935) e J. DEWEY. *Logic – the Theory of Inquiry* (New York, 1939).

do metafísico.² A cultura secular se interessa não apenas pela ideia necessária, mas também pela linguagem contingente; deseja contemplar o eterno, porém, principalmente, quer mudar o histórico; preocupar-se com o universal, porém mais ainda com o singular e o concreto.³

1. Autonomia e teonomia

Ao considerar que a chave para compreender a secularização é a ideia de autonomia, não se deve estranhar que um setor da cultura humanista rechace a linguagem do numinoso, ao entender o universo de significação religiosa como imposição heterônoma. Esse é o caso do ateísmo postulatório, que rechaça a linguagem religiosa da fé e, sobretudo, toda referência dessa linguagem, por considerar a afirmação da realidade absoluta como individualmente alienante.⁴ A afirmação teísta é julgada pelo ateu como uma renúncia ao exercício da própria liberdade, em seu compromisso com o dinamismo da história. Enquanto afirmação religiosa é considerada uma opção conformista, socialmente conservadora, historicamente ambígua e politicamente inútil.⁵

---

² Para constatar a distância cultural que separa a antiguidade ou o período medieval da modernidade e da atualidade, basta comparar o *Teeto* de Platão e a *Crítica da Razão Pura* de Kant, a *Política* de Aristóteles e a *Filosofia do Direito* de Hegel, as *Confissões* de Agostinho e os *Discursos sobre a Religião* de Schleiermacher, o *Itinerário* de Boaventura e a *Enfermidade Moral* de Kierkegaard.
³ Há aqui também o interesse por uma religiosidade existencial e vital. Cf. M. DE UNAMUNO. *Del sentimiento trágico de la vida em los hombres y em los pueblos*, in *Mediaciones y ensayos espirituales* (Madrid, 1967), 109ss.
⁴ Cf. F. NIETZSCHE. *Fröhliche Wissenschaft* V, in *Werke II* (Berlim, 1967), 205ss, cf. 227ss.
⁵ Em Goethe e em Hegel se encontra o motivo da influência narcótica das religiões do Oriente ou do mundo antigo. Os neohegelianos, particularmente Bruno Bauer e Moses aplicaram tal motivo ao cristianismo. Cf. H. GOLLWITZER. *Die marxistische Religionskritik und der christliche Glaube* (München & Hamburg, 1965).

Sob a influência do eclipse do numinoso na cultura secular, a crise da linguagem da afirmação religiosa pode tocar os mesmos pressupostos da significação, como a intenção ontológica e o realismo metafísico, propondo-se como crise total da linguagem crente, em sua forma e em seu conteúdo. Contudo, as considerações precedentes não pretendem oferecer uma pintura negativa da secularidade, nem sequer devido a sua tensão com as formas tradicionais das instituições religiosas, quando deriva de uma paixão pela verdade ou de um incondicionado interesse pela justiça.[6] Nesse caso, a inventiva secular contra formas deficientes de viver a religiosidade pode coincidir com uma afirmação da verdade, em polêmica contra toda deformação religiosa. Desse modo, a cultura secular pode exercer uma função corretiva de certos traços da tal religiosidade. Paradoxalmente, a crítica secular do fanatismo intolerante ou da cruel tirania, procedentes de uma falsa ideia da exigência religiosa, pode significar um momento de purificação profética da mesma religião.[7]

Além disso, considerada em uma perspectiva religiosa, a mesma autonomia secular, enquanto expressão da responsabilidade e da liberdade do homem, tanto na busca da verdade como no compromisso da ação ética, não deixa de manifestar sua significação positiva também para o crente. Na realidade, uma teologia da criação e da aliança não pode deixar de legitimar a autonomia do homem, enquanto criatura livre e responsável, vinculada aos valores incondicionais da comunhão e da construção solidária do futuro.[8] A tese do valor religioso da secularidade deve ser equilibrada com a afirmação do valor secular da religião. Com efeito, somente a religião pode proporcionar a garantia de uma legítima

---

[6] Assim, pode merecer uma valorização positiva a crítica da superstição ou do fanatismo. Ver, por exemplo, D. HUME. *Essays* (Oxford, 1963), 75ss.

[7] Cf. I. KANT. *Die Religion innerhalb der Grenzen der blossen Vernunft*, in Werke VI (Berlin, 1968), 175ss.

[8] Cf. H. COX. *The Secular City* (New York, 1965), 17-37.

secularidade, como busca autônoma da verdade e da justiça, em correspondência à visão teológica da criação e da aliança, como afirmação da polaridade dialética fundamental, do divino e do humano. Ademais, a instância religiosa pode corrigir toda pretensão de absolutizar o relativo, nos diversos setores da cultura, da ciência, da arte, da sociedade e do Estado.[9]

Em nome dos grandes ideais religiosos, a fé pode e deve exercer uma função crítica, denunciando as formas de alienação e de contradição existentes na vida humana como expressão da presença do mal na realidade histórica, sob as formas de opressão, omissão ou injustiça. A religião oferece à cultura sua dimensão de profundidade, como experiência incondicionada do sagrado, seja na contemplação mística, seja na opção moral. Portanto, não é possível concordar com a tese da não reconciliação entre o secular e o religioso. Um conflito pode derivar da fé diversa que anima o crente e o ateu, podendo suceder que o ateu negue uma falsa imagem de Deus, que tampouco o cristão pode aceitar.[10]

2. O cristianismo como religião

A situação religiosa se caracteriza pela experiência do sagrado em sua incondicionalidade numinosa. Essa experiência pode acontecer sob a forma sacral de uma epifania sacramental da realidade divina, ou também sob a forma de uma espera infinita do divino, que se manifesta como a presença misteriosa do Deus escondido da religião mística. A incondicionalidade do sagrado pode manifestar-se também como abso-

---

[9] A crítica dos dois máximos sistemas econômicos políticos em IOANNES PAULUS II. Litt. Enc. *Laborem exercens* (cap. xiii 7 xiv), sublinha a conexão entre ética teônoma e filosofia política, embora em um contexto secular.

[10] O ateísmo pode significar uma oposição a um pseudoteísmo, cf. CONC. VATICANUM II. Const. Past. *Gaudium et Spes*, n. 19.

luta exigência moral, seja sob a forma de um imperativo ético pessoal, seja sob o modo polêmico da denúncia profética da decadência cúltica ou moral. A história da salvação constitui a epifania do Deus revelado, seja como incondicionada exigência de fidelidade, seja como paradoxo de aceitação não merecida. A experiência religiosa cristã é complexa, pois nela o divino é vivido como revelação e contemplação e como aceitação e recepção. Por isso, o ato religioso da fé não se reduz idealmente a um único princípio lógico, da identidade ou da diferença. Identidade mística e diferença ética coexistem em uma tensão dialética superada só no momento paradoxal da graça.[11]

O caráter complexo do ato religioso cristão se manifesta na síntese dialética do elemento místico-sacramental e do elemento ético-crítico, que encontra seu momento de superação no ato de recepção da graça, com não merecida justificação do pecador. À riqueza da experiência religiosa cristã como tensão de identidade e diferença se une a infinita tensão entre o criado e o incriado, ou entre o condicionamento das formas religiosas e a incondicionalidade do conteúdo infinito. Por isso, constantemente se manifesta na religião cristã a infinita tensão entre o sagrado e o profano, o incondicionado e o condicionado, a teonomia religiosa e a autonomia secular, a tensão mística até a identidade e a consciência moral da diferença.[12]

O cristianismo como religião bíblica se compreende na polaridade dialética da revelação e da fé. Enquanto revelação, a experiência religiosa cristã se apresenta como definitiva e absoluta. Nela, a epifania do numinoso critica toda forma de idolatria, com indevida absolutização do condicionado. Enquanto fé, o ato religioso cristão se apresenta como adesão

---

[11] Sobre a tensão entre mística e ética, cf. P. TILLICH. "Mystik und Shculdbewusstsein in Schellings philosophischer Entwiklung", in *Frühe Hauptwerke* (Stuttgart, 1959), 76ss.
[12] Para a compreensão tipológica da religião mística e da religião profética, cf. F. HEILER. *Das Gebet* (München, 1923), 249-262.

incondicionada ao Eterno, revelado na história como salvação definitiva. A aceitação do Reino de Deus não se apresenta como rivalidade com os valores humanos fundamentais, tais como a justiça e a paz, a verdade e o bem. Pelo contrário, a religião bíblica denuncia profeticamente a maldade e a injustiça, a falsidade e a opressão, enquanto respeita os direitos da consciência moral e a individualidade carismática da personalidade religiosa.[13]

A experiência do Deus revelado não pode confundir-se com qualquer sistema religioso de legitimação social da opressão ou da injustiça. O Deus da revelação bíblica é um Deus da libertação e da esperança. O Deus ativo da história da salvação não pode confundir-se com o Deus ocioso da ontologia grega, ainda que a revelação não suponha um desvelamento do mistério numinoso do Deus escondido.[14] A religião assume a forma de um monoteísmo teórico, em que a realidade divina é vivida simultaneamente como misteriosa e revelada, transcendente e imanente, distante e próxima, absoluta e pessoal, exclusiva e universal. A religião da aliança se manifesta como teísmo de fidelidade, que encontra na comunhão com a realidade divina o fundamento para a comunhão social e histórica. O teísmo bíblico é simultaneamente místico e profético, cúltico e ético. Porém, a mística não se confunde com a identidade, nem o culto se confunde com magia, tampouco a ética leva ao desespero ou a profecia se manifesta como pura denúncia destrutiva, dado que a revelação bíblica é também Evangelho, anúncio de salvação, configuração da presença da graça.[15]

A consideração teológica sobre o problema da afirmação de Deus à luz da linguagem religiosa do primeiro artigo da fé cristã não pode olvidar

---

[13] Cf. ZIMMERLI. "Gott in der Verkündigung der Propheten", in J. COPPENS (ed.). *La notion biblique de Dieu* (Gembloux & Leuven, 1976), 127-143.

[14] Cf. F. A. PASTOR. "Liberación y Teología": EE 53 (1978), 365ss.

[15] Cf. Idem. "La afirmación de Dios como problema teológico en la S. Escritura": EE 47 (1972), 377ss.

as precedentes considerações. Desse modo, poderá colocar em sua ótica adequada a incondicionada afirmação do Infinito pelo homem crente, finito em seu ser e alienado em sua existência histórica, porém aberto dinamicamente ao Absoluto e destinado eternamente à salvação em Cristo. Para poder explicitar sua fé, o homem contemporâneo deverá superar uma visão redutiva do problema religioso na atualidade, sem interpretar a autonomia secular com profanização e secularização cerrada ao Absoluto e sem conceber a religião como uma antitética heteronomia. A autonomia pode e deve ser vivida em uma dimensão de profundidade, como abertura incondicionada à irrupção do sagrado e como recepção da teonomia como revelação e graça. A lógica teônoma da relação religiosa concebe o ato de fé como aceitação incondicionada da realidade absoluta, revelada ao homem apesar de sua finitude. Com isso, o homem finito encontra em Deus infinito seu fundamento e seu abismo.[16]

Dialética da afirmação crente

O problema religioso atual está condicionado pela confrontação dialética fundamental entre teísmo e ateísmo, entre afirmação e negação de Deus. A negação da realidade divina constitui o desafio básico para a fé e a inteligência, para a teoria e a práxis, para a contemplação e a ação, para a mística e a ética. O problema religioso não deixa o homem indiferente. A negação da fé constitui uma questão primordial para o crente, que deve anteceder qualquer problema teórico ou prático, como o descobrimento de novos métodos teológicos ou pastorais, ou como a

---

[16] Foi mérito da teologia platônico-cristã a consideração da transcendência divina como realidade absoluta. Assim, por exemplo AUGUSTINUS. *Enarrationes in Psalmos CXXXIV, 4:* "Ita enim ille est, ut in eius comparatione ea, quae facta sunt, non sint. Illo non comparato, sunt, quoniam ab illo sunt, illi autem comparata, non sunt, quia verum esse incommutabile est, quod ille solus est" (MLXXXVII, 1741).

discussão da reforma da linguagem teológica ou ainda a mudança da estrutura político-social. A questão religiosa fundamental se centra na possibilidade real da afirmação de Deus e da profissão de fé, em nível pessoal e comunitário. Por isso, a questão religiosa em nossos dias supõe uma elucidação do teísmo como possibilidade real e do ateísmo como desafio para o crente.

1. O teísmo como questão

Muitos de nossos contemporâneos experimentam um sentimento de aversão à ideia da realidade de Deus. O teísmo lhes parece um postulado alienante, inútil e impossível. Naturalmente, a afirmação da realidade divina só é julgada alienante a partir de uma visão do religioso, considerado em uma perspectiva de rivalidade com a relação à autonomia e amadurecimento do homem como sujeito pessoal. O homem religioso é acusado de fugir de sua responsabilidade histórica concreta para refugiar-se em uma utopia pós-histórica. Esse mesmo parece viver em pura contemplação da eternidade, olvidando-se de lutar para modificar o mundo imperfeito. Ligado anacronicamente à superstição e ao passado, o homem religioso parece padecer a coação de um sistema conservador e imutável, ao invés de assumir plenamente sua responsabilidade temporal. No universo religioso, a imaginação criadora, submetida a um sistema hierárquico-patriarcal, carece em grande medida de possibilidade de exercício; com isso, o sujeito religioso deve renunciar àquela faculdade que o faz mais semelhante ao Criador. Por outra parte, associadas à ideia de Deus, as estruturas sociais e políticas se sacralizam, tornando-se mais resistentes às mudanças indispensáveis ao sentir-se defendidas por uma espécie de direito divino.[17]

---

[17] Para a crítica do teísmo convencional tem sido determinante L. FEUERBACH. *Das Wesen des Christentums*, cf. Werke V (Berlin, 1973).

Além de alienante, a ideia de Deus é considerada inútil para melhorar a vida humana, particularmente em sua condição política. A opção ideológica se realiza no horizonte da imanência intraterrestre, só posteriormente parece ser abençoada pela religião, no caso do teísta. Opções políticas antitéticas podem apelar para as mesmas motivações religiosas ou antirreligiosas, coincidindo no mesmo projeto histórico, variando apenas em sua legitimação religiosa ou secular, teísta ou ateia.[18] Ademais, a ideia da realidade divina é julgada, não raramente, como impossível de ser pensada filosoficamente. Em uma época de crepúsculo metafísico, se nega toda realidade que careça de verificabilidade empírica. A ontologia tende a ser substituída por uma teoria da linguagem ou por uma fenomenologia da experiência social. Porém, num nível meramente empírico e positivo, Deus pode aparecer apenas como uma peça a mais no sistema do mundo ou como uma hipótese dispensável em ordem a uma explicação do universo, cuja aparição no cenário do pensamento contemporâneo não passaria de uma ilusão e cujo eclipse pode acontecer sem especial sentimento de nostalgia.[19]

Sendo o cristianismo uma experiência religiosa, antes mesmo de construir um sistema teológico para explicitar essa experiência, não poderá deixar de rebater os postulados do ateísmo, caso queira continuar a se afirmar como realidade. Com efeito, a ideia de Deus é alienante ou não é; se o for, a opção cristã seria equivalente a um suicídio espiritual; porém, se não o for, a objeção do ateísmo não passaria de um preconceito, baseado em uma fantasia negativa. O mesmo se diga da inutilidade

---

[18] Para a crítica do teísmo como alienação, cf. K. MARX. *Kritik der Hegelschen Rechtphilosophie*, in *Werke – Schriften – Briefe* I (Damstadt, 1962). A crítica marxista da religião como ópio da consciência política continua a ser a tese oficial do comunismo. Cf. W. I. LENIN. *Über die Religion* (Berlin, 1956).

[19] Sobre a hipótese do naturalismo psicanalítico em considerar a religião como ilusão, cf. S. FREUD. *Obras completas* III (Madrid, 1973), 2961ss, cf. 3241ss.

ou utilidade da ideia de Deus para a vida humana ou da impossibilidade ou possibilidade de pensá-la atualmente. Por esse motivo, as teses filosóficas dos diversos ateísmos constituem, em nível prático e teórico, um desafio bem-definido para a existência religiosa do crente e a profissão de fé do cristão.[20]

Será que a resposta à crítica religiosa do ateísmo deverá ser buscada na chamada teologia radical da morte de Deus? Segundo ela, não obstante se continue qualificando de cristã a civilização materialista ocidental, seria necessário anunciar a morte de Deus, dado que sua ideia e imagem estão mortas no universo de significado da cultura secular. Somente seria possível encontrar um novo sentido para a Palavra de Deus submetendo-a a um processo iconoclástico, abandonando a dimensão da transcendência e buscando exclusivamente na imanência das diversas expressões do humanismo a realidade numinosa. Pode-se considerar superada uma imagem antropomórfica de Deus, construída para dar uma resposta ao enigma do universo ou à indigência existencial, falta descobrir uma nova imagem da realidade numinosa como fundamento da realização existencial e da felicidade do finito.[21]

Desde outro horizonte cultural insiste-se, mais do que no problema da morte de Deus, na relevância da questão da morte do homem. Se morre o Deus da metafísica, ressuscita o Deus da ética, o Deus da libertação e da esperança, cujo símbolo e epifania é Jesus Cristo libertador, como evangelista da esperança para os pobres e profeta da libertação dos oprimidos. Na luta atual contra a miséria e a injustiça, o cristão tem o dever de assumir

---

[20] Cf. V. MIANO. "L'Ateísmo e Il magistero della Chiesa", in *L'ateismo contemporâneo* IV (Torino, 1969), 43ss.

[21] Como escritos programáticos da teologia radical, cf. G. VAHANIAN. *The Death of God* (New York, 1961); P. M. VAN BUREN. *The Secular Meaning of the Gospel* (London, 1963); W. HAMILTON. *The New Essence of Christianity* (New York, 1966); Th. J. J. ALTIZER. *The Gospel of Christian Atheism* (Philadelphia, 1966).

a representação de Cristo no mundo e para o mundo.[22] Certamente, a aventura intelectual de buscar a Deus na imanência histórica e no reino da práxis, prescindindo de uma ontologia da transcendência e da mensagem da revelação bíblica ou da tradição eclesial, supõe um grande risco: não aceitar esse risco, que poderia supor chegar honestamente a uma posição próxima ao niilismo, poderia significar também não aceitar a fé em sua condição atual.[23] Não se caracterizou sempre o cristianismo pelo esforço de situar o sagrado no profano e o transcendente no imanente? Na imanência da encarnação morre o Deus escondido e distante. Na loucura da cruz morre o Deus lógico da teodiceia. Deus se revela em Cristo, realizando a epifania da eternidade no tempo.[24]

Essa teologia da secularização será capaz de iluminar nossa época levando-a ao descobrimento da fé? Certamente, a teologia radical não deixou de suscitar numerosos problemas: não estaria edificada essa teologia sobre um problemático ceticismo gnoseológico e niilismo ontológico, próprios da versão profana do processo secular? Por que será preciso reconhecer valor e significado de eternidade à história da salvação se essa eternidade carece de sentido? Por que outorgar ao acontecimento Jesus uma posição privilegiada na história se o horizonte de compreensão se fechar à transcendência? Talvez a função da teologia radical tenha consistido em chamar a atenção sobre a inadequação da linguagem teológica convencional, em parte pelo peso atribuído nessa linguagem à tradição ontológica do helenismo. Se assim for, a provocação de uma teologia da "morte de Deus" terá servido para fazer passar a linguagem da teologia,

---

[22] Sobre o intento latino-americano de uma cristologia profética, cf. F. A. PASTOR, *O Reino e a História* (São Paulo, 1982), 100ss.

[23] Cf. H. BRAUN. "Gottes Existenz und meine Geschichtlichkeit im Neuen Testament", in *Zeit und Geschichte* (Tübingen, 1964), 399-421.

[24] Cf. R. BULTMANN. "Der Gottesgedanke und de rmoderne Mensch": ZThK 60 (1963), 335ss.

da adoração mística ao Deus escondido, para o encontro fiducial com o Deus revelado na história da salvação.[25]

Porém, uma teologia que assume, sem posterior discernimento, a crítica da secularização à afirmação religiosa dificilmente poderá oferecer uma resposta adequada ao ateísmo teórico. Certamente, é importante ter em conta uma determinada mentalidade contemporânea, que considera a ideia de Deus meramente como uma hipótese dispensável. É importante também restituir à realidade absoluta sua centralidade e relevância dentro da atualidade histórica, inclusive examinando a possibilidade de uma interpretação profana dos conceitos religiosos.[26] Porém, a proclamação do Evangelho não pode ser equiparada simplesmente à mera promoção dos direitos humanos das nações ou dos indivíduos. Nem a totalidade da experiência religiosa pode ser equiparada à realização de um projeto horizontal de melhoria inter-humana, nem pode constituir uma restrição para preterir o imperativo da própria conversão, a opção radical pela libertação da injustiça.[27] No entanto, ainda que possa existir um cristianismo implícito e anônimo, nem sempre é possível defender a inexistência de fronteiras entre a incredulidade e a fé. Em todo caso, a questão fundamental para o cristianismo é a de tornar-se explícito e manifesto, como configuração concreta da caridade e da esperança.[28]

---

[25] Para uma ulterior discussão da temática da "morte de Deus", cf. H. MÜHLEN. *Die abendländische Seinsfrage als der Tod Gottes und der Aufgang einer neueun Gotteserfahrung* (Paderborn, 1968).

[26] Sobre o problema teológico da secularização, cf. D. BONHOEFFER. *Widerstand und Ergebung* (München, 1949); F. GOGARTEN. *Verhängnis und Hoffnung der Neuzeit* (Stuttgart, 1956); G. EBELING. *Wort und Glaube* I (Tübingen, 1967), 90ss.

[27] Para uma compreensão do programa da teologia da libertação, cf. G. GUTIÉRREZ. *Teología de la Liberación* (Lima, 1971); H. ASSMANN. *Teología desde la práxis de liberación* (Salamanca, 1973); J. L. SEGUNDO. *Liberación de la Teología* (Montevideo, 1974); L. BOFF. *Teología desde el cautiverio* (Bogotá, 1975); C. BOFF. *Teologia e Prática* (Petrópolis, 1978).

[28] Cf. K. RAHNER. "Ateísmo e cristianismo implícito", in *L'ateismo contemporâneo* IV (Torino, 1969), 91ss.

2. O teísmo como possibilidade

Onde buscar a condição teorética de possibilidade da afirmação religiosa e da confissão de fé? As hipóteses que podem ser levadas em consideração são fundamentalmente quatro:

Hipótese primeira: a afirmação de Deus não é possível, nem na transcendência do espírito, nem na imanência da história; é impossível encontrar a realidade divina, porque é inexistente. Essa é a resposta explícita do ateísmo teorético e a posição implícita do ateísmo prático.[29]

Hipótese segunda: a afirmação da realidade divina só é possível na transcendência ao mundo, não na imanência intramundana. Essa é a resposta de toda teologia ontológica, místico-contemplativa, que sublinha o caráter transcendente da experiência religiosa da santidade de Deus, vivida principalmente como presença do mistério.[30]

Hipótese terceira: a afirmação de Deus é possível só na perspectiva da imanência histórica e do compromisso ético. Essa é a resposta das diversas teologias da práxis, que tendem a sublinhar o caráter crítico-profético da experiência religiosa do cristianismo, com a vivência da santidade divina com justiça infinita, particularmente na ordem moral.[31]

---

[29] A essa posição de ateísmo postulatório podem ser reduzidas numerosas formas de ateísmo contemporâneo. Já precedentemente nos referimos ao pensamento dos neo-hegelianos, Bauer, Hess, Feuerbach, Marx. Poderia aludir-se também ao ateísmo vitalista de Nietzsche ou ao ateísmo existencialista de Sartre ou de Camus.

[30] Entre as formas mais características de teologias da transcendência contemporâneas, podem ser enumeradas a teologia dialética de K. Barth, o método de correlação de P. Tillich, a chamada *nouvelle théologie* de H. de Lubac, J. Daniélou e H. Ur Von Banlthasar e o método transcendental em K. Rahner e em B. Lonergan. Contudo, o método de correlção e o método transcendental se abrem a uma nova compreensão da dialética condicionado-incondicionado e imanência-transcendência.

[31] A essa posição podem reduzir-se numerosos ensaios das diversas teologias da secularização ou teologias da "morte de Deus", teologias da esperança e do futuro,

Hipótese quarta: A experiência religiosa do cristianismo supõe a síntese dialética da transcendência e da imanência da realidade divina. Nenhum dos extremos dessa polaridade pode excluir seu contrário. O dilema que propõe exclusivamente a fé vertical ou a fraternidade horizontal como alternativas únicas de opção religiosa contribui a reduzir e empobrecer a complexidade e a riqueza da experiência religiosa cristã, caracterizada pela tensão entre contemplação, mística e exigência moral, que encontrará sua síntese e superação na experiência da santidade de Deus como fidelidade e misericórdia, na luz misteriosa da cruz e na perspectiva da justificação do pecador.[32]

Uma eventual teoria da linguagem sobre Deus não pode deixar de situar o problema fundamental, analisando as diversas hipóteses sobre a afirmação teológica na experiência religiosa e confrontando a hipótese preferencial com a mesma experiência cristã, objetivamente e literariamente na linguagem religiosa da revelação bíblica e da tradição eclesial. Essa confrontação dificilmente poderá prescindir da precisão conceitual e do rigor epistemológico na articulação lógica do discurso teorético. Tudo o que não significa um predomínio desmedido da teoria sobre a práxis ou da inteligência sobre a vontade. Na análise da afirmação crente, subjacente à linguagem religiosa, se não é possível prescindir de uma consideração do papel da inteligência na dinâmica e na estrutura do ato de fé, tampouco se pode deixar de considerar a influência da vontade e do sentimento no ato da afirmação religiosa.[33]

---

teologias da revolução e da libertação, que justamente intentam superar uma redução da experiência religiosa à vivência da transcendência do numinoso.

[32] A necessidade de integrar dialeticamente transcendência e imanência foi sentida por numerosos teólogos, embora nem sempre se tenha encontrado o melhor modo de realizar tal projeto teológico.

[33] Para uma ulterior discussão, cf. R. AUBERT. *Le probléme de l'acte de foi* (Louvain, 1969), 737ss.

Porém, um eventual estudo da linguagem religiosa da profissão de fé não poderá limitar-se à análise da estrutura da consciência subjetiva do ato religioso, ainda compreendido no contexto social do sujeito crente, mas que deverá procurar também entender o conteúdo da afirmação religiosa em seu realismo e em sua objetividade. Pois não deverá olvidar-se de que a intencionalidade da afirmação religiosa não se dirige ao enunciado, mas à mesma realidade absoluta.[34] Porém, da realidade divina jamais poderá ser formulada uma semelhança ou analogia, que não suponha uma dessemelhança ainda maior. Deus será sempre aquele que permanece incompreensível ao conhecimento e inefável à linguagem.[35] Por isso, será sempre necessário superar o caráter condicionado das formas de linguagem religiosa, sempre inadequadas para expressar o conteúdo numinoso, na incondicionalidade que circunda a realidade divina como absoluto mistério.[36]

A dialética de subjetividade e objetividade no ato de afirmação religiosa não significa uma redução da profissão de fé no âmbito de uma mera teoria gnoseológico-ontológica. A profissão de fé tem seu fundamento na realidade expressa na linguagem de revelação da história bíblica da salvação. A fé da comunidade cristã primitiva permanece como norma para a fé da comunidade eclesial de todos os tempos. A hermenêutica teológica não tem como finalidade dis-

---

[34] THOMAS AQUINAS. *Summa Theologiae*, IIa. IIae., q. i, a. 4, ad 3: "Lumen fidei facit videre ea quae dreduntur, sicut enim per alios habitus virtutum homo videt illud quod est sibi conveniens scundum habitum illum", cf. *Ibid.*, a. 2, ad 2: "actus autem credentis non terminatur ad enuntiabile sed ad rem:non enim formamus enuntiabilia nisi ut per ea cognitionem de rebus habeamus, sicut in sicentia, ita et in fide".

[35] Conc. Lateranense IV, cap. II: "quia inter Creatorem et creaturam non potest similitudo notari, quin inter eos maior sit dissimilitudo notanda"; cf. THOMAS AQUINAS. *De veritate*, q. xi, a. I, ad 9: "Haec est summa cognitio, quam de ipso in statu viae habere possumus, ut cognoscamus Deum esse super omne id, quod cogitamus de eo".

[36] Cf. R. OTTO. *Das Heilige* (Breslau, 1917), cap. iii & iv.

solver a mensagem evangélica na cultura ou na filosofia própria da época, mas procurar o sentido original da mensagem primitiva, para melhor poder traduzir sua significação na vida atual do crente e de sua comunidade. Desse modo, a teologia mantém uma relevante função no ato eclesial de transmissão da fé.[37]

Assim, nem a inteligência da fé pode prescindir do ato de escutar a palavra da revelação, nem a recepção da mesma fé pode prescindir do ato de acolher a mensagem da tradição. Do mesmo modo, nem a teologia pode prescindir da fé, nem a fé pode dispensar a teologia, a não ser no risco de repetir os sofismas do passado.[38] A tarefa teológica deve orientar-se à realidade afirmada na fé, para uma posterior consideração do conteúdo da revelação e para uma melhor explicitação da lógica de sua articulação sistemática com a totalidade da mensagem religiosa. A linguagem das fórmulas de fé, transmitida pela tradição ortodoxa, não deve ser um obstáculo para uma eventual reformulação linguística, julgada mais adequada à realidade atual sempre que essa adaptação teológica não suponha a eliminação de uma parte do conteúdo mesmo dessa mensagem.[39]

Desse modo, a profissão de fé constituirá a base de qualquer construção teológica, arquitetada para enfrentar o desafio da secularização. O mesmo ateísmo será uma ocasião para interiorizar pessoalmente a fé. A aceitação de Deus como Deus constitui o momento fundamental

---

[37] Cf. Y. CONGAR. *La Tradition et les traditions* II (Paris, 1963), 81ss.

[38] Uma teologia que prescindirá da regra de fé ou da linguagem dogmática dos grandes Concílios corre o perigo de eliminar o dogma e perder a continuidade com a tradição da Igreja.

[39] A fidelidade à tradição não é obstáculo para a atualização da linguagem teológica e eclesial, cf. IOANNES XXIII. *Allocutio* (XI Octobris MCMLXII): AAS LIV (1962), 792: "Est enim aliud illud depositum Fidei, seu veritates, quae veneranda doctrina nostra continentur, aliud modus, quo eaedem enuntiantur eodem tamen sensu eademque sententia".

da experiência religiosa e o único corretivo eficaz do ateísmo prático. À profissão de fé deve seguir uma atitude religiosa de confiança no Deus vivo, de modo que a esperança contribua à melhor inteligência da afirmação crente e a uma maior vigência existencial desta.[40]

Possibilidade de teoria teológica

O problema da afirmação de Deus, à luz do primeiro artigo de fé, não pode prescindir da questão de melhor método para analisar a linguagem religiosa, já que se trata de descobrir o sentido e o significado da linguagem religiosa cristã. Esse estudo comporta a análise semiótica da linguagem sobre Deus, em sua articulação lógica e em sua significação teorética e prática. Trata-se de descobrir, intepretar e eventualmente traduzir os diversos códigos da linguagem crente, analisando sua lógica interna e recebendo sua mensagem de revelação e salvação. Ora, a secularização provocou uma crise de linguagem religiosa convencional, denunciando uma compreensão ingênua, mítica e antropomórfica da linguagem crente. Certo modo de falar da realidade divina, de sua cognoscibilidade e essência, de sua perfeição e onipresença, de sua onisciência e onipotência, de sua providência e predestinação, pode suscitar perplexidade ainda no crente, quanto mais no não crente. A única resposta a essa perplexidade se encontra na compreensão do significado exato da linguagem de fé.[41]

---

[40] Sobre a possibilidade de uma compreensão da teologia como *docta spes* e sobre a leigtimidade de um método teológico entendido como *spes quaerens intellectum*, cf. J. MOLTMANN. *Theologie der Hoffnung* (München, 1964); F. KERSTIENS, *Die hoffnungsstruktur des Glaubens* (Mainz, 1969), 227ss.

[41] Cf. CONC. VATICANUM II. Const. Past. *Guadium et Spes*, n. 21: "remedium autem atheismo afferendum, Tum a doctrina apte exposita, Tum ab integra Ecclesiae eiusque membrorum vita expectandum est".

1. Hipóteses metodológicas

O estudo do problema teológico da afirmação de Deus, à luz da linguagem religiosa do primeiro artigo de fé, supõe a solução de numerosas questões de índole formal, derivadas da complexidade do processo teológico, enquanto inteligência da fé, que encontra seu fundamento na aceitação crente da palavra revelada e fielmente transmitida pela tradição eclesial. Por isso, será necessário proceder a uma consideração atenta da questão epistemológica dentro do método teológico. A função da teologia não pode ser entendida meramente como ordenação lógica de dados constatados empiricamente, mas deve ser orientada a uma abordagem claramente teórica dos problemas.

Aproximação teorética. A via teorética em teologia deve incluir uma delimitação preliminar do ponto de partida da reflexão, formulando as hipóteses metateóricas que condicionam a investigação, assim como a metodologia que se seguirá para verificar essas hipóteses e controlar os resultados obtidos, em ordem a estabelecer uma teoria razoável sobre o problema discutido. Portanto, querendo discutir teoreticamente a linguagem da afirmação de Deus, deverá previamente pensar o possível sentido e significado da profissão de fé, descobrindo a estrutura da linguagem em que se formula, com suas antinomias e polaridades mais significativas, expressas axiomaticamente. Deverá ser proposto também um código de regras linguísticas, reguladoras do processo formal da comunicação semiótica, aplicado ao caso da comunicação religiosa na teologia cristã. Também deverão ser propostos os teoremas teológicos, que expressam sinteticamente o conteúdo da mesma afirmação religiosa, assim como os eventuais corolários antropológicos implicados na afirmação teísta.[42]

Somente depois de ter proposto as hipóteses fundamentais visando entender a afirmação de fé e pode-se passar à verificação fundamental

---

[42] Sobre a aplicabilidade da teoria da ciência à teologia, cf. O. MUCK. "Wissenschaftstheorie": SM IV (1969), 1394ss.

dessas hipóteses, confrontando-as com a experiência da religião bíblica, objetivada literariamente no cânon das Escrituras. Dessa confrontação deverá surgir a evidência da afirmação crente e sua coincidência com a fé da comunidade primitiva. O controle teorético dessa primeira verificação corresponde a uma posterior confrontação dessa interpretação da revelação com a tradição crente da comunidade eclesial, objetivada literariamente nos símbolos de fé, nas definições do magistério eclesiástico e nos documentos da teologia cristã. Desse modo, ter-se-á recorrido sucessivamente às etapas epistemológicas características do método teorético, adaptando-as ao processo da reflexão teológica, visando à elaboração de uma teoria teológica.[43]

Uma teoria teológica. Por teoria podemos entender um processo metódico por meio do qual se intenta resolver um problema, delimitando-o previamente e estabelecendo preliminarmente as diversas hipóteses de explicação que posteriormente serão submetidas à verificação e ao controle crítico. Uma vez verificadas e controladas criticamente, as hipóteses adquirem o estatuto epistemológico de tese.[44] No caso presente, se trata de aplicar o método teorético à reflexão teológica, já que se trata de formular uma teoria teológica geral sobre a linguagem religiosa do teísmo cristão, à luz do primeiro artigo de fé. Enquanto teoria não poderá deixar de formular hipoteticamente os axiomas ou postulados de caráter gnosiológico, ontológico e ético que possam explicar melhor a lógica da afirmação de fé.[45]

---

[43] Sobre a problemática geral da teoria da ciência, cf. E. STRÖKER. *Einfünrung in die Wissenschaftstheorie* (Darstadt, 1973).

[44] Sobre o processo epistemológico no método teorético-científico, cf. J. DEWEY. o.c., cap. vi; sobre os conceitos de falsificabilidade, controle e corroboração, cf. K. POPPER. o.c., cap. iv, vi & x.

[45] Sobre a aplicação do método teorético à teologia, cf. A. GRABNER-HEIDER. *Semiotik und Theologie* (München, 1973), 203ss. Para as questões lógico-linguísticas, cf. W. V. O. QUINE. *Methods of Logic* (New York, 1959), cap. vii-ix; I. COPI. *Introduction to Logic* (New York, 1961), cap. Ii & viii.

Como teoria linguística, deverá formular as regras da linguagem religiosa, específicas da linguagem cristã sobre Deus, descobrindo os diversos usos linguísticos nos diferentes tipos de afirmação crente. Deverá considerar também a linguagem da fé em sua estrutura semiótica, procurando descobrir sua lógica e sua sintaxe, sua semântica e sua pragmática. Finalmente, deverá atender às diversas funções da linguagem no processo da comunicação religiosa: emissor e receptor, referente e mensagem, código e tradução.

Como teoria teológica, inspirada na tradição de fé derivada da revelação bíblica e referente à linguagem cristã sobre Deus, não poderá deixar de discutir a alternativa proposta pelas posições rivais e do apofatismo e do catafatismo, superando o dilema redutivo de uma oscilação entre o unívoco e o equívoco.[46] Finalmente, essa teoria deverá formular o conteúdo da linguagem religiosa cristã em teoremas e proposições que explicitem a mensagem da fé, declarando seu significado teórico e interpretando sua relevância prática, inclusive em relação à complexa estrutura do ato religioso.[47]

Revelação e razão. As precedentes considerações metateóricas pressupõem, como toda a teologia, a particular dialética do discurso crente, entre filosofia e teologia, razão e revelação, finito e infinito, relativo e absoluto, condicionado e incondicionado, assim também a particular tensão entre fé e tradição, ortodoxia e ortopráxis, *kerygma* e *logos*. O discurso teológico não pode prescindir do uso da razão lógica que busca

---

[46] Sobre a origem da dialética apofático-catafático na teologia grega, cf. B. MONDIN. *Lo problema del linguaggio teológico dalle origini ad oggi* (Brescia, 1971), 13-32; W. WEISCHEDEL. *Der Gott der Philosophen* I (München, 1979), 39-68.

[47] Sobre a função da axiomática em uma teoria científica, sobre a coexistência de axiomas de conteúdo e de forma, sobre o caráter dual do esquema teórico, com conceitos meramente empíricos e conceitos teoréticos, e sobre a aplicabilidade do método à teologia, cf. O. MUCK. o.c., 1401-1494.

a inteligência da fé, porém tampouco pode olvidar o testemunho da revelação bíblica ou da tradição ortodoxa. A tensão entre teologia *kerygmática* de obediência à fé e teologia apologética dialogal não deve se resolver em uma alternativa redutiva e excludente. Para realizar sua particular diaconia, a teologia não pode renunciar ao diálogo com a situação humana; porém, tampouco deve renunciar a escutar o Evangelho da fé e a tradição dessa mesma fé.[48] Em seu diálogo com a situação cultural e na interpretação dos diversos sinais da presença do incondicionado, a teologia pode descobrir a relevância da esperança religiosa e mensagem escatológica. Porém a revelação bíblica não é só resposta à preocupação humana, é também anúncio do Deus revelado e justo, transcendente e salvífico, distante e próximo. A meditação sobre o Deus que nos salva é também caminho para aproximar-se de seu absoluto mistério.[49]

Em seu diálogo com a cultura, a teologia deve ser não apenas receptiva e contemplativa, mas também crítica e profética, descobrindo tanto seus momentos de abertura ao incondicionado, quanto suas insuficiências e contradições. A crítica não deve limitar-se à dimensão da objetividade histórica e da exterioridade social, mas que deve chegar também ao universo da subjetividade moral e da interioridade religiosa. Sem deixar de ser crítica, a teologia deve e pode ser também autocrítica, considerando a sinceridade da própria profissão de fé e a coerência na própria conversão.[50] Finalmente, em seu diálogo com a cultura, a teolo-

---

[48] Tanto o método de correlação ou o método transcendental como o método kerygmático, são complementares, devendo integrar-se o *quaerens fidem* e a *fides quaerens intellectum*.

[49] O presente estudo se limita à análise da linguagem do primeiro artigo da fé, prescindindo da problemática relacionada com o segundo e o terceiro artigo do símbolo da fé. Sobre o problema da linguagem teológica da ortodoxia trinitária, cf. F.A. PASTOR. *Semântica do mistério* (São Paulo, 1982), 47-106.

[50] Sobre a relevância da questão da conversão em relação à reflexão teológica, cf. B. LONERGAN. *Method in Theology* (London, 1972), cap. iv, a. 2; cap. x, a. 5.

gia não deve limitar-se a encontrar o pensamento do passado, mas deve confrontar-se também com a atualidade. Em sua consideração da realidade, a teologia não fazer somente uma consideração ideal e essencial, mas deve enfrentar a dimensão existencial e a ambiguidade histórica. Desse modo, ela não se limitará a ser uma teoria contemplativa, mas poderá incidir também sobre a mesma realidade social.[51]

Consideradas as hipóteses metodológicas principais, em vista a elaborar uma teoria geral da linguagem do teísmo cristão, não resta senão propor seus princípios fundamentais: primeiramente, sua axiomática geral, e, em continuidade, as regras linguísticas e os teoremas teológicos, que explicitam respectivamente sua estrutra semiótica e seu conteúdo religioso.[52]

2. Axiomática geral

Em uma teoria teológica da linguagem sobre Deus, a função da axiomática é propor o postulado fundamental de caráter epistemológico e os demais postulados lógico-teológicos que explicitam a estrutura do significado na linguagem religiosa, a nível gnoseológico e ontológico, ético e dialético. Entre esses axiomas, serão propostos os seguintes:

Axioma fundamental. Esse axioma equaciona a antinomia epistemológica fundamental da linguagem teológica cristã, ou seja, a tensão entre a revelação divina e o mistério de Deus. Pode-se formular nos seguintes termos: "O Deus revelado é o Deus escondido". Em outras palavras, o mesmo Deus que se revela como misericordioso e fiel na história da salvação é também o Deus velado e escondido, que habita na luz inacessível do mistério, referente último da realidade contingente e fundamento absoluto de toda realidade causada. O Deus *quod nos* revela

---

[51] Cf. K. RAHNER. "Theologie": SM IV (1969), 865.
[52] Cf. I. U. DALFERT. *Religiöse Rede Von Gott* (München, 1981), 552ss, cf. 571ss.

o Deus *in se*. Desde um ponto de vista lógico, suposto o *a posteriori* da revelação, o axioma fundamental formula a equivalência ou a mútua implicação do *deus revelatus* e do *deus absconditus*. A partir de um ponto de vista filosófico-religioso, o axioma sublinha que na revelação histórica acontece a epifania do sagrado. Teologicamente, não pode ser ignorada a importância ecumênica do axioma, em função do constante debate teológico entre os diversos sistemas, sobre Deus como mistério absoluto e santo e sua revelação transcendental e categorial, a partir da polêmica antignóstica da tradição patrística até a discussão da teologia moderna em relação ao fideísmo cristão.[53]

Axioma gnosiológico. Esse axioma tem por função equacionar, no plano teorético da verdade, a antinomia noética própria da afirmação de Deus, isto é, a tensão entre cognoscibilidade de Deus e incompreensibilidade divina. Pode-se do seguinte modo: "O Deus conhecido é o Deus incompreensível". Somente se pode falar da cognoscibilidade de Deus enquanto Deus é afirmado como mistério incompreensível. Do ponto de vista meramente lógico, o axioma gnoseológico afirma a equivalência ou a mútua implicação entre o *deus cognoscibilis* e o *deus incomprehensibilis*. Do ponto de vista filosófico-religioso, o axioma enuncia a possibilidade de afirmar a Deus, ainda sendo Deus da realidade última, absolutamente incondicionada. Isso significa que Deus infinito é afirmado pelo homem, transcendendo os limites de sua própria finitude, dando razão ao enunciado *finitum capax infiniti*. Teologicamente, a relevância do axioma manifesta-se, seja à luz do debate entre o apofatismo platônico-cristão e o catafatismo aristotélico-

---

[53] A tradição luterana sublinha a atenção ao *deus revelatus*, embora Lutero reconheça que a linguagem teológica se refere sempre ao mistério, pois tratamos *cum deo velato* (cf. Werke XL/I, 194). Nesse contexto, observa P. TILLICH. *Rechtfertigung und Zweifel*, in Ges. Werke VIII (Stuttgart, 1970), 98: "Der protestantismus muss wieder lernen, den *dues revelatus* auf dem Hintergrund des *dues absoconditus* zu sehen".

-cristão, seja confrontando-o com a polêmica entre o chamado *intra lutheranum* e o chamado *extra calvinisticum*.⁵⁴

Axioma ontológico. Esse axioma deve enunciar, no plano teorético da realidade, a antinomia ôntica entre imanência e transcendência divinas. Em linguagem metafórica, o axioma pode coincidir com a expressão da tensão entre proximidade e distância na experiência de Deus. O axioma ôntico pode formular-se do seguinte modo: "o Deus imanente é o Deus transcendente". A imanência divina na realidade ôntica e na história salvífica não nega, mas inclui e supõe a transcendência divina, e vice-versa, suposto o *a posteriori* da revelação. Do ponto de vista lógico-formal, o axioma enuncia a equivalência ou mútua implicação de imanência e transcendência na linguagem cristã sobre Deus. Do ponto de vista filosófico-religioso, o axioma ontológico afirma a identidade entre o Deus Criador, transcendente ao mundo, metatemporal e metaespacial, e o Deus Salvador, providente e predestinante, imanente à realide e à história. O Deus da natureza é também o Deus da história, e o Deus da criação é igualmente o Deus da aliança. Consequentemente, o Deus de Israel é também o Deus do universo e das nações. Considerando o debate teológico contemporâneo entre as teologias da transcendência, como a teologia dialética, o método de correlação, o método transcendental ou a *nouvelle théologie*, e as teologias da imanência, como as teologias radicais, as teologias da secularização, as teologias da práxis e as teologias da libertação, não poderá ser desvalorizada a importância teorética do axioma ontológico.⁵⁵

---

[54] Foi mérito do método transcendental sublinhar o momento apofático na experiência de Deus, cf. K. RAHNER. "Über die Verborgenheit Gottes", in *Schriften zur Theologie* XII (1975), 285-305.

[55] Sobre a tensão entre o Deus transcendente e o Deus imanente como problema da recepção teológica do conceito filosófico de Deus, cf. W. PANNEBERG. *Grundfragen Systematischer Theologie* (Göttingen, 1967), 296ss; P. TILLICH. *Die Frage nach dem Unbedingten* (Stuttgart, 1964), 184: "Gegen Pascal sage ich: der Gott Abrhams, Isaaks und Jakobs und der Gott der Philosophen ist der gleiche Gott".

Axioma da identidade. Enuncia no plano teorético da verdade a absoluta singularidade de Deus em sua identidade. Por isso, pode-se formular com o duplo aforismo: "Deus é Deus e somente Deus é Deus". Do ponto de vista lógico-formal, a compreensão da realidade divina sob o princípio da identidade só pode acontecer sob a forma de uma lógica de tautologia; porém, como tem sido observado, trata-se de uma tautologia significante. Do ponto de vista filosófico-religioso, o axioma da identidade enuncia o monoteísmo teorético exclusivo da religião profética. O *solus deus est deus* proclama a monarquia divina sobre a religião e a história, sobre a natureza e a cultura, sobre *cosmos* e *nomos*. Por isso, o monoteísmo religioso é o fundamento teorético da unidade de uma história universal, como bem compreendeu a filosofia do iluminismo e de um direito de pessoas com validez universal, como bem entenderam os teóricos do direito natural no caso das Índias ocidentais. Teologicamente, o axioma da identidade afirma a absoluta singularidade da monarquia divina.[56]

Axioma da realidade. Esse axioma formula, no plano teorético da realidade, a absoluta incondicionalidade de Deus como ser necessário. Deus deve ser pensado necessariamente como realidade, pois, do contrário, se pensaria um fantasma apenas, e não Deus. O presente axioma pode ser formulado com o duplo aforismo: "Deus necessariamente é Deus, e Deus necessariamente deve ser pensado como realidade". A tradução lógico-simbólica dessa afirmação requer o uso do chamado quantificador existencial. Do ponto de vista filosófico-religioso, o axioma enuncia a ontologia do Infinito, em cuja essência se dá a identidade entre ser e ideia, entre potência e ato, entre existência e essência. Por conseguinte, não devem ser hipervalorizadas as diferenças teológicas da linguagem platônico-cristã e aristotélico-cristã sobre a realidade divina.

---

[56] Para a discussão do estatuto lógico de uma *significant tautology* na linguagem religiosa, cf. I. T. RAMSEY. *Religious language* (London, 1967), 40-48.

O *ipsum esse* de tradição agostinino-bonaventuriana expressa o mesmo conceito do *summum esse*, que o *id quo maius cogitari nequit* anselmiano. A teologia tomístico-suareziana expressará a realidade divina sublinhando a atualidade perfeita do *actus Purus* ou o si mesmo do *ipsum esse per se subsistens*.[57]

Axioma ético. Esse axioma formula, no plano prático, a antinomia pragmática fundamental produzida pela tensão entre a confiança em Deus e o temor de Deus. Poder-se-ia formular, paradoxalmente, como: "O Deus da confiança é o Deus do temor e vice-versa". Significando que o Deus do temor e tremor é também e, sobretudo, o Deus da confiança e da esperança e, portanto, o Deus da misericórdia em que o crente pode sempre esperar. Do ponto de vista lógico, o axioma ético enuncia a equivalência ou mútua implicação entre o Deus da esperança e o do temor. Do ponto de vista filosófico-religioso, o axioma enuncia o duplo aspecto *fascinans* e *tremendum* da experiência mística do mistério numinoso. Teologicamente, o axioma expressa a tensão espiritual entre o *amor Dei* e o *Timor Dei*, próprio do *homo viator* na existência escatológica iniciada.[58]

Axioma da relação. Esse axioma sublinha o caráter relacional da experiência religiosa subjacente à linguagem sobre Deus. Poder-se-ia formular nos seguintes termos: "A lógica da linguagem teológica supõe sempre a relação religiosa entre o homem e Deus". Do ponto de vista

---

[57] Cf., por exemplo, AUGUSTINUS. Sermo VII, 7: "Esse nomen est incommutabilitatis. Omnia enim quae mutantur, desinunt esse quod erant, et incipiunt esse quod non erant. Esse verum, esse sincerum, esse germanum, non habet nisi qui non mutatur" (ML XXXVIII, 66); BONAVENTURA. *Itinerarium mentis in Deum*, cap. V, n. 3: "Volens igitur contemplari Dei invisibilia quoad essentiae unitatem primo defigat aspectum in ipsum esse et videat, ipsum esse adeo in se certissimum non occurrit nisi in plena fuga non-esse".

[58] Cf. R. OTTO. *Das heilige*, cap. v.

lógico, o axioma afirma a dialética da relação religiosa, subjacente à linguagem teológica. Com efeito, a proposição da linguagem religiosa não pode ser considerada como meramente exibidora e informativa, como a enunciação de uma perfeição absoluta do ser divino. Tampouco coincide com a lógica do silogismo aristotélico de uma só variável. Dado que se fala sempre de Deus em relação com o homem e do homem em relação com Deus, a linguagem religiosa deve ser estudada segundo um modelo de lógica ambivalente. Do ponto de vista filosófico-religioso, o axioma sublinha a dialética subjetivo-objetiva na experiência religiosa e na linguagem religiosa. Desse modo se mostra como é carente de sentido falar de Deus, sem falar do homem. Na linguagem da fé, carece de sentido pretender falar do objeto da religião olvidando o sujeito religioso. Tanto mais que Deus transcende o esquema sujeito-objeto, sendo ontologicamente o sujeito absoluto, enquanto realidade pessoal. Teologicamente, o axioma da relação permite entender melhor, por exemplo, a linguagem profética sobre a santidade e a justiça de Deus.[59]

Axioma dialético. Esse axioma recapitula, no plano prático do ato religioso, a dialética da afirmação crente, na religião bíblica, em que Deus se revela como Pai misericordioso e fiel e, como Senhor onipotente e transcendente. O axioma dialético conclusivo poderia ser formulado nos seguintes termos: "O Deus escondido da religião místico-sacramental é o mesmo Deus revelado da religião profética, com sua dupla validade ética, de denúncia crítica do pecado e de anúncio paradoxal da justificação do pecador na graça". Do ponto de vista lógico, o axioma enuncia a equivalência ou mútua implicação entre o momento inefável e o momento de revelação e graça na experiência religiosa e na linguagem religiosa. Em uma perspectiva filosófico-religiosa, o axioma afirma a identificação do Deus escondido, encontrado na teofania sacral da religião sacramen-

---

[59] Sobre a lógica da relação bivalente, cf. R. BLANCHE. *Introduction á la logique contemporaine* (Paris, 1957), cap. v, a. 49; W. V. O. QUINE. *Methods of Logic*, cap. XL.

tal ou no êxtase místico da religião contemplativa, com o Deus revelado, que proclama sua santidade e justiça na religião profética ou que anuncia a vitória da graça sobre o desespero e o mal na religião evangélica. Teologicamente, o axioma se reveste de uma importância ecumênica, enquanto admite a identidade do Deus das religiões, o Deus do cristianismo. Em âmbito interconfessional, afirma também a identidade entre o Deus do culto litúrgico e da oração mística e o Deus da moral profética e da experiência paradoxal da graça. Consequentemente, poderá afirmar-se também que o Deus da contemplação mística é o Deus da libertação histórica, que o Deus da fé é também o Deus da esperança.[60]

A linguagem do teísmo cristão

Uma vez conhecidas as condições metateóricas da linguagem sobre Deus e sua axiomática geral, não resta senão considerar as regras linguísticas dessa linguagem e seu conteúdo para completar a análise lógico-linguística da linguagem sobre Deus, à luz do primeiro artigo de fé.

1. Regras linguísticas

Como regras da linguagem religiosa cristã serão propostas algumas indicações gerais de caráter formal linguístico-teológico, referentes particularmente ao material significante e à modalidade da própria significação, deixando para os teoremas indicações de caráter informativo sobre o conteúdo da linguagem cristã, em relação especialmente a seu referente e a sua mensagem. Entre essas regras, serão indicadas as seguintes:

---

[60] Para uma fundamentação filosófica da tipologia das religiões, cf. P. TILLICH. *Religionsphilosophie*, in Ges. Werke I (Stuttgart, 1959), 340ss, cf. 343ss.

Regra fundamental. Em relação ao material significante, a questão básica da linguagem religiosa deriva da tensão insuperável entre a intenção de afirmar a Deus e a inefabilidade do mistério divino. A regra fundamental poderia ser formulada assim: "A linguagem sobre Deus não deve olvidar que seu referente é sempre o Deus inefável". Com essa regra se afirma o paradoxo básico da linguagem religiosa, ao dizer que a teologia quer falar de um Deus do qual em realidade não é possível falar adequadamente. A linguagem teológica deve conciliar dialeticamente apofatismo e catafatismo, mistério e afirmação. Consequentemente, a linguagem teológica exclui a via da equivocidade extrema e da univocidade perfeita. Do ponto de vista lógico, essa regra formula a equivalência ou mútua implicação, na linguagem teológica, entre o Deus da fé e o Deus inefável, entre o Deus da linguagem teológica e o Deus do silêncio místico. Do ponto de vista filosófico-religioso, essa regra enfrenta o problema da linguagem da experiência religiosa, enquanto epifania do *numinosum* ou como teofania da santidade divina. Teologicamente, a regra fundamental expressa o momento apofático da linguagem religiosa, limitando, na realidade, a possibilidade do catafatismo. Toda linguagem religiosa deve enfrentar a tensão entre o conteúdo infinito e o ilimitado, que quer expressar a realidade divina, e a forma limitada e finita, como toda forma. Na realidade, a inefabilidade divina é a tradução linguística da incompreensibilidade divina, da infinita transcendência e da intransponível liberdade de Deus.[61]

---

[61] A incompreensibilidade divina tem sido acentuada tanto na teologia platônico-agostiniana, quanto na aristotélica-tomista, cf., por exemplo, AUGUSTINUS. Sermo CXVII, cap. iii, n. 5: "De Deo loquimur, quid mirum si non comprehendis? Si enim comprehendis non est Deus" (ML XXXVIII, 663); THOMAS AQUINAS. *Summa Theologiae*, Ia., q. xii, a. 7: "Nullus autem intellectus creatus potest Deum infinite cognoscere", *Ibid.*: "Unde impossibile est quod Deum comprehenda".

Regra do uso linguístico. Essa regra deve responder à questão de saber que tipo de uso linguístico encontramos no caso da linguagem sobre Deus, se uma linguagem informativa, normativa e expressiva. A segunda regra pode ser formulada assim: "A linguagem cristã sobre Deus não pode reduzir-se a um único tipo de uso linguístico, mas que utiliza um uso linguístico múltiplo". Com efeito, a linguagem da fé em Deus, particularmente a linguagem da revelação bíblica, da tradição litúrgica doxológica ou da experiência religiosa mística apresenta numerosas características de uso expressivo. A linguagem utilizada pelos teólogos faz frequentemente pensar no uso informativo. Finalmente, a linguagem ortodoxa, ou linguagem doutrinal do magistério eclesiástico, apresenta numerosos indícios do uso normativo, enquanto orientação diretiva do reto uso semântico do material significante em uma proposição doutrinal. Por isso, pode-se afirmar que a linguagem do testemunho crente ou da doxologia cultual é preponderantemente expressiva da mesma fé ou esperança cristã, ainda que não exclua referências informativas ou inferências normativas. A linguagem da *analogia* será tendencialmente informativa e a linguagem da *homologia* será preferentemente normativa. A multiplicidade do uso linguístico na linguagem religiosa se confirma pela globalidade da mesma experiência religiosa subjacente, que inclui uma linguagem do *eu*, na expressão da própria esperança crente; uma linguagem do *tu*, na orientação ao consenso linguístico normativo da fé; uma linguagem do *ele*, como informação sobre a mensagem religiosa e seu referente último.[62]

Regra do significado. Essa regra deve enunciar o tipo de relevância semiótica atribuível ao enunciado sobre Deus. A terceira regra pode ser formulada como segue: "A interpretação da linguagem sobre Deus deve atender a sua múltipla relevância semiótica". Com efeito, as proposi-

---

[62] Cf. I, COPI. o.c., cap. ii.

ções sobre Deus, particularmente a linguagem mais arcaica, não deve ser interpretada meramente do ponto de vista de sua coerência lógica, mas deve atender também a seu conteúdo semântico e a sua significação pragmática. Já que não apenas interessa o material significante da linguagem teológica ou sua sintaxe lógica, mas também e em especial seu significado teórico e prático, no plano ideal e no plano real.[63]

Regra das funções. Como em toda linguagem, também na linguagem religiosa está presente um componente comunitário, já que a linguagem serve como meio de comunicação da mensagem religiosa, em um processo complexo de revelação e tradição, aceitação e recepção da fé. Essa quarta regra, chamando a atenção sobre o processo comunicativo, deseja somente sublinhar sua complexidade. Por isso, será suficiente formulá-la como segue: "Na interpretação do sentido da linguagem sobre Deus, será útil considerar as diversas funções linguísticas presentes em todo processo de comunicação: a dialética de emissão e recepção, a tensão entre mensagem e referente, o uso de um determinado código linguístico de comunicação ou o eventual processo de tradução do mesmo, para melhor conseguir o contato comunicativo. A tensão às diversas funções linguísticas permitirá uma interpretação mais exata de conteúdo da mensagem. Por isso, a análise da linguagem sobre Deus não pode limitar-se a uma enumeração de dados informativos sobre o referente último, mas deve articular as diversas funções da comunicação da fé, à luz da situação da comunidade crente. Por conseguinte, resultará evidente a impossibilidade de fazer meramente teologia, sem atender à cristologia, à eclesiologia ou à antropologia, dada a função insubstituível do Cristo na revelação da mensagem e no evento da salvação e dada a relevância da comunidade crente na tradição da fé e na experiência da acei-

---

[63] A. GRABNER-HAIDER. o.c., 191ss; I.U. DALFERT. o.c., 281ss.

tação desta e do homem como destinatário e receptor da revelação divina e da salvação escatológica.⁶⁴

Regra da analogia. Prescindindo de uma ulterior consideração sobre o modo de realização do analógico na linguagem da revelação bíblica ou da tradição eclesial, do magistério ortodoxo ou da especulação teológica, a quinta regra linguística se limita a firmar: "Se existe uma linguagem doxológica e uma linguagem ortodoxa, deve existir também uma linguagem analógica". À luz das precedentes considerações, de caráter lógico-axiomático e teológico-linguístico, deverá concluir-se que a linguagem sobre Deus não poderá deixar de manifestar a tensão dialética existente entre a afirmação do Deus revelado e o mistério do Deus escondido. Com efeito, a linguagem cristã deve proclamar ao crente a realidade suprema, enquanto revelada e misteriosa, afirmável e inefável, absolutamente singular em sua identidade e incompreensível em sua vontade, objeto de amor infinito e temor incondicionado. Consequentemente, essa linguagem será catafática enquanto afirma e apofática enquanto nega ou enquanto corrige ilimitadamente o sentido da afirmação crente. Essa particular dialética, feita de afirmação, negação e eminência, subjacente a toda afirmação doxológica ou dogmática, religiosa ou teológica, recebe o nome de analogia, e não deve ser pensada com mera via média entre equivocidade apofática e univocidade catafática, mas como a síntese dialética de apofatismo moderado e afirmação catafática.⁶⁵

Regra do paradoxo. A regra conclusiva deve enunciar o caráter essencialmente paradoxal da linguagem religiosa. Poder-se-ia formular em termos gerais do seguinte modo: "A linguagem teológica não pode deixar de expressar o caráter paradoxal da afirmação crente". Com efeito, o paradoxo se encontra no interior de toda analogia. Na analogia do ser,

---

[64] Cf. R. JAKOBSON. "Closing Statements: Linguistic and Poetics", in Th. A. SEBEOK (ed.). *Style in Language* (New York, 1960), 350-377.
[65] W. PANNENBERG. o.c., 181ss; G. WAINWRIGHT. *Doxology* (London, 1980), cap. I, vi-viii.

se apresenta como tensão transcendental de finito e infinito, condicionado e incondicionado, Criador e criatura. Dado que o infinito e incondicionado deve entrar nas formas finitas e condicionadas da linguagem religiosa, objetivamente não pode ser evitado o paradoxo. Também na analogia da fé se apresenta o paradoxo, essencialmente como tensão de graça e pecado, já que a revelação da graça e a justificação do pecador assumem a forma do paradoxo, por ser a graça e a revelação imerecidas. Na realidade, o pecador merece apenas condenação, porém, paradoxalmente, recebe a graça divina. Também na analogia do símbolo ou da imagem se manifesta o caráter paradoxal da experiência religiosa no cristianismo como teologia da cruz e como teologia da eleição. O reino de Deus elege os humildes para confundir os autossuficientes, e, finalmente, a cruz, falando logicamente, é loucura ou escândalo. Por isso, a linguagem cristã sobre Deus deve ser sempre transparente para mostrar o cristianismo como religião paradoxal, lógica, objetiva e essencialmente.[66]

2. Teoremas teológicos

Depois de ter enunciado os pressupostos metateóricos de uma teoria geral da linguagem cristã sobre Deus e, igualmente, os princípios teóricos de caráter lógico-axiomático e regulativo-linguístico desta, falta formular os principais teoremas referentes ao conteúdo teológico da linguagem sobre Deus e sua significação religiosa, articulando-os em diversas proposições teóricas e corolários práticos. Entre esses teoremas enumeramos os seguintes:

Teorema fundamental. O primeiro teorema teológico, de caráter fundamental, enquanto referente à possibilidade real da afirmação

---

[66] O caráter paradoxal do cristianismo aparece sublinhado na linguagem bíblica, particularmente paulina, e foi desenvolvido especialmente na linguagem retórica de Agostinho, na teologia de Lutero e na filosofia kierkegaardiana da revelação.

de Deus e a universalidade e limites dessa afirmação, pode enunciar-se sumariamente do seguinte modo: "Deus se revela a todos os homens, ainda permanecendo mistério incompreensível, estritamente inefável". Do ponto de vista lógico, trata-se de um enunciado complexo, que propõe três questões fundamentais de gnoseologia teológica. Primeiramente, a questão da possibilidade real da afirmação de Deus pela razão humana, segundo o ensinamento da revelação divina. Trata-se da afirmação de Deus como necessariamente possível *in se* como universal possível *quoad nos*. Em segundo lugar, a questão da incompreensibilidade de seu mistério, à luz da revelação divina e da fé. Finalmente, a questão da misteriosa inefabilidade divina e da limitação real de toda linguagem teológica possível. Nessas três questões se manifesta a tensão entre conhecer, crer e compreender, subjacente a toda linguagem crente. A essas três questões respondem outras tantas proposições teológicas. Primeira proposição: Deus se revela como necessariamente cognoscível *in se* e como possivelmente afirmável *quoad nos*. Segunda proposição: Deus se revela com mistério incompreensível. Terceira proposição: Deus se revela como inefável. Dessas proposições teológicas, propostas em um plano teórico, pode-se deduzir um corolário prático no âmbito religioso; a saber, o caráter numinoso de qualquer experiência religiosa, que possa ser considerada subjacente a ulterior linguagem teológica.[67]

Teorema da santidade divina. O segundo teorema teológico se refere à realidade divina enquanto ser e pode ser formulado nos seguintes termos: "Deus se revela como o ser infinitamente santo, atualíssimo e oniperfeito, absolutamente singular e único". Do ponto de vista lógico, trata-se de um enunciado complexo, em que se propõem três questões

---

[67] Cf. ex.c. AUGUSTINUS. *De Libero arbítrio*, L. II, cap. iii-xv; ANSELMUS. *Proslogium*, cap. i-v; THOMAS AQUINAS. *Summa Theologiae*, Ia., q. ii, a. 3; I. DUNS SCOTUS. *De primo principio*, cap. iii.; F. DE SUAREZ. *Disputationes Metaphysicae*, d. xxviii.

fundamentais sobre a realidade divina. Primeiramente, a questão da santidade infinita do ser divino. Em segundo lugar, a questão da atualidade e oniperfeição da essência divina. Finalmente, a questão da absoluta singularidade e unicidade do ser divino. A essas três questões respondem, respectivamente, outras tantas proposições teológicas, que serão enumeradas segundo a ordem da sucessão na exposição. Quarta proposição: Deus se revela como infinitamente santo. Quinta proposição: Deus se vela como o ser atualíssimo e oniperfeito. Sexta proposição: Deus se revela como absolutamente singular e único. Dessas três proposições, propostas em um plano teórico, pode-se deduzir um corolário prático sobre o momento sacramental do ato crente, enquanto experiência religiosa do encontro existencial com a santidade divina.[68]

Teorema da presença divina. O terceiro teorema teológico se refere à vida divina e pode ser enunciado do seguinte modo: "Deus se revela como vivente eterno, imenso e onipresente; sua presença é espiritual e pessoal". Do ponto de vista lógico, trata-se de enunciado complexo, que propõe três questões básicas sobre a realidade divina. Primeiramente, a questão da eternidade divina. Em segundo lugar, a questão da onipresença e imensidade de Deus. Finalmente, a questão do caráter espiritual e pessoal da presença divina. A essas três questões respondem sucessivamente outras tantas proposições. Sétima proposição: Deus se revela como o eterno Deus vivente. Oitava proposição: Deus se revela como onipresente e imenso. Nona proposição: A presença divina se revela como espiritual e pessoal. Dessas três proposições teóricas, pode-se deduzir um corolário prático, sobre o momento místico da vivência religosa, como confrontação existencial com a presença divina.[69]

---

[68] Cf. ex. c., ANSELMUS. *Proslogium*, cap. xxii; BONAVENTURA. *Itinerarium mentis in Deum*, cap. V; THOMAS AQUINAS. *Summa Theologiae*, Ia., q. iv, a. 1 & q. xi, a. 3; SUAREZ. *Disputationes Metaphysicae*, d. xxix.

[69] Cf. ex. c., AUGUSTINUS. *Enarrationes in Psalmos*, CI, ii, 10; ANSELMUS. *Proslogium*,

Teorema da justiça divina. O quarto teorema teológico se refere à realidade divina enquanto espiritual, isto é, enquanto linguagem inteligente e livre. Pode-se enunciar como segue: "Deus se revela como infinitamente inteligente e onisciente, e como absolutamente livre e onipotente, também em sua justiça e em seu juízo de reprovação do mal". Trata-se de um enunciado complexo, a partir do ponto de vista lógico, referente a três questões decisivas sobre a realidade divina, enquanto espiritual e pessoal. Primeiramente, a questão da inteligência infinita e onisciência de Deus. Em segundo lugar, a questão da vontade divina como absolutamente livre e onipotente. Finalmente, a questão da justiça divina enquanto onisciente e onipotente, também em seu juízo de reprovação do mal. A essas três questões respondem outras tantas proposições teológicas. Décima proposição: Deus se revela como realidade espiritual infinitamente inteligente e onisciente. Décima primeira proposição: Deus se revela como realidade espiritual absolutamente livre e onipotente em sua infinita vontade. Décima segunda proposição: Deus se revela como infinitamente justo, também em seu juízo de reprovação do mal. Dessas três proposições teóricas se deduz um corolário prático, sobre o momento ético da vivência religiosa, com confrontação existencial com a justiça divina.[70]

Teorema da fidelidade divina. O quinto teorema teológico se refere à realidade divina enquanto atuante, seja na ordem da criação, seja na da salvação. Pode-se enunciar do seguinte modo: "Deus se revela como Criador bom, em sua santa e misteriosa providência; como Senhor fiel, em sua aliança de salvação para todos os homens; como Pai misericordioso, pleno de graça e compaixão". Esse enunciado lógico complexo

---

cap. Xii & xiii; BONAVENTURA. *Itinerarium*, cap. V, n. 6; THOMAS AQUINAS. *Summa Theologiae*, Ia., q. viii & xviii; SUAREZ. d. xxx.

[70] Cf. ex. c., AUGUSTINUS. *De Libero arbítrio*, L. III, cap. iv; ANSELMUS. *Monologium*, cap. xvi; BONAVENTURA. *Itinerarium*, cap. V, n. 8; THOMAS AQUINAS. *Summa Theologiae*, Ia., q. xiv, xix, xxv.

alude a três questões referentes à ação divina na ordem da criação e do comportamento divino na história da salvação. Primeiramente, a questão da ação criadora e providente de Deus. Em segundo lugar, a questão sobre a vontade salvífica divina e sobre sua ação predestinada ao bem. Finalmente, a questão sobre o comportamento salvífico de Deus. A essas três questões respondem outras tantas proposições teológicas. Décima terceira proposição: Deus se revela como Criador e providente, pleno de bondade. Décima quarta proposição: Deus revela sua vontade salvífica universal e sua predestinação ao bem. Décima quinta proposição: Deus se revela como Pai misericordioso, pleno de fidelidade e compaixão. Dessas três proposições teóricas se deduz um corolário prático, sobre o momento paradoxal na vivência religiosa, como confrontação existencial com a misericórdia e a com a fidelidade de Deus, que imerecidamente concede a graça da justificação ao pecador.[71]

Corolário religioso. Nos teoremas teológicos precedentes confirmou-se implicitamente a complexa estrutura do ato religioso, enquanto confrontação existencial do crente com o mistério divino, em sua santidade e presença inefável, em sua justiça e fidelidade misericordiosa. Desse confronto inevitável, dado o caráter relacional da religião, deriva a plenitude e riqueza do ato religioso, particularmente no cristianismo, onde se estruturam e sintetizam dialeticamente, junto ao momento numinoso fundamental, a dimensão ético-profética e paradoxal-kerygmática da graça. Por isso, não é possível reduzir a experiência religiosa a um único princípio fundamental, na ótica da identidade mística, típica da religião ontológica, ou na consciência da diferença ética, própria da religião moralmente vinculada. O ato religioso crente é dialeticamente complexo: a irrupção do incondicionado no sagrado, como revelação ou teofania, responde à

---

[71] Cf. ex. c., AUGUSTINUS. *De civitate Dei*, L. XII, cap. V; ANSELMUS. *Proslogium*, cap. viii-xi; BONAVENTURA. *Brevioloquium*, I, cap. ix; II, cap. xiii; V, cap. i; THOMAS AQUINAS. *Summa Theologiae*, Ia, q. xx-xxiv.

adoração mística da presença divina, como expressão do momento fascinante da experiência religiosa; porém, também se manifesta a exigência incondicionada da justiça divina, como normal moral e como tensão de infinito temor, na experiência do divino. Do ponto de vista filosófico-religioso, ainda que a vivência mística possa ser considerada sob o princípio da identidade, como tensão do finito ao infinito, a vivência ética só pode ser contemplada sob o princípio da diferença, como expressão de alienação da liberdade finita em relação à liberdade infinita. Por isso, a tensão entre mística e ética, ou a dialética da identidade e da diferença, só se resolve de forma paradoxal, na teologia da graça.[72]

Conclusão

Ao fim da presente reflexão, seja-nos permitido recapitular o itinerário percorrido, formulando algumas teses sobre o problema debatido.

1. A linguagem teológica do teísmo cristão pode ser considerada como uma expressão linguística da afirmação de Deus, à luz do primeiro artigo da fé. A fé em Deus, como Senhor onipotente e pai misericordioso, constitui a afirmação fundamental da profissão crente, não apenas para a comunhão católica, mas também para todas as confissões cristãs, inclusive para todas as grandes religiões monoteístas. Como afirmação religiosa, a linguagem do teísmo sofre com a erosão provocada pelo processo secularizante, tendente a emancipar a vida humana de toda submissão heterônoma. Como efeito, a cultura secular valoriza a independência intelectual e a racionalidade crítica, a elaboração teorética e a corroboração empírica, a autonomia ética e o amadurecimento pessoal, a responsabilidade social e a emancipação histórica.

---

[72] A graça participa da incondicionalidade da experiência religiosa em sua tensão à identidade (*amor Dei*) e em sua consciência da diferença (*Timor Dei*).

2. A cultura secular pretende superar não apenas uma visão mágica do mundo, mas também a tradição ontológica e a teonomia espiritual, significando a crise do universal e do princípio da identidade, em benefício do singular e do princípio da diferença. Na perspectiva de uma autonomia secular, não apenas é questionada a problemática religiosa, como também sofre um eclipse a mesma experiência do sagrado. Com efeito, o numinoso é visto como individual ou socialmente alienante e ilusório. A afirmação religiosa é considerada como uma fuga do histórico, inútil pragmaticamente e socialmente negativa.

3. Diante do fenômeno da secularização, se impõe um processo de reconsideração, na reflexão teológica, que não pode ignorar as implicações religiosas da mudança cultural do mundo moderno e pós-moderno. Primeiramente, para estimar positivamente alguns valores sublinhados pela cultura moderna, como a autonomia e a responsabilidade pessoal, que coincidem com as exigências da mesma consciência religiosa, como tradução da teologia da criação e da aliança. Em segundo lugar, para orientar teonomamente a autonomia, descobrindo o fundamento incondicionado de toda afirmação condicionada, no âmbito teorético ou prático. Finalmente, para reconhecer um valor positivo à função crítica da secularização, enquanto purificação de uma visão mítica ou antropomórfica, supersticiosa ou intolerante.

4. A preocupação religiosa deve procurar possíveis pontos de encontro com os interesses do homem secular. Importantes conceitos de lógica e teoria da ciência, semiótica e informática poderiam ser utilmente aplicados à construção de uma teoria geral da linguagem teológica sobre Deus. Enquanto teoria teológica, deverá proceder metodicamente, a partir de hipóteses iniciais, submetidas posteriormente a um processo de verificação e corroboração. Superando um método puramente empirista e ingenuamente positivista, o método teorético deve propor os axiomas gerais, as regras linguísticas e os teoremas teológicos que melhor possam expressar o sentido, a significação teórica e prática e a relevância da linguagem cristã sobre Deus.

5. Na presente formulação teorética da linguagem do teísmo cristão, será reservada a denominação de *axiomas* a alguns postulados, de caráter fundamental e geral, referentes à lógica da afirmação de fé e à estrutura do significado na afirmação religiosa. A denominação de *regras* será atribuída a algumas indicações gerais, de caráter formal linguístico-teológico, referentes à mesma linguagem religiosa cristã. A denominação de *teoremas* será reservada para enunciados de caráter teológico, que agrupam proposições referidas a conceitos empírico-religiosos, próprios da reflexão sistemática na tradição especulativa cristã. Diversos corolários práticos poderão explicitar as inferências religiosas das ideias teológicas.

6. A análise da linguagem do teísmo cristão detecta como principais polaridades de oposição semântica a dialética da revelação e do mistério, conhecimento e compreensão, imanência e transcendência, necessidade e possibilidade, amor e temor, Criador e criatura, criação e aliança, mística e ética e, finalmente, identidade e diferença. A linguagem da fé deverá expressar a identidade fundamental do Deus revelado e do Deus escondido. A afirmação de Deus coincide como reconhecimento do mistério. Por isso, a linguagem religiosa manifesta sua mensagem de modo fundamentalmente analógico, simbólico e paradoxal. O estudo da ideia de Deus, própria da experiência cristã, manifesta a vivência religiosa como um encontro existencial do crente com o mistério da santidade e da presença de Deus e com a revelação da justiça e da misericórdia divinas.

4. A linguagem bíblica sobre Deus

Questionar-se sobre a evolução histórica e a dialética fundamental da linguagem religiosa na tradição bíblica significa querer encontrar uma resposta ao problema do sentido e do significado da experiência religiosa na revelação bíblica, considerando a expressão linguística em que essa experiência se objetiva de algum modo. Esse estudo reveste numerosos motivos de interesse, tanto para o historiador e filósofo, como para o exegeta e teólogo. A atenção da investigação não deve necessariamente limitar-se a um estudo da experiência do sagrado na religião bíblica,[1] ou na revelação cristã,[2] ainda que esse estudo seja indispensável para um conhecimento rigoroso da fenomenologia do fato religioso subjacente às tradições teológicas judaico-cristãs. A análise deveria prolongar-se a um estudo diacrônico do Gênesis e da evolução da linguagem do teísmo bíblico, vetero e neotestamentário, até descobrir semanticamente sua fundamental polaridade linguística. Tal é a finalidade do presente estudo,

---

[1] H. M. FÉRET. *Conaissance biblique de Dieu* (Paris, 1955); J. BONSIRVEN. *Le Régne de Dieu* (Paris, 1957); *La Idea de Dios em la bíblia* (Madrid, 1971); J. COPPENS (ed.). *La notion biblique de Dieu* (Gembloux-Leuven, 1975).

[2] A questão trinitária não será discutida no presente estudo. Sobre a relação do kerygma bíblico com a ortodoxia trinitária. Cf. F. A. PASTOR. *Semântica do Mistério* (São Paulo, 1982), 5-44.

que pretende analisar, no horizonte da religiosidade bíblica, o significado da revelação cristã, por meio da lógica da linguagem religiosa em que essa experiência se objetiva, passando do henoteísmo arcaico ao monoteísmo profético, da meditação apocalíptico-sapiencial à teologia cristã, em sua dialética de kerygma e história, visando descobrir a polaridade fundamental constante da linguagem bíblica sobre Deus.[3]

O henoteísmo arcaico

Analisaremos, primeiramente, a forma mais arcaica do teísmo bíblico, constatável pela linguagem religiosa das tradições dos patriarcas e do êxodo, da conquista e do Reino.[4]

1. Dos patriarcas a Moisés

Na linguagem religiosa das lendas dos patriarcas constatamos, com relação ao politeísmo ambiental, um modo qualitativamente diverso de entender a realidade numinosa. Diferentemente de seu irmão Nahor ou de seu pai Terah, Abraão pensa em Deus como referente incondicionado de uma relação privilegiada e como fundamento único da própria esperança (Jos 24,2). O Deus de Abraão é totalmente diferente dos "deuses" do politeísmo oriental.[5] Ademais, já nesse período arcaico

---

[3] E. WÜRTHWEIN. "Gott in Israel": RGG II 1958 1705ss; M. GILBERT. "Le sacré dans L'Ancient testament", in *L'expression du sacré dans les grandes religions* I (Louvain-la-nueve, 1978), 205ss; H. CAZELLES. "Le Dieu du Yahviste et de l'Élohiste ou le Dieu du Patriarche et de Moïse et de David avant lês Prophètes", in *La notion biblique de Dieu*, 77ss.
[4] B. M. F. VAN IERSEL. "Der Gott der Väter im Zeugnis der Bibel", in *Im Zeugnis der Bibel* I (1965), 5ss.
[5] A. ALT, "Der Gott der Väter": *Kleine Schriften zur Geschichte des Volks Israel* I (1968), 1ss; O. EISSFELDT. "Jahve, der Gott der Väter": *Kleine Schriften* IV (1969), 79ss; B. GEMSER. "Questions concerning the Religion of the Patriarchs": *Adhuc loquitur* (Leiden, 1968), 30ss.

detecta-se uma tensão entre o Deus escondido e o Deus revelado. Com efeito, nas tradições religiosas dos patriarcas, se faz referência a um Deus misterioso, universal e benévolo (*'El*), Senhor do mundo e da natureza, com o qual é possível estabelecer uma relação cultual por meio do espaço sagrado, já que Jacó lhe erige um altar (Gn 33,20). Porém fala-se também de um Deus revelado aos pais, um Deus sem vínculo territorial, senhor do tempo histórico, durante o qual protege a seus adoradores, Abraão, Isaac e Jacó, com descendência e riquezas (Gn 30,43).[6] Nada impede supor que já nesse período tão remoto a polaridade entre o Deus *'El* e o Deus "dos pais", entre o Deus do mundo e o Senhor da história, se resolveu em uma identificação, mais ainda em uma real equivalência, entre o Deus do espaço e o Senhor do tempo, ou seja, entre o Deus escondido e o Senhor revelado.[7]

Se nas lendas religiosas dos patriarcas Deus aparece como a presença transcendente e incondicionada do sagrado; nas tradições do êxodo, Deus se revela como exigência absoluta no plano ético e como imanência salvífica no plano histórico. A teologia do êxodo e a da aliança, típica do javismo mosaico, proclama um henoteísmo de fidelidade ética e libertação histórica. A fé religiosa do povo hebreu se encontra na origem da experiência histórica de libertação da escravidão. Essa relação profunda em ter *transcendência* religiosa e *imanência* salvífica, entre eternidade e história, típica do teísmo bíblico, implica uma concepção pessoal do sagrado, totalmente divergente de qualquer panteísmo naturalístico.[8] Essa relação implica também uma teologia da esperança: Deus não é

---

[6] F. M. CROSS. "Yahweh and the God of the Patriarchs": HThR 55 (1962), 225ss; F. K. MAYER. "Patriarchaliches Gottesverständnis": ThQ 152 (1972), 224ss.

[7] J. COPPENS, *La notion biblique de Dieu*, 65-66.

[8] A. DUBARLE. "La signification du nom de Yahvé": RScPhTh 35 (1951) 3ss; H. SCHMID. "Ich bin de rich bin": ThGl 60 (1970), 403ss; R. DE VAUX. *Histoire ancienne d'Israel* I (Paris, 1971), 329ss.

só o Senhor do passado, mas é aquele que se revela sobretudo como o Criador do futuro. No entanto, Israel contempla seu passado histórico enquanto pode encontrar em sua memória religiosa a força requerida para enfrentar um presente histórico hostil e superar um destino adverso. Em relação a uma situação histórica de opressão e servidão, o êxodo constitui um exercício relevante de sua negatividade crítica. Desse modo, a religião atua como memória legitimadora de uma conquista da liberdade. A consciência dos que contemplam a miséria da condição escrava se projeta espetacularmente sobre a imagem divina, que contempla a miséria de seu povo (Êx 3,7). Assim sendo, a linguagem religiosa do êxodo expressa uma relação profunda com a história: uma história, não só contemplada, mas sobretudo construída, com fruto de uma ação da liberdade.[9]

A relevância prática da linguagem religiosa do henoteísmo javista se manifesta através da íntima relação entre ética e religião, expressa no ato mesmo de eleição do povo e de instituição da aliança (Êx 19,5ss). Deus aparece não só como o legitimador de um processo histórico de libertação, mas também como quem indica ao povo, predestinando-lhe, a dimensão incondicionada que dá sentido a sua história. Deus não se revela como Senhor de uma aliança exclusivamente cúltica ou mística, mas sobretudo como o ordenador de uma relação ética de solidariedade e comunhão. As cláusulas da aliança (Êx 20,3ss) impedem opor falsamente religião cúltica e religião ética. Ao serviço divino se opõem tanto a idolatria, quanto o homicídio. Para a religião bíblica é vinculante não só a proibição de conceder a uma realidade condicionada a incondicionalidade própria do divino, mas também todo atentado à justiça inter-humana.[10]

---

[9] E. E. ETTICH. "Die monotheistische Symbolik der Bundestafeln": VT 14 (1964), 211ss; cf. H. H. Rowley. "Moses and Monotheism": *From Moses to Qumran* (London, 1963), 35ss.

[10] E. WÜRTHWEIN. "Gott in Israel" (1958), 1706ss.

Assim sendo, o sentido e significado da antiquíssima linguagem teológica na religião bíblica não resulta distante dos grandes motivos de interesse humano pelo futuro da história e por uma práxis de libertação. Reduzir a riqueza expressiva dessa situação religiosa primordial, orientada desde o descobrimento de um novo espaço ético, para a mera constatação de uma informação teórica sobre a realidade última, não careceria de inconsequência teológica e de anacronismo histórico. Certamente, a linguagem religiosa do javismo mosaico comunica uma mensagem e um conteúdo informativo, já que nesse henoteísmo arcaico está implicado o futuro monoteísmo da religião profética e da teologia sapiencial. Porém o henoteísmo mosaico manifesta fundamentalmente a validade ética da relação religiosa, que torna o ato da afirmação de Deus um encontro fascinante e terrível com a realidade divina revelada e misteriosa, próxima e distante, enquanto se manifesta simultaneamente como Deus de *confiança* e de *temor* (Êx 20,18ss).[11]

2. Da conquista ao Reino

O significado da mais arcaica linguagem religiosa na revelação bíblica se mostrava longe de manifestar uma mera informação teórica, expressando a ilimitada confiança e o ilimitado temor e vivendo o sentimento de dependência radical, tanto em sua tensão mística quanto em sua diferença ética. Essa linguagem religiosa mantinha sempre um vínculo estreito com a história e seu futuro, com a ética e com a práxis. Em que sentido evoluiu sucessivamente a linguagem do henoteísmo arcaico javista? O fim do êxodo e da conquista de Canaã, ao propor novos problemas à consciência crente – sobre a relação entre identidade religiosa e identidade nacional, sobre a funcionalidade da religião e

---

[11] P. D. MILLER. "El the Warrior": HThR 60 (1967), 411ss.

sobre a relação entre indivíduo e comunidade –, faz florescer uma nova tensão entre o incondicionado moral e o incondicionado religioso. Com efeito, como consequência da guerra religiosa ou da paz sucessiva, para a fé aparecem novas situações e tensões. Durante a guerra, a Arca da Aliança se torna sacramento da presença divina e *anámnesis* da promessa divina, memorial do êxodo e sinal proléptico da esperança, ao mesmo tempo escatológica e histórica (1Sm 4,4ss).[12] Durante a paz, propõe-se à consciência crente a questão da funcionalidade prática da antiga religião do deserto nos novos vales da terra prometida. Na nova situação sedentária, a religião do povo nômade sofre a tentação do compromisso com as divindades locais. Assim, com o dilema de fé, a tensão entre a esperança em Javé e o recurso aos deuses cananeus. Essa tensão se resolve quando são dedicadas ao Senhor de Israel as alturas sagradas, em que primitivamente se celebram cultos de fertilidade, e quando se reafirma polemicamente o teísmo javista, contra toda tentação de idolatria ou de magia (Êx 20,23; 23,19).[13]

No novo contexto sedentário e pacífico, a sobrevivência nacional não depende da agressividade vitoriosa, como durante o êxodo e a conquista, mas do trabalho agrícola e da fecundidade do ganhado. O idealismo religioso do povo nômade, que exaltava os gestos salvíficos da história da libertação, deve aprender também a ver de um modo positivo a natureza, como obra divina (Gn 1,24). As festas do ciclo cósmico-natural sofrem uma releitura histórico-salvífica e a ação providente de Deus sobre os patriarcas serve de paradigma ao comportamento religioso do crente, iluminado pela confiança na ação salvífica divina.[14] Desse modo, impede-se a privatização mágica da religião, com perda de sentido da transcendência na afirmação do sagrado. Cresce a convicção na absoluta singularidade

---

[12] O. EEISSFELDT. "Jahve und Baal": *Kleine Schriften* I (Tübingen, 1962), 1ss.
[13] Os 11, 1ss; 13, 7ss; Gn 2,7ss.
[14] R. REDENTORFF. "El, Baal und Yahwe": ZAW 78 (1966), 272ss.

da realidade divina, atingindo uma identificação religiosa entre o Deus escondido, rei do panteão cananeu (*'El*), e o Deus revelado, Senhor da aliança e da história (*Javé*). O salmista proclamará: "Deus grande é Javé, grande rei sobre todos os deuses" (Sl 95,3). Propõe-se assim, já no período arcaico, uma *identidade fundamental* entre o Deus transcendente da religião cúltica e o Deus imanente da religião ética, formulando simultaneamente a absoluta singularidade divina, isentando de potência as demais realidades numinosas à categoria de filhos do Altíssimo (Sl 29,1).[15] A partir, pois, da época da conquista, a linguagem religiosa da revelação bíblica conserva sua relevância prática afirmando a funcionalidade da religião do deserto na nova situação sedentária e sua relevância teórica ao proclamar com exclusividade a absoluta singularidade da realidade divina. Posteriormente, quando a comunidade nacional das tribos hebreias se constitui no estado monárquico, se determina uma nova situação histórica e religiosa. Historicamente, realiza-se uma significativa afirmação política do povo da aliança. Religiosamente, contudo, surge uma problemática simbiose entre fé religiosa e ideologia monocrática. A fé aceita a pompa régia; o rei é proclamado messias do Senhor (2Sm 7,14ss; 23,5). Não deixam de aparecer problemas novos quando os interesses da razão de estado ou a vontade do poder monocrático não coincidem com as exigências igualitárias da fé. Por outra parte, ao transportar a Arca da Aliança desde Salém, o fundador da dinastia fez da capital do reino o centro político-religioso da comunidade nacional, constituída por ocasião do pacto de Siquém (Js 24, 25ss). Com isso, se resolve em uma significativa identificação o encontro do Deus do deserto (Javé) como Rei celeste do panteão cananeu (*'El-el-hôn*). O Deus da aliança será proclamado dominador do caos e Senhor do mundo (Sl 93,1ss). O Senhor do êxodo passa a ser contemplado como o Deus que reina em

---

[15] A. VANDEN BRANDEN. "Il Dio Eljôn": Bibbia e Oriente 64 (1974), 65ss.

Sião (Sl 146,10). O Deus misterioso e altíssimo se identifica plenamente com o Senhor revelado na história da libertação (Sl 47,3).

A simbiose entre nação e religião, entre fé javista e poder monocrático, acentua-se com a construção do templo salomônico. Ainda conservando, com a arca, a memória da libertação e da aliança, o templo constitui a consagração religiosa da dinastia davídica, na condição de santuário da nação e do estado, servido por uma casta sacerdotal de funcionários do reino. No templo, pois, se situa a encruzilhada por onde passam tanto a piedade religiosa do crente, testemunhada nos salmos, quanto a contaminação sacrílega da religião, documentada nas crônicas da monarquia (2Rs 18,4). Contra o perigo de uma assimilação da revelação bíblica ao denominador comum da religiosidade oriental, surgirá a reação da consciência profética (Jr 7,18), e outros movimentos de reforma (2Rs 23,3ss). Contudo, a relação entre razão política e fé religiosa se torna sempre mais problemática, dada a progressiva emancipação do poder monocrático e da oligarquia social, com relação aos ideais religiosos da aliança e do êxodo. Não raramente o poder se torna instrumento de opressão para os débeis. Daqui nascerá um movimento de ressentimento antimonárquico, por julgar a instituição da monarquia ocasião de decadência religiosa e de eclipse da fé no Senhor da aliança (1Sm 8,6ss).[16]

Monoteísmo teorético

Depois de ter considerado a linguagem teológica do henoteísmo arcaico, será preciso analisar a dialética entre experiência e linguagem à luz da mensagem religiosa dos profetas, antes e depois do exílio, bem como também à luz das teologias sapiencial e apocalíptica.

---

[16] M. HARAN."The Divine Presence in the Israelite Cult and the Cultic Institutuions": Concilium 50 (1969), 251ss.

1. A teologia dos profetas

Os profetas viveram em um tempo de eclipse do sagrado. A religião tendia a ser considerada superficialmente, como um mero fato nacional eticamente irrelevante. Tratava-se de uma época de irreligiosidade e injustiça. Somente o culto conservava uma limitada memória dos gestos salvíficos do passado histórico e das exigências éticas da aliança em um presente problemático. A vida, enquanto realidade cultural ou social, distanciava-se sempre mais dos valores éticos da religião do êxodo. Era uma época de profunda decadência religiosa e moral. O profeta Elias foi o precursor da reação da consciência religiosa de Israel contra a degeneração do javismo. Depois dele, todos os grandes profetas – de Amós e Oseias a Jeremias e Isaías – com paixão, religião e integridade moral, proclamaram sempre de novo as exigências da *monarquia divina*, em sua absoluta singularidade, em sua santidade e em sua justiça (1Rs 18,36; 19,10).[17]

Com os profetas, o reino julga a história. A linguagem teológica do profetismo sublinha a incondicionalidade absoluta da monarquia divina: em um plano teorético, com santidade; em um plano prático, como justiça. Deus é um rei essencialmente santo que atua de modo radicalmente justo, julgando entre a iniquidade e o direito. O profeta anuncia: "*Javé Sabaot* será exaltado por seu juízo, e o Deus santo revelará sua santidade e sua justiça" (Is 5,16). O povo, com sua impiedade, distanciou-se de seu Deus, e Deus se distanciou de seu povo; mas o Senhor julgará os ímpios e humilhará os arrogantes (Is 2,11ss; 1,4ss). O povo se entregou à superstição da idolatria e à magia; porém Deus castigará toda iniquidade (Is 8,15; Os 5,3ss). A teologia dos grandes profetas critica uma imagem

---

[17] J. LUST. "Elijah and the Theophany on Mount Horeb", in *La notion biblique de Dieu*, 91ss; cf. E. WÜRTHWEIN. "Elijah at Horeb", in *Proclamation and Presence* (London, 1970), 152ss.

da realidade divina degradada pelo conformismo da falsa profecia. O reino de Deus exige uma restauração religiosa profunda e uma purificação da realidade histórica, como só é possível encontrá-la em uma nova aliança (Jr 31,3ss).[18]

A teologia profética proclama a lógica da monarquia divina, anunciando a soberania divina sobre a história e sobre os poderes deste mundo (Jr 27,5ss). Deus predestina a seus eleitos e reprova a quantos se mostram infiéis à aliança. Por isso, a aliança, distante de ser uma garantia de impunidade moral, aparece como chamada à responsabilidade ética (Am 3,2). A teologia da eleição divina serve para proclamar o imperativo da vontade divina, tanto sobre a realidade histórica e política (Is 30,1ss), como sobre a vida cúltica e religiosa (Is 1,29ss), que deve abandonar todo sincretismo idolátrico e permanecer incondicionalmente fiel ao imperativo religioso (Is 27,2ss). A dialética da linguagem profética reage contra o otimismo banal da pseudoprofecia, que proclama uma fidelidade divina abstrata, olvidando o caráter ambivalente da lógica da linguagem religiosa enquanto linguagem de uma relação. Com efeito, ao mudar a variável humana, a relação religiosa se altera profundamente, podendo fazer necessária mudança chamada conversão, tanto no plano individual, como no plano social. A lógica profética indica que a relação religiosa não pode ser entendida só em uma ótica de identidade mística, prescindindo do princípio ético da diferença.[19]

A linguagem religiosa dos profetas expressa ao mesmo tempo consciência crente e imperativo moral. Os profetas assumem tanto a função de transmitir o oráculo divino (Am 1,9ss), como de recordar a eleição divina (Os 11,1). Como expressão da consciência moral e do sentimento da diferença ética, os profetas proclamam o advento do dia terrível do

---

[18] J. GRAY. *The biblical Doctrine of the Reign of God* (Edinburgh, 1979), 117ss.
[19] O. KAISER. "Wort der Propheten und Wort Gottes", in *Tradition und Situation* (Göttingen, 1963), 75ss.

juízo divino sobre a iniquidade (Am 5,18ss). Porém, a punição divina não adquire uma validade demoníaca, mas condiciona-se pela justiça divina, destruidora do mal (Am 8,4ss). A dialética dos profetas frequentemente contrapõe o momento *ideal* da relação religiosa como aliança – contemplada na teologia do êxodo (Os 12,10; Jr 2,6ss) ou na teologia da eleição da dinastia davídica e de Sião (Is 7,13ss; 4,4ss) – a um momento *real* de contradição ética, de malícia e pecado – visto como injustiça (Am 2,6ss; Mq 2,1ss), como orgulho (Is 28,1ss) ou como apostasia (Os 4,2; Jr 3,1ss). Porém, o discurso profético não conclui no momento crítico-negativo, mas convida à conversão, ou seja, a um retorno à dimensão do incondicionado, possibilitada pelo paradoxo da misericórdia divina (Am 5,14ss; Is 12,1ss).[20]

Paralela à reação profética corre o movimento monolátrico objetivado na literatura deuteronomista. Para a teologia monolátrica, a decadência religiosa de Israel deriva do pluralismo de cultos e santuários. O imperativo religioso fundamental da incondicionada adesão a Javé deve manifestar-se em uma singularidade absoluta do culto como espaço e como rito, excluindo todo sincretismo idolátrico (Dt 6,4ss.14ss). Um único Senhor, um único povo eleito, uma única aliança, um único santuário (Dt 12,2ss). O exclusivismo da teologia monolátrica podia conduzir a uma forma de nacionalismo religioso. Esse perigo somente será superado pela teologia universalista dos grandes profetas na época do exílio.[21]

Dadas as repetidas deportações e a destruição da cidade santa e do templo, a experiência do exílio babilônico pode ser considerada dramática para o povo da promessa, provocando-lhe uma profunda crise reli-

---

[20] W. ZIMMERLI. "Gott in der Verkundigung der Propheten", in *La notion biblique de Dieu*, 127ss.

[21] W. L. MORAN. "The Ancient Near Eastern Background of the Love of God in Deuteronomy": CBQ 25 (1963), 77ss; N. LOHFINK. "Gott im Buch Deuteronomium", in *La notion biblique de Dieu*, 101ss.

giosa (Jr 44,15ss). Se Israel não desapareceu, devorado pela história adversa, foi devido à esperança suscitada pela palavra profética de grandes crentes, fiéis à herança religiosa do passado. Eles interpretaram o drama do exílio como juízo divino punitivo sobre a apostasia geral; porém, simultaneamente, convidaram a uma profunda renovação interior, feita de conversão e obediência, inspirada pela fidelidade divina. Os profetas exílicos abrem o coração de Israel à esperança na libertação divina, selada por uma nova aliança e fundamento da glória futura de Sião. A voz do profeta recorda que o Deus da aliança não está distante e pode chegar com sua potência até a terra impura do exílio (Ez 1,3ss). O anúncio do juízo divino de reprovação sobre a iniquidade e o mal (Ez 7,5ss.23ss) se concretiza na não observância da lei divina e, sobretudo, na profanação do dia consagrado (Ez 20,21). Não obstante, o povo eleito, apesar de sua origem cananeia humildade (Ez 16,2ss), continua sendo objeto da predileção divina (Ez 20,5ss). A santidade da presença divina se resolve na dialética da justiça e piedade divinas.[22]

Na situação exílica permanece o culto sinagogal da palavra divina, que permite manter uma recordação viva do passado histórico da libertação. Permanece também a liturgia penitencial, como expressão de arrependimento e esperança na bondade divina. O rito de circuncisão adquire a função de significar ao mesmo tempo identidade religiosa e identidade nacional. Nesse contexto desolado, chegam ao povo novas mensagens de esperança: o código sacerdotal recorda os gestos e as promessas divinos.[23] Um grande profeta desconhecido assume a missão de proclamar a fidelidade de Deus à aliança e à eleição (Is 41,8ss). O Senhor é incomparável criador do Universo, eterno e onipotente em sua misteriosa providência

---

[22] W. ZIMMERLI. "Die Wahrheitserweis Jahwes nach der Bottschaftt der beiden Exilspropheten", in *Tradition und Situation*, 133ss.
[23] C. WESTERMANN. "Die Herrlichkeit Gottes in der Priesternschrift": AThANT 59 (1970), 227ss.

(Is 40,21ss.28ss). Deus virá ajudar o seu povo, libertando-o da servidão com novos prodígios de um novo êxodo (Is 40,3ss; 41,7ss). Como segundo Isaías, a linguagem teológica do henoteísmo arcaico e da teologia monolátrica se explicita inquestionavelmente como linguagem religiosa de um monoteísmo teorético: "Antes de mim não foi formado deus algum, ninguém falará depois de mim" (Is 43,10). Por isso, o profeta enfrenta com a arma da ironia toda tentação politeísta (Is 44,9ss). O Deus único e absoluto abençoa Israel e será a garantia da reconstrução da cidade santa e do reino (Is 44,2ss.6ss.26). O Senhor único e universal é Criador transcendente e Deus justo e salvador para todas as nações (Is 45,12ss.21ss).[24]

Duas gerações depois da grande deportação, o povo de Israel se constitui em estado confessional teocrático, em que a lei religiosa assume a função social de ordenar o direito na comunidade nacional (Esd 3,1ss; 6,16ss; 7,25ss). A linguagem religiosa se torna intensamente cúltica e normativa: Deus é o Senhor do templo e da lei. Desde o espaço sacral do templo reconstruído, Deus reina sobre o espaço profano do mundo e sobre o espaço cósmico dos astros. Desde a aliança renovada, Deus reina sobre a história de seu povo e sobre o futuro temporal dos crentes, como Legislador de uma lei perfeita e como Juiz de uma comunidade eleita. Deus reina também sobre o tempo trans-histórico e sobre o futuro escatológico (Dn 12,2ss). A imagem da realidade divina se faz sempre *maior* e sempre mais *pessoal*: Deus, Criador do mundo e Senhor da história, é o fundamento da esperança individual e da esperança comunitária (Sl 121,1ss).[25]

---

[24] H. L. CREAGER. "The Grace of God in Second Isaiah", in *Biblical Studies* In memory of H. C. Alleman (New York, 1960), 123ss.
[25] P. R. ACKROYD. "God and Peopole in the Chronicler's Presentation of Ezra", in *La notion biblique de dieu*, 145ss.

2. A teologia apocalíptico-sapiencial

Para a meditação dos sábios de Israel, o sentimento religioso do *temor divino* é o princípio da sabedoria, que convida a um conhecimento prático de Deus (Pr 1,7; 2,5). Essa sabedoria é caminho de êxito religioso e mundano, pois assim como o temor do Senhor alarga a vida, a impiedade a abrevia (Pr 3,4; 10,27). O homem prudente deve evitar as sete abominações do iníquo e contemplar a grandeza da sabedoria divina (Pr 6,16ss; 8,2ss). O temor do Senhor é a confiança do forte, preferível à vanglória e à riqueza possuída com perturbação (Pr 14,26; 15,16.33). A justiça torna a vida mais amável e prepara o ânimo do justo ao juízo divino (Pr 16; 16,2). O coração do homem busca seus caminhos, porém é a providência divina quem dirige seus passos (Pr 16,9). O Senhor prova os corações: os ímpios não entendem o direito, os que buscam a Deus compreendem tudo (Pr 17,3; 28,5).[26]

Por sua vez, o escriba prudente contempla a glória divina, tanto na natureza criada, como na história da salvação (Eclo 42,15ss; 44,1ss). O justo louva ao Senhor da aliança, que deu a Israel a lei e a sabedoria, e ao Deus do Universo, que atua segundo sua misericórdia (Eclo 24,23ss; 50,22ss). O crente piedoso suplica pela libertação de Israel e agradece a salvação recebida (Eclo 36,1ss; 51,1ss). Em sua piedade, o sábio contempla a história passada à luz da ação salvífica divina e o mundo criado como manifestação da potência e ciência divinas (Eclo 4,1ss; 42,15ss).[27]

A teologia sapiencial conhece também uma reflexão religiosa sobre o problema do silêncio de Deus. A teologia tradicional da eleição divina e da fidelidade divina é confrontada com o problema do mal e do sofrimento. O onipotente aparece rodeado de um conselho de seres semidivinos, diante do qual o tentador propõe suas objeções e dá conta

---

[26] A. BARUCQ. "Dieu chez lês Sages d'Israel", in *La notion biblique de Dieu*, p. 174ss.
[27] Cf. G. L. PRATO. *I problema de la teodicea in Bem Sira* (Roma, 1975).

da obra realizada com a permissão divina (Jó 1,6.12). Os amigos de Jó buscam a resposta ao problema existencial da desgraça na teologia do mal como correção divina da iniquidade ou na teologia do sofrimento como instrução (Jó 5,17ss; 22,3ss; 36,15). A teodiceia tradicional justifica o Criador transcendente e polemiza com o homem presunçoso, que ignora o sentido da correção divina por meio do sofrimento (Jó 36,3; 33,8ss.25ss). A sabedoria divina é sublime e misteriosa, é sua potência (Jó 36,22; 37,24). Porém, a verdade tradicional não impede o desespero humano, nem a maldição da própria vida na desgraça (Jó 6,9; 7,15; 10,19; 29,18). A certeza religiosa é motivo de esperança, porém a transcendência divina torna mais difícil a confiança, na incapacidade de dialogar com o Altíssimo (Jó 19,25; 23,3). A justiça divina se eclipsa diante da injustiça humana, que domina a realidade existencial (Jó 9,22; 21,7). O homem desesperado desejaria ao menos ter confirmada a própria inocência (Jo 7,14; 31,6). Para isso, quereria dialogar diretamente com o Onisciente (Jó 13,3; 12,13). Porém a sabedoria divina confunde os pensamentos absurdos do homem, cujo caminho na terra passa pela humilhação existencial (Jó 38,2; 42,3.6).[28]

A meditação sapiencial conhece também uma teologia do absurdo. A existência religiosa está ameaçada pela dúvida, desilusão e ceticismo. A vida do homem sobre a terra parece carecer de sentido. De modo desconcertante se constata que muitas vezes o justo padece, enquanto o ímpio é feliz (Ecl 7,15; 8,14). Não se nega a afirmação de Deus como Criador ou como remunerador (Ecl 3,17; 12,7). O temor de Deus está justificado como garantia de uma justa retribuição, dada a certeza do juízo divino (Ecl 8,12; 11,9). Deus é transcendente e distante; os votos ao Altíssimo devem ser cumpridos, porém melhor é não fazê-los, para evitar o não cumprimento e a recriminação divina (Ecl 5,13ss). O ho-

---

[28] A. BARUCQ. "Dieu chez lês Sages d'Israel", 180ss.

mem é incapaz de compreender os desígnios divinos; inclusive para o sábio, resultam incompreensíveis e impenetráveis as ações de Deus sobre a terra (Ecl 8,17; 11,5). Deus dá ao homem a felicidade na prosperidade; porém essa felicidade está acompanhada de trabalho e fadiga (Ecl 2,24ss; 3,12ss; 5,17ss).[29]

Na teologia sapiencial, pela primeira vez se coloca reflexivamente a questão teorética do *conhecimento de Deus*. Somente o homem fiel pode confessar que conhece a Deus; a injustiça ofusca a mente, conduzindo-a a razoamentos insensatos e levando-a ao desconhecimento divino (Sb 1,2ss). Esse desconhecimento de Deus se manifesta primeiramente nos apóstatas, que renovam a prevaricação do êxodo, renunciando a toda expressão prática da fé; por isso, sua vida está cheia de prevaricação e injustiça (Sb 1,10ss; 2,1ss). A contemplação do justo, constantemente fiel à lei divina e cheio de um conhecimento prático de Deus, se faz odiosa para o ímpio (Sb 2,10ss). Conhecer a Deus é praticar sua lei (Os 4,2; Jr 9,2); o ímpio carece de fé e esperança, ignora os mistérios divinos e não espera no prêmio da justiça. Os ímpios receberão a devida punição em função de seu desvio, no juízo divino escatológico (Sb 2,22; 3,10). Somente quem confia no Senhor permanecerá em seu amor compreendendo, assim, a verdade da vida. E, consequentemente, será salvo por Deus (Sb 3,9. 4,14). Pelo contrário, os ímpios desconhecem o caminho de justiça e a luz da verdade (Sb 4,6; Sl 119, 29ss). Conhecer a Deus é caminhar pelo caminho da verdade e à luz da justiça, é praticar a lei divina. Para o sábio, o teísmo teorético coincide com o teísmo prático.[30]

Paradigma do sábio é Salomão, que obtém o conhecimento divino como fruto precioso de uma oração insistente; graças a sabedoria,

---

[29] L. GORSEN. "La cohérence de la conception de dieu dans l'Ecclésiaste" EThL 46 (1970), 282ss.

[30] M. GILBERT. "La connaisssance de Dieu selon Le Livre de la Sagesse", in *La notion biblique de Dieu*, 191ss.

o sábio conhece quanto agrada o Senhor ao ser conforme os preceitos da vontade divina, manifestada na lei (Sb 9,1.9). A sabedoria divina, ao interiorizar no justo o conhecimento das exigências da lei, ensina-lhe no Espírito Santo a verdadeira ortopráxis. Assim, ela revela ao justo a via divina, guiando sua vida pelo caminho da justiça (Sb 9,17; 10,10). Tampouco os pagãos tiveram um conhecimento do verdadeiro Deus, pois viveram adorando idolatricamente elementos do cosmos e inclusive animais (Sb 13ss). Em sua meditação, o sábio contempla os destinos antitéticos de Egito e Israel: o povo judeu viveu os portentos do êxodo como libertação; o povo egípcio contemplou os prodígios sem chegar a um verdadeiro reconhecimento divino (Sb 11,5ss). Deus ilumina o homem, ali onde há pecado; por meio de uma pedagogia punitiva, Deus leva os homens até a luz da fé e do conhecimento religioso (Sb 11,15ss). Porém a potência punitiva divina está cheia de moderação e misericórdia (Sb 12,2.18). Desgraçadamente, às vezes um primeiro momento de conhecimento religioso não leva até a firme adesão da fé; por isso, Deus deve seguir usando sua pedagogia punitiva (Sb 16,16).[31]

A questão teórica do conhecimento de Deus se apresenta como reflexão religiosa sobre o problema filosófico da proporção entre a potência e a beleza do universo e inteligência e onipotência de seu divino Artífice. A filosofia grega reconhecia e demonstrava a existência de um divino autor do mundo, ainda que não se chegasse nitidamente à conclusão de sua transcendência e personalidade. A grandeza e a beleza das criaturas não levaram os pensadores antigos a um reconhecimento pleno do Criador divino, a cuja afirmação chegaram por um raciocínio de analogia e proporcionalidade (Sb 13,1-9). Se não chegaram a uma clara afirmação religiosa, foi devido ao pecado e à injustiça, que obscureceram sua reflexão, pois o falso conhecimento de Deus deriva da idolatria e da imoralidade

---

[31] *Ibid.* 197ss.

(Sb 14,12ss.22ss). Em contraste com judeus apóstatas ou pagãos infiéis, Israel professa um verdadeiro conhecimento de Deus, no ato mesmo de reconhecer a aliança, como fonte de imortalidade, enquanto pecado e prevaricação são fontes de morte (Sb 15,1ss). Deus se revelou nos acontecimentos da história salvífica: revelou sua potência castigando os egípcios e revelou sua bondade ajudando os hebreus (Sb 16,18ss). Porém, somente os espíritos instruídos pela sabedoria divina podem reconhecer os juízos divinos sublimes e impenetráveis. Por isso, não todos quantos conhecem por meio dos elementos do mundo ao Deus escondido chegam ao Deus revelado na história da libertação e da aliança (Sb 17,1ss).[32]

A teologia sapiencial se interessava fundamentalmente pela relação entre Deus e o mundo. Deus é o Criador e conservador do mundo, que o governa com sua sábia providência. O profetismo apocalíptico, por sua vez, se interessa sobretudo pela relação entre Deus e a história; o Altíssimo guia o curso da história humana e julga escatologicamente os povos e os indivíduos. A meditação apocalíptica sobre o fim dos tempos parte de uma referência histórica concreta: alude-se ao reinado de Ciro, à Pérsia de Dario e ao domínio de Alexandre, às lutas sucessivas entre Ptolomeus e Selêucidas, até chegar aos reinados de Antíoco III e de Antíoco IV (Dn 10,1; 12,2ss.10ss). Acontecerá então, o tempo final, a consumação da história, o juízo de impiedade e a retribuição da injustiça (Dn 11,40; 12,1ss). Para a apocalíptica, a história está predefinida e predeterminada, segundo a ordem e sucessão dos acontecimentos escritos no livro da vida (Dn 10,21). O vidente, ao contemplar o conjunto do livro das verdades, compreende o esquema da história. A história, pois, está determinada; o homem não pode mudá-la, pode somente compreendê-la, situando o momento temporal no processo de realização do desígnio divino.[33]

---

[32] *Ibid.*, 205ss.
[33] M. DELCOR. "Le Dieu des Apocalypticiens", in *La notion biblique de Dieu*, 211ss.

Do desígnio divino haviam falado já os grandes profetas (Is 14,24ss); porém os apocalípticos supõem um imutável decreto divino, que predetermina a história sem causar frustrações. Dado que o Senhor é o Deus da história e de seus diversos momentos, o vidente pode calcular os diversos períodos, descrever os sucessivos impérios e saber antecipadamente os tempos do destino (Dn 2,21; 7,2ss; 9,2). A história se torna uma unidade significativa, derivada da mesma unidade divina. Porque Deus é uno, a história é uma. A teologia apocalíptica da história seria impensável sem o monoteísmo teorético dos grandes profetas.[34]

A absoluta singularidade divina é confessada sob o título de "Deus dos deuses", que poderia significar Senhor dos anjos (Dn 2,47; 3,90; 11,36). A transcendência divina se expressa sob o símbolo da morada de fogo e da luz inacessível, onde Deus reina, presidindo seu conselho de anjos (Jó 1,6; Sl 82,1). Por meio de seus anjos, Deus pode acolher as súplicas dos mortais (Zc 1,11ss; Jó 33,23), ou guiar o destino das nações (Dn 10,13; 12,1). Deus distribuiu o governo das nações entre seus anjos (Dt 4,19; Eclo 17,17). Porém, as nações e indivíduos serão todos julgados pelo Deus justo, que fará justiça a seus santos; pois na era escatológica Deus restabelecerá o direito contra toda opressão e a santidade contra toda impureza (Dn 7,22; 8,13ss). Têm sido já pré-fixadas 70 semanas de anos, para que chegue a hora de cancelar a iniquidade e a prevaricação, da cidade santa e da história do povo, instaurando finalmente a justiça eterna do tempo messiânico (Dn 9,24ss).[35]

O teísmo cristão

Depois de ter considerado o horizonte religioso da esperança bíblica no Deus dos pais e da aliança, do mundo e da história, pelo testemunho crente do henoteísmo arcaico e do monoteísmo explícito, deverá ser

---

[34] *Ibid*, 217ss.
[35] *Ibid*, 224ss.

considerada a experiência religiosa do cristianismo primitivo, analisando a mensagem de Jesus e a da comunidade primitiva em suas diversas formas de explicitação literária e de proclamação teológica.

1. Do Evangelho ao *kerygma*

Os grandes profetas haviam prometido uma nova aliança de graça e misericórdia (Jr 31,31). O anúncio do reino de Deus como presente feito por Jesus significava que havia começado o tempo do cumprimento da esperança escatológica, prometida nas tradições proféticas. Jesus apareceu, pois, como profeta do reino e como mestre da justiça. Por sua vez, foi anunciado como servo do Senhor e como rei messiânico (Lc 1,30ss). Na teologia neotestamentária, a proclamação do Evangelho do reino por Jesus possuía uma incisão superior à meditação religiosa de um sábio escriba ou a visão histórica de um profeta apocalíptico. A salvação definitiva era anunciada como iminente. Porém o intérprete autêntico da revelação escatológica era a um tempo mediador da mesma salvação anunciada e da nova aliança prometida (Hb 7,20). Jesus era ao mesmo tempo mensageiro e mensagem, rei e reino, salvador e salvação. Isso explica o íntimo vínculo nas tradições neotestamentárias entre teocentrismo e cristocentrismo ou entre Evangelho que Jesus anuncia e *kerygma* em que é anunciado como Cristo.[36]

O Deus do reino próximo, anunciado por Jesus, é *o mesmo Deus* dos pais e da aliança (Mc 12,26). Pois é o mesmo Deus da esperança do teísmo veterotestamentário. O israelita crente, segundo Jesus, deverá confessar sua esperança exclusiva no único Deus, professar a solidariedade fraterna, e assim não estará distante do reino que se aproxima (Mc 12,34; Dt 6,4; Lv 19,18). Desse reino, Jesus mesmo é palavra e presença,

---

[36] Cf. J. BONSIRVEN. *Les enseignements de Jésus Christ* (Paris, 1946).

comunicação e realidade (Mc 1,27). Na palavra profética e taumatúrgica de Jesus se faz presente a potência salvífica do reino (Lc 24,19). Em Jesus, através de sua mediação de revelação e salvação, é possível encontrar o Deus da vida (Jo 10,41; 14,6).[37]

Desde um ponto de vista teorético, a mensagem religiosa de Jesus, ao anunciar a Deus como Pai, manifesta simultaneamente uma singular consciência de sua relação filial, feita de confiança ilimitada na bondade e potência salvífica de Deus, encontrando sua expressão privilegiada no aramaísmo *Abba*, próprio da linguagem coloquial do filho pequeno com relação a seu pai. A relação intimamente filial de Jesus se expressa particularmente em sua oração de súplica (Mc 14,34.36). Obra do Espírito Santo, que sobre Jesus repousava (Mc 3,16ss), esse comportamento de súplica filial será paradigmático para o crente. Na realidade, só Deus é Pai. Deve considerar-se abusivo o uso dessa designação com relação ao próprio mestre espiritual (Mt 11,25ss; 23,8ss). A Deus como Pai se dirige a súplica de Jesus na cruz (Lc 23,34), e sua oração sacerdotal (Jo 17,5). A reverência ao nome divino se dirige a suprema realidade transcendente, sem necessidade de servir-se de artifícios linguísticos para designar Deus (Mt 5,34ss; 23,22). Ainda sendo a potência criadora e conservadora do universo (Mt 6,25ss), a realidade divina se manifesta como próxima, plena de bondade e misericórdia (Lc 15,11ss). Na potência salvífica divina deve confiar todo crente (Rm 4,20ss). Essa potência se manifestou singularmente em Jesus (Jo 10,29ss). E a consciência filial ensinada por Jesus deve manifestar-se sobretudo na experiência religiosa da oração (Mt 6,6.9). Nela se interioriza a experiência da salvação e se expressa a esperança cristã. O Espírito Santo continua a sugeri-la ao crente (Rm 8,15).[38]

---

[37] K. RAHNER. "Theos im Neuen Testament": Bijdragen 11 (1950), 212-236; 12 (1951) 24-52; J. GILBERT. "La revelation de Dieu dans le Nouveau Testament", in *La notion biblique de Dieu*, 233ss.

[38] J. JEREMIAS. *Abba*, 15ss, cf. 33ss.

A partir de um ponto de vista prático, a mensagem religiosa de Jesus anuncia a *Deus como Senhor* único e exclusivo. Não é possível servir a dois senhores; o discípulo deverá decidir-se (Mt 6,24). A linguagem cristã manifesta também a relevância do empenho pessoal do discípulo no seguimento de Jesus (Mc 8,34ss). O discípulo deve resistir tanto aos impulsos do egoísmo como à tentação mundana da dispersão e ambiguidade, buscando somente a realização da vontade divina (Mt 6,10). Como profeta ou como exorcista, como mestre ou como taumaturgo, a ação de Jesus se orienta a lutar contra o reino do mal, combatendo o domínio satânico sobre o mundo alheio de Deus (Mc 1,14ss; Lc 10,18; 11,20). De modo especial, na hora da tentação, deve mostrar-se empenhado em buscar incondicionalmente o reino de Deus (Lc 4,1ss). A fé do discípulo, enquanto opção fundamental, provoca a ruptura e oposição dos não crentes (Mt 10,17ss). Particularmente importante é a atitude do discípulo diante da riqueza: deverá superar a tentação da avareza, confiando na providência divina (Lc 12,13ss.2ss). O empenho do crente deverá manifestar-se mais nitidamente no seguimento de Jesus: um seguimento incondicionado e de absoluta renúncia (Lc 9,57ss; 14,25ss). Por isso, nem todos os discípulos conseguem fazer parte do rebanho de Cristo, mas somente aqueles a quem o Pai se compraz em dar o reino (Lc 12,31ss).[39]

A comunidade primitiva fundamentava concretamente sua esperança em um teologia da ressurreição, legitimação da missão e ministério de Jesus, de sua palavra e de sua paixão (At 2,22ss). A comunidade tem a garantia da própria missão na potência do Senhor Jesus ressuscitado (Mt 28,18ss). A comunidade crê no Deus da ressurreição (Mc 16,26ss). A comunidade está cheia de confiança no Deus onipotente, Pai de Jesus (2Cor 1,3; Ef 1,3), sentindo-se agraciada com a nova justiça da fé (Rm 3,21ss). Tal é o gozoso *kerygma* da comunidade (At 2,32ss), a qual res-

---

[39] Cf. M. DIBELIUS. *Jesus* (Berlin, 1960), 52ss, cf. 85ss; R. BULTMANN. *Jesus* (Tübingen, 1964), 114ss, cf. 52ss; G. BORNKMAMM. *Jesus von Nazareth* (Stuttgart, 1963), 58ss, cf. 88ss.

ponde a profissão de uma fé sentida intimamente e manifestada firmemente (Rm 10,9ss).[40]

Igualmente a potência salvífica divina vencerá escatologicamente todos os inimigos do reino, até ser submetida toda realidade ao principado do Filho e, através de seu domínio, à monarquia do Pai, que assim será tudo em todas as coias (1Cor 15,28). Porém, esse *panteísmo escatológico* não anula a transcendência divina, nem a personalidade divina, ainda que sublinhe a presença da atividade divina, na ordem da criação e da providência, e ainda que acentue a imanência histórica da graça, na ordem da salvação e predestinação (1Cor 12,6; Rm 11,36). O Deus escondido, Criador bondoso do mundo e Senhor providente da vida humana, se manifesta como o Deus revelado nos prodígios da história da salvação e como o juiz escatológico da história universal (At 17,42ss).[41]

A comunidade primitiva gozava de uma singular consciência da *eleição divina*, como resto fiel e verdadeiro Israel. Tanto mais que Jesus nunca se referiu à nação hebreia com a designação de povo de Deus. O verdadeiro Israel da fé está constituído pelo rebanho escatológico dos crentes (Jo 10,4ss). A verdadeira videira de Deus é Jesus e os crentes unidos a Ele (Jo 15,1ss). Fora do rebanho de Cristo existe somente apostasia e infidelidade, mentira e ódio (Jo 8,31ss). A comunidade tem consciência de sua obediência a Cristo, como mediador definitivo da revelação e da salvação (Jo 14,6), e de sua absoluta disponibilidade com respeito ao Pai (1Jo 3,1ss). Em Jesus, seu Filho unigênito, o Pai revelou e comunicou o dom de seu amor ilimitado (Jo 3,16).[42]

---

[40] E. SCHWEITZER. *Jesus Christus im vielfältigen Zeugnis des Neuen Testaments* (München & Hamburg, 1968), 55ss, cf. 93ss.

[41] E. SCHWEITZER. "Pour que dieu soit tout em tous" (ICor XV, 28), in *La notion biblique de Dieu*, 275ss.

[42] M. SINOIR. "Le mystére de l'amour divin dans la théologie johannique": Esprit et Vie 82 (1972), 465ss.

2. *Kerygma* e história

O problema do reto conhecimento de Deus, na *teologia paulina*, evoca numerosos motivos da meditação sapiencial, como o tema do desconhecimento divino entre gentios e apóstatas, constatável nas práticas idolátricas ou no comportamento injusto (Sb 13,1ss.10ss). Paulo proclama o Evangelho como potência salvífica divina sobre os que creem, e como revelação da justiça divina, tanto sobre os gentios, como sobre os hebreus (Rm 1,18ss; 2,1ss). O Evangelho é, ao mesmo tempo, potência de salvação e revelação da ira divina. A palavra divina julga a gentilidade por seus vícios e, particularmente, por sua idolatria, objeto da reprovação divina. Com efeito, a injustiça humana aprisiona a verdade divina: quando de Deus pode ser conhecido, por meio das criaturas se revela aos homens, porém estes não querem reconhecê-lo. A potência divina não é reconhecida, nem adorada. O homem criador se torna inescusável diante de seu Criador (Rm 1,16-20). De novo os homens se manifestaram como ignorantes: ao invés de agradecer e glorificar a Deus, deixaram que as trevas penetrassem em seu íntimo e seguiram seus pensamentos tortuosos. De novo a necessidade humana se manifestou na idolatria e na impiedade (Rm 1,21ss). Tampouco os judeus estão no caminho de salvação, já que não cumprem os preceitos da lei divina. Nem é possível pensar que os gentios estão em situação inferior aos israelitas por carecer da lei mosaica, já que possuem uma lei divina inscrita no coração e testemunhada pela consciência moral (Rm 2,1ss.14ss). Assim, pois, o Deus desconhecido pode ser reconhecido por uma *revelação natural*, a partir da objetividade do mundo exterior, entendido como criação, e a partir da subjetividade do mundo interior, entendido como consciência ética.[43]

---

[43] H. SCHLIER. "Die Erkenntnis Gottes nach der Briefen des Apostels Paulus", in *Besinnung auf das Neue Testament* (Freiburg, 1964), 319ss.

Porém, a teologia paulina acentua também a função mediadora do caminho de Jesus, para o conhecimento divino. O Evangelho da graça e a palavra da cruz nos dão o verdadeiro conhecimento divino, que os judeus julgam blasfêmia e os gentios loucura (1Cor 1,17ss). A recepção fiel do *kerygma* da cruz e ressurreição de Cristo, em quem resplandece a glória da imagem divina, dá ao crente a verdadeira gnose (2Cor 4,1ss). Subordinada ao Evangelho, aparece na comunidade eclesial uma sabedoria desigual, superior à lógica mundana: uma sabedoria divina misteriosa, que somente os espirituais conhecem. Essa sabedoria é obra do Espírito divino e leva ao reconhecimento do Cristo crucificado como *Kyrios* glorioso (1Cor 2,14ss). O verdadeiro conhecimento divino possui relação com a fé e com a caridade, não com a observância da velha lei (Gl 4,8ss). Na nova aliança, o conhecimento divino coincide com o amor de Deus; toda sabedoria sem caridade é falsa (1Cor 8,3; 13,2). A caridade deve constantemente crescer no conhecimento discreto da via divina revelada em Cristo (Fl 1,9ss). Toda palavra de predicação deve ter seu princípio na fé (2Cor 4,13). Contudo, o conhecimento do crente nesta vida é parcial e enigmático (1Cor 13,12), fundado na fé e não na visão (2Cor 5,7). Somente a iluminação da sabedoria divina pode guiar o justo à plena revelação do mistério da salvação em Cristo (Ef 1,7ss). Na comunidade eclesial se dá esse conhecimento do amor de Deus revelado em Cristo, que supera toda sabedoria humana (Ef 3,18).[44]

Segundo a teologia paulina, o anúncio de Jesus Cristo, morto por nossos pecados e ressuscitado por nossa salvação, revela a via paradoxal da *justiça divina*, que justifica o pecador fazendo-lhe viver pela fé (Rm 3,21ss). O Senhor se revela assim como Deus justo e justificante de todos aqueles que antes eram objeto da ira divina, judeus e gentios (Rm 3,26). A um estado de injustiça e reprovação segue um novo estado

---

[44] R. PENNA. "La dunamis theou": RBlt 15 (1967), 281ss.

de reconciliação e justificação (Rm 3,30; 4,25). O Evangelho é fundamentalmente a proclamação do amor de Deus revelado na cruz de Cristo, loucura e escândalo para a lógica dos sábios deste mundo (Rm 5,8; 1Cor 1,26ss). Os eleitos são amados por Deus e recebem como dom precioso o Espírito Santo, que os faz realmente filhos adotivos de Deus (Rm 1,7; 8,14ss). Esse é o plano divino sobre os eleitos, ainda que o comportamento divino se revele como incompreensível, em seu juízo de reprovação sobre Israel e em sua preferência pela gentilidade (Rm 8,31ss; 9,30ss). Deus salva pela fé, porém a chave de inteligência do mistério salvífico é a afirmação da realidade e incompreensibilidade da misericórdia (Rm 10,11s; 11,25ss.33ss).[45]

Que a comunidade primitiva sentia a necessidade de permanecer ligada à realidade histórica é possível constatar tanto ao nível do conteúdo da mensagem, quanto ao nível da forma literária desse conteúdo. Com efeito, a comunidade não proclama um anúncio abstrato de um Cristo celeste ou de um Deus exclusivamente transcendente, mas um evento concreto de salvação divina na história de Jesus, de significado universal. Literariamente, a teologia do anúncio sente o imperativo do retorno ao histórico, passando do *kerygma* paulino ao Evangelho marquino, isto é, da palavra em que Jesus é anunciado, como Cristo e Salvador, à palavra que Jesus proclamou, nas vicissitudes de seu ministério, e ao evento que se realizou na parábola divina de sua humilhação e de sua exaltação.[46]

Entre as palavras de Jesus, possui uma especial relevância o *logion* de revelação, comum às tradições mateana e lucana (Mt 11,25ss; Lc 10,21ss). Esse arcaico hino de júbilo e ação de graças, posto na boca de

---

[45] J. COPPENS. "Dieu Le Pére dans la théologie paulinienne", in *La notion biblique de Dieu*, 331ss; cf. K. ROMANIUK. *L'amour du Pére et du Fils dans la sotériologie de Saint Paul* (Roma, 1974).

[46] E. SCHWEITZER. *Jesus Christus*, 68ss, cf. 128ss.

Jesus, sublinha singularmente sua relação com o Pai e a reciprocidade perfeita existente entre ambos, manifestando a singular dignidade do mediador. Esse hino, que bem pudera remontar-se ao mesmo Jesus, é particularmente significativo para o tema do *conhecimento de Deus*, na teologia dos sinóticos. Em sua primeira estrofe, o hino recolhe a louvação de Jesus, em sua ação de graças ao Pai, pela revelação do mistério divino aos humildes, isto é, aos discípulos. Não são os sábios, nem os doutores da lei, os que conhecem realmente a Deus. O reto conhecimento de Deus depende do beneplácito divino e da ação reveladora de Jesus e do Pai. Os destinatários da revelação divina são os discípulos, por isso conhecem os mistérios do Reino (Mt 11,25ss; 13,11). Em sua segunda estrofe, o hino exalta a potestade messiânica de Jesus, bem como sua mediação de revelação da vontade divina, dada em sua profunda intimidade com o Pai: o Pai revela o Filho ao crente e o Filho revela o Pai, em um círculo imanente de comunhão e comunicação entre ambos (Mt 11,27). Em sua terceira estrofe, o hino exalta o seguimento humildade do discípulo, que toma sobre si o julgo de Cristo, muito mais leve que o julgo da lei, na interpretação de escribas e fariseus (Mt 11,28ss). Assim sendo, a práxis do seguimento ajuda a teoria do verdadeiro conhecimento divino.[47]

A ideia do conhecimento divino, em Jesus, segundo a tradição sinótica, não tem nada de teoria abstrata, como se a afirmação da realidade pudesse deixar indiferente quem a proclama. Também nessa perspectiva, a posição de Jesus coincide com toda a tradição bíblica precedente. Uma afirmação teorética de Deus é impensável sem sua aceitação prática. A relevância cristã da *práxis*, com relação ao conhecimento divino, é sublinhada na tradição sinótica. A parábola mateana do juízo final sublinha o significado da práxis de uma fraternidade consequente, para

---

[47] S. LÉGASSE. "Le logion sur Le Fils révélateur", in *La notion biblique de Dieu*, 331ss.

obter a absolvição diante do tribunal escatológico (Mt 25, 31ss). A parábola lucana do bom samaritano acentua o significado da práxis de uma caridade consequente com o próximo necessitado (Lc 10,30ss). O reino divino, anunciado por Jesus, é Deus mesmo, em sua santidade e presença, em sua justiça e misericórdia. Sobre o mundo condicionado pela finitude e a alienação, dominado pelo mal e pela iniquidade, se anuncia o reinado da soberania divina, presente no ministério escatológico de Jesus, profeta do beneplácito divino e mestre da nova lei, taumaturgo da vida e exorcista do mal (Mt 12,28; Mc 1,14ss). Jesus ensina a perfeição da nova observância e os mistérios do desígnio divino (Mt 5,17; 13,11). A nova práxis deve imitar a perfeição divina, particularmente a misericórdia divina, que deverá traduzir-se em bondade fraterna, inclusive em relação aos próprios inimigos (Mt 5,44ss; Lc 6,27ss.35ss). Deus se revela na palavra de Jesus como rei majestoso e severo, que se compadece do vassalo insolvente e perdoa dívidas enormes, porém exige de seus servos uma práxis semelhante nas relações inter-humanas (Mt 18,23ss).[48]

A práxis de Jesus com relação aos desprezados pecadores assume o caráter sacramental de gesto simbólico da misericórdia divina pela realidade perdida. Jesus confirma seu gesto de absolvição do pecado com as parábolas da dracma, da ovelha perdida e do pai misericordioso (Lc 15,1ss.11ss). Essa *linguagem de misericórdia* encontrará sua tradução na práxis fraterna da comunidade primitiva (At 2,42). A contrapartida dessa fraternidade se encontra na ambição de riquezas injustas, fonte de divisão e egoísmo (Lc 6,24ss). A palavra de Jesus sobre a graça divina se confirma com seu ministério de taumaturgo e exorcista, manifestação do poder vitorioso do Reino e antecipação simbólica da mesma salvação escatológica (Lc 7,22; 11,20). A salvação anunciada

---

[48] P. SCHRUERS. "La Paternité divine dans Mt 5,45 et 6, 26-32": EThL 36 (1960), 593ss.

deve ser compreendida como convite escatológico ao banquete definitivo do reino messiânico (Lc 14,15ss).[49]

A mediação reveladora da palavra de Jesus é sublinhada na *teologia joanina*. Para o verdadeiro conhecimento divino é fundamental a ação reveladora de Jesus, Filho predileto do Pai e pastor do rebanho dos crentes. Quem escuta sua voz, encontra o Pai. Jesus é o caminho, a verdade e a vida (Jo 10,14ss; 14,6ss). A presença do Cristo na comunidade dos discípulos está garantida pelo Espírito consolador, doutor da Igreja e acusador da Sinagoga (Jo 14,16ss; 16,7ss). O Espírito ensinará a se aprofundar na verdade da mensagem de Jesus, interiorizando-a e conduzindo os discípulos até a verdade completa (Jo 16,13.25). Porém, o conhecimento divino não é objeto de pura reflexão teórica ou de mera luz intelectual, se requer também a práxis da caridade fraterna (Jo 13,34ss). Com efeito, conhecer a Deus é guardar seus mandamentos, particularmente o mandato do amor fraterno. Quem não pratica a caridade fraterna não pode dizer que ama a Deus, nem que o conhece (1Jo 2,4ss; 4,7ss). Esse amor deve ser nossa resposta ao amor primordial manifestado pelo Pai, ao dar-nos seu Filho predileto como nosso Redentor. Com efeito, o dom do unigênito revela o amor divino e sua vontade salvífica (1Jo 4,9ss; Jo 3,16ss).[50]

O centro da contemplação joanina se encontra na visão do *amor de Deus*, revelado na cruz e na exaltação do Filho (Jo 4,14ss). Essa realidade deve traduzir-se em uma total superação do ódio e em uma incondicionada adesão ao amor prático dentro da comunidade (1Jo 3,14ss). A opção de fé provoca uma decisão existencial e, consequentemente, uma distinção fundamental entre o crente e o apóstata ou infiel. O crente já tem sido julgado; a crise divina se antecipa na fé. Pela fé, o crente passa do ódio ao amor, da

---

[49] H.W. MONTEFIORE. "God as Father in the Syniptic Gospel": NTS 3 (1956/57), 31ss.
[50] J. GIBLET. "Jésus et Le 'Pére' dans le 4º évangile", in *L'Évangile de Jean* (Bruges, 1958), 111ss; cf. C. TRAETS. *Voir Jésus et le Pére en Lui selon l'Évangile de Jean* (Roma, 1967).

mentira à verdade, da morte à vida, das trevas à luz (Jo 3,18ss; 5,24). Assim sendo, também na teologia joanina, a afirmação teorética de Deus tem um forte componente prático: o conhecimento de Deus se identifica com o comportamento cristão, que deve estar inspirado na verdade, porque Deus é luz, e na caridade, porque Deus é amor (1Jo 1,5; 4,8). O crente deve deixar-se guiar pelo Espírito divino, porque é Espírito (Jo 4,24). O fruto máximo do conhecimento divino e da revelação de Jesus o constitui a recepção do amor divino, cuja origem se encontra na mútua unidade e comunhão do Pai com o Filho (Jo 17,25ss). Pela fé, se realiza a comunhão do discípulo com o Pai e com Filho (1Jo 1,3). Desse amor divino, deverá provir o testemunho de fé que a comunidade dos discípulos está chamada a dar, assistida pelo magistério interior do Espírito de verdade (Jo 15,26ss; 16, 13ss).[51]

Para a *apocalíptica cristã*, a ação divina no mundo e na história revelará seu sentido principalmente na consumação escatológica do tempo, com a parusia do Cristo e do juízo final (Ap 20,12; 22,20). Será então o advento divino do Senhor eterno: a história concluirá com uma renovação poderosa (Ap 1,7ss; 21,5). Deus santo e eterno reina majestosamente desde seu trono de glória, como regente último e juiz definitivo da história (Ap 4,3-11). Deus possui uma visão onisciente da vida humana e um dia realizará o juízo definitivo sobre a iniquidade (Ap 5,1; 6,10). O poder divino onipotente não vacila diante das oscilações da história, conduzindo-a até a doação da verdadeira vida (Ap 21,3-6).[52]

Dialética da revelação

Depois de ter considerado a evolução diacrônica da linguagem sobre Deus na revelação vétero e neotestamentária, deverá ser consi-

---

[51] H. SCHILER. "Glauben, Erkennen, Lieben nach dem Johannesevangelium", in *Besinnung auf das Neue Testament*, 279ss; S. CIPRIANI. "Dioe é amore" SC 94 (1966), 214ss.
[52] A. VÖGTLE. "Der Gott der Apocalypse", in *La notion biblique de Dieu*, 377ss.

derada sua estrutura dialética fundamental, descobrindo sua característica polaridade semântica, de modo a explicitar a lógica subjacente ao teísmo bíblico.

1. O Deus revelado

O Deus revelado, no henoteísmo arcaico ou no monoteísmo profético, na meditação sapiencial ou na visão apocalíptica, na parábola de Jesus ou no *kerygma* da comunidade, se manifesta por meio do mundo como criação ou através da história como aliança. Porém, ao revelar-se permanece escondido e ao ser conhecido é afirmado como incompreensível. A linguagem religiosa do teísmo bíblico pretende expressar uma situação religiosa fundamentalmente inefável. O sublime da experiência numinosa, à luz da revelação bíblica, adquire quatro formas fundamentais. Primeiramente, se afirma indiscutivelmente a possibilidade de uma reflexão ôntico-cósmica, como discussão do problema do fundamento do ser do mundo, tomando como ponto de partida o cosmos criador em sua beleza e potência, para deduzir a realidade de seu Autor, proporcionado a sua obra. A não realização lógica dessa inferência ôntica, entre realidade e fundamento, se atribui à necessidade culpável do homem (Sb 13,1ss; Sl 14,1ss). Em segundo lugar, se afirma um momento ético-subjetivo na experiência religiosa, precisamente na experiência do sentimento de culpa ou na consciência interior da transgressão moral diante da santidade divina (Sl 51,3ss). Em terceiro lugar, nunca se realçará bastante a experiência religiosa básica do êxodo e da aliança, precedida e iluminada da teofania do nome (ÊX 3,11ss). Nela, Deus se revela não apenas como realidade última, mas sobretudo como presença dinâmica e salvífica na história da comunidade. Deus aparece assim como salvador, libertador e aliado. Em quarto lugar, deve ressaltar-se o momento paradoxal dessa experiência religiosa. Dado que a história traz consigo ambiguidade no presente e obscuridade diante do futuro, a fé não deixará de conhecer o momento dramático do eclipse do divino e do silêncio da voz da transcendência. No momento do ocultamento religioso do divino, a fé deverá professar sua esperança paradoxal na salvação do Deus único e misterioso, revelado e escondido (Is 45,14ss.18ss).[53]

Também a experiência religiosa do cristianismo primitivo manifesta momentos análogos na experiência do divino, embora iluminada pelo esplendor misterioso da cruz do humilhado e da glória do ressuscitado. Assim, primeiramente, de modo semelhante à reflexão sapiencial, se polemiza com a necessidade do ímpio e se afirma novamente a possibilidade e necessidade de uma interrogação religiosa sobre a realidade última, como fundante de toda realidade criada. Trata-se novamente do momento ôntico-cósmico na experiência religiosa do divino, vivida como afirmação do Criador em sua potência incondicionada (Rm 1,18ss). Em segundo lugar, se afirma também o momento ético-subjetivo da experiência religiosa, vivida como consciência da norma e sentimento da culpa, porém também como exigência de conversão e imperativo moral incondicionado (Rm 2,12ss). Em terceiro lugar, o momento histórico-salvífico da experiência religiosa bíblica parece resolver-se concentrando-se no momento cristológico, como acontecimento e palavra, como cruz e exaltação. Com efeito, a história da revelação culmina no ministério profético de Jesus (Hb 1,1ss). Ele é o revelador definitivo, enquanto palavra eterna do Pai (Jo 1,14.18). Pelo ministério de Jesus, se revela aos humildes o mistério salvífico de Deus Pai (Mt 11,25ss). Porém o anúncio salvífico deve ser interiorizado na fé, superando o escândalo e o paradoxo da cruz, onde a sabedoria divina se esconde e se revela (1Cor 1,17ss). Em quarto lugar, o momen-

---

[53] F. SCHNUTENHAUS. "Das Kommen und Erscheinen Gottes im Alten Testament" ZAW 21 (1965), 1ss; F. GABORIAU. "La connaissance de Dieu dans l'"Ancient Testament": Angelicum 45 (1968), 145ss.

to cristológico leva consigo uma tensão fortemente paradoxal, já que, por um lado, Deus se revela no Filho, enquanto imagem e unigênito (Cl 1,1.15), herdeiro divino universal (Hb 1,2), palavra eterna pré-existente (Jo 1,1ss). Porém, de outro lado, pode-se dizer também que Deus se esconde e se oculta na humilhação do crucificado (Fl 2,7ss). A humildade da morte ignominiosa resulta escândalo e loucura (1Cor 1,23). Somente o Espírito divino pode vir em ajuda à fragilidade de nossa carne (Rm 8,26ss).[54]

2. O Deus escondido

O homem religioso pode encontrar Deus através de sua revelação no espaço cósmico ou no tempo histórico, como Criador e Salvador. O homem pode viver a experiência religiosa por meio da exterioridade do mundo ou na interioridade da consciência moral, assim como na vivência histórica comunitária da libertação e solidariedade. Porém, esse encontro religioso não revela totalmente o último mistério divino, nem no plano ontológico, nem no plano dinâmico. O Deus revelado, que se afirma na profissão de fé, permanece um Deus escondido, incompreensível e inefável, em seu ser e em sua ação salvífica, providente e predestinante. Essa tensão dialética fundamental entre revelação e mistério determina o caráter fascinante e tremendo da experiência *numinosa*. A experiência teofânica se resolve em uma epifania velada do mistério, conforme é possível constatar na história dos patriarcas (Gn 18,1ss; 28,12ss), de Moisés (ÊX 33,9ss; 34,5ss) ou dos profetas (Is 6,3; 1Rs 22,19). Essa tensão entre conhecimento e incompreensibilidade

---

[54] H. P. OWEN. "The Scope of Natural Revelation in ROM I and Acts XVII", NTS 5 (1958/59), 133ss; L. CERFAUX. "La pensée paulienne sur le role de l'intelligence dans la revelation", in *Receuil* III (Gembloux, 1962), 351ss; G. BORNKAMM. "Glaube und Vernunft bei Paulus", in *Studien zur Antik und Christentum* (München, 1963), 119ss, cf. 124ss.

explica também a dificuldade da fé, e a constante tentação da apostasia ou da infidelidade (Sl 53,2).[55]

Também para a teologia neotestamentária Deus continua sendo revelado e escondido. O cristão caminha à luz da fé, não da visão (2Cor 5,7). Deus é objeto da afirmação fundamental da criatura (Rn 1,18ss) ainda que muitos o desconheçam na prática, ao não cumprir sua lei (2Ts 1,8). Nada pode compreender a Deus, que habita em luz inacessível (1Tm 6,16). A diferença fundamental do cristão e do gentio consiste no passo do desconhecimento divino à sincera afirmação de Deus, convertendo-se dos ídolos ao Deus vivo e verdadeiro, servindo-o no cumprimento de sua vontade (Gl 4,8ss; 1Ts 1,9). A predicação da mensagem salvífica cristã está precedida da recordação da afirmação teológica do teísmo bíblico, transcendente e pessoal, proclamando a realidade divina de Deus onipotente (At 14,15ss). Em todos os homens existe o problema religioso. Por isso, todos buscam ao Deus desconhecido, que coincide com o Criador do mundo e dos homens (At 17,23ss). O imperativo religioso universal, que leva o homem a buscar incondicionalmente a Deus, o prepara para escutar o escandaloso anúncio da salvação escatológica (At 17,27.31). Também para o cristão subsiste a dificuldade do conhecimento divino. Nesta vida, o conhecimento de Deus só é parcial e obscuro, mas o conhecimento escatológico da visão será pleno e claro (1Cor 13,8ss). Porém o cristão deverá procurar unir à afirmação teorética da realidade divina, a afirmação prática da vontade divina, cumprindo os preceitos divinos da lei (2Cor 5,6ss). Por essa pureza de coração, o justo verá a Deus (Mt 5,8). Na consumação escatológica, a visão divina será intuitiva e plena (1jo 3,2); reservada a seus servos fiéis (Ap 22,4). Essa visão intuitiva supera

---

[55] R. DE VAUX. "Présence et absence de Dieu dans l'histoire d'après l'Ancient Testament": Concilium (1969), n. 50, 13ss; L. PERLITT. "Die Verborgenheit Gottes", in *probleme biblischer theologie* (1971), 367ss.

a potência da criatura, para quem Deus é inacessível e invisível (Rm 1,20; 1Tm 6,16; Jo 1,18). Somente o Filho o conhece verdadeiramente (Lc 10,22). Somente o Espírito divino penetra verdadeiramente a realidade divina (1Cor 2,10ss). A potência salvífica divina é admirável e sua vontade salvífica é insondável (Is 40,13; Jr 32,18ss; Rm 11,33).[56]

Conclusão

Chegados ao final do presente estudo sobre a evolução diacrônica da linguagem do teísmo bíblico e sua polaridade dialética fundamental, seja-nos permitido recapitular o itinerário recorrido, formulando algumas considerações conclusivas sobre o problema em questão.

1. Durante o período *henoteísta*, se constata a polaridade dialética fundamental, entre um Deus misterioso, universal e benévolo, Senhor da natureza e do mundo, e um Deus revelado aos Patriarcas, Senhor do tempo histórico, que protege a seus adoradores, Abraão, Isaac e Jacó. Essa polaridade resultou-se em uma identificação entre o Deus escondido do mundo e o Senhor revelado na história. Sucessivamente, a teologia do êxodo e da aliança, própria do javismo mosaico, proclama uma *monolatria* de fidelidade ética e de libertação histórica. Na origem da experiência histórica de libertação da escravidão, se encontra a fé religiosa do javismo. Esse vínculo íntimo entre transcendência religiosa e imanência salvífica, típica do teísmo bíblico, implica uma concepção pessoal do sagrado e implica também uma teologia da esperança e do futuro, isto é, uma filosofia teônoma da história. A teologia da aliança do javismo mosaico impede opor falsamente religião cúltica e religião

---

[56] N. B. STONEHOUSE. "The Areopagus Address", in *Paul before the Areopagus and Other New Testament Studies* (London, 1957), 1ss; L. LEGRAND. "The Aeropagus Speech: Its theological kerygma and its missionary Significance", in *La notion biblique de Dieu*, 347-348, n. 30; V. GATTI. *Il discorso di Paolo ad Atene* (Brescia, 1982), 169ss.

ética. O javismo expressa a validade religiosa da questão moral e sublinha o momento pessoal do encontro com Deus, revelado como Deus de confiança e misterioso como Deus de temor.

2. Os profetas transmitem o oráculo divino e recordam a norma divina. Como expressão da consciência ética e do sentimento da diferença, os profetas proclamam o advento do juízo divino sobre a iniquidade humana. Porém, a eventual punição divina não adquire nunca uma validade demoníaca, mas está condicionada pela vontade da santidade e da justiça divinas de destruir o mal. A dialética dos profetas tende a contrapor o momento ideal da relação religiosa, vista como "aliança", a um momento real de contradição moral, vista como "apostasia". Porém a polêmica profética não conclui nesse momento negativo, mas convida a uma conversão ou retorno à dimensão do incondicionado, possibilitado pelo paradoxo da "fidelidade" divina. Com os profetas, a linguagem religiosa se explica como *monoteísmo* teorético. O profeta usa a arma da ironia contra toda tentação politeísta. O Deus de Israel se identifica como Senhor único e universal, Criador transcendente e senhor incomparável do futuro, Deus justo e salvador de todas as nações.

3. O monoteísmo profético é corroborado pela teologia apocalíptico-sapiencial. Para os sábios de Israel, o princípio da sabedoria é o temor divino, identificado com um conhecimento prático de Deus, em sua realidade e em sua vontade. A reflexão sapiencial não olvida a dimensão contemplativa da experiência religiosa, enquanto admiração da glória e da majestade de Deus, reveladas na natureza criada e na história salvífica. A teologia sapiencial medita também sobre o problema do silêncio de Deus, confrontando-se com a questão do mal e do sofrimento do justo. A um dado momento, o sábio se interroga radicalmente sobre o problema filosófico da possibilidade de constatar a proporção entre a beleza e a potência do mundo, como efeito criado, e a inteligência e a onipotência de seu Artífice divino, como princípio criador. O profetismo apocalíptico, por sua vez, mantém vivo o interesse pela relação entre

Deus e a história. O Altíssimo guia, sem frustração, o curso da história e julga escatologicamente indivíduos e nações. Um decreto divino imutável predetermina a história, que é una, como Deus é único. A teologia apocalíptica da história é um corolário escatológico-antropológico do monoteísmo.

4. O Deus do Reino próximo anunciado por Jesus é o mesmo Deus "dos Pais" e da "aliança". A mensagem religiosa de Jesus anuncia a Deus como *Pai*, manifestando uma singular consciência de sua relação filial, feita de confiança ilimitada na bondade divina e na potência divina, fundamento último da esperança de todo crente. O Evangelho de Jesus proclama também o Reino de Deus, como *Senhor* único e exclusivo. O discípulo deverá buscar exclusivamente o cumprimento da vontade divina e da obediência aos desígnios da providência e predestinação divinas. Segundo a tradição sinótica, sobre o mundo condicionado pela finitude e alienação, dominado pela iniquidade e pelo mal, se anuncia o advento da monarquia divina como potência salvífica, presente no ministério humildade de Jesus, profeta do beneplácito divino e mestre da nova lei, exorcista do mal e taumaturgo da vida, justo injustamente perseguido e servo da reconciliação divina. Jesus ensina a perfeição da observância divina e os mistérios do desígnio divino. A nova práxis do discípulo deverá imitar a perfeição divina, particularmente a misericórdia divina, que deverá traduzir-se em bondade fraterna, inclusive o que se refere à relação com os próprios inimigos.

5. A comunidade dos discípulos fundamenta sua esperança em uma teologia da ressurreição. Confiando no Deus da ressurreição e da vida, Pai onipotente de Jesus, a comunidade se sente agraciada com a nova justiça da fé e espera em sua própria ressurreição futura. A comunidade professa um panenteísmo escatológico: a potência divina submeterá todas as forças adversas, por meio do domínio messiânico do Filho, à *monarquia* do Pai. Segundo a teologia paulina, o Deus desconhecido poderia ser reconhecido, através da criação ou da consciência moral.

Porém os homens, inescusavelmente, não reconhecem nem adoram o seu Criador. A palavra da cruz adquire uma significado revelador: Deus Pai se revela como justo e justificante daqueles, judeus e gentios, que antes viviam na impiedade. O Evangelho é a proclamação do amor paterno de Deus, revelado na cruz de Jesus, escândalo e loucura para a lógica dos sábios deste mundo. Segundo a teologia joanina, o verdadeiro conhecimento de Deus é do Espírito, doutor da comunidade e acusador do mundo. O conhecimento divino, porém, não é fruto de pura reflexão teórica, mas também requer a práxis da caridade fraterna. Conhecer a Deus é guardar seus mandamentos, particular o mandato novo do amor. Essa deve ser a resposta básica do crente ao *amor* do Pai.

6. No teísmo bíblico, a dialética da revelação e do mistério determina o caráter fascinante e tremendo da experiência religiosa: toda experiência teofânica se resulta em uma velada *epifania do mistério*. A essa tensão religiosa fundamental corresponde a polaridade básica da linguagem do teísmo bíblico, como dialética de um Deus que se revela e se esconde. O Deus revelado, no henoteísmo arcaico ou na monolatria javista, no monoteísmo profético ou na meditação sapiencial, no Evangelho de Jesus ou na teologia da comunidade, se manifesta através do mundo como criação ou através da história como salvação. Mas ao revelar-se Deus permanece escondido, e ao ser conhecido e afirmado permanece incompreensível e inefável. O Rei dos séculos habita em uma luz inacessível. A linguagem bíblica sobre Deus expressa uma situação religiosa basicamente inefável.

5. A questão apofática

A linguagem teológica do teísmo cristão conhece desde suas origens a tensão insuperável entre revelação e mistério, cognoscibilidade e incompreensibilidade, afirmação e negação, linguagem e inefabilidade, transcendência e imanência, fé e razão. Essa tensão se concretiza exemplarmente no confronto entre a proposta apofática de uma teologia do mistério e a proposta catafática de uma teologia afirmativa sobre Deus. Porém, a tensão se torna aguda quando a profunda integração entre o Deus da filosofia e o Deus da revelação, típica da via platônico-cristã, se dissolve na subordinação da razão à fé, própria da via aristotélico-cristã. Com isso, se prepara o campo para uma oposição inconciliável entre o Deus dos filósofos e o Deus da piedade e da fé. O filósofo se limita a considerar a relação ao Deus da religião nos limites da pura razão. O crente, por sua vez, vê com suspeita o Deus da razão crítica, rechaçando o "Deus dos filósofos" em nome do "Deus de Abraão". A finalidade do presente estudo sobre a questão apofática na teologia cristã é descrever a história do problema, perfilando diacronicamente as principais posições teológicas até chegar à aporia do debate atual, no campo ecumênico, entre os diferentes ensaios de uma teologia da transcendência e os diversos intentos de uma teologia da imanência. Simultaneamente será considerado o reflexo do debate teológico nas principais declarações dogmáticas do magistério eclesiástico, com relação ao primeiro artigo de fé.[1]

A via apofática

A linguagem teológica do teísmo cristão nasce do encontro da mensagem profética da monarquia divina com o mundo da cultura grega, especialmente com a filosofia do platonismo e do estoicismo. Desse modo, surge um primeiro intento de recepção do conceito filosófico de Deus, que encontrará na via apofática da teologia patrística seu momento culminante. Por outro lado, o confronto da fé cristã com o dualismo gnóstico-maniqueu levará a uma ulterior precisão da linguagem ortodoxa, especialmente no primeiro artigo de fé, no sentido de afirmar a absoluta singularidade da monarquia divina, no contexto da tensão dialética entre o Deus Criador da aliança veterotestamentária e o Deus Salvador da aliança neotestamentária.[2]

O encontro da mensagem evangélica da revelação bíblica com a filosofia religiosa, com a ontologia e a ética do helenismo, determinou o destino da linguagem teológica da antiguidade cristã. A tradição patrística manifesta o resultado da confluência de motivos religiosos do

---

[1] R. OTTO. *Das Heilige* (Breslau, 1917); G. AULEN. *Das christliche Gottesbild in Vergangenheit und Gegenwart* (Güterloh, 1930); A. FARRER. *Finite and Infinite* (Westminster, 1943); M. BUER. *Eclipse of God* (London, 1953); R. JOLIVET. *Le Dieu des philosophes et des savants* (Paris, 1956); F. FERRÉ. *Language, Logic and God* (London, 1961); J. MACQUARRIE. *Twentieh Century Religious Thought* (London, 1963); M. MIEGGE (ed.). *Religione* (Firenze, 1965); H. ZAHRNT. *Die Sachem it Gott* (München, 1966); P. MASTERSON. *Atheism and Alienation* (Dublin, 1971); B. MONDIN. *Il problema del linguaggio teologico dalle origini ad oggi* (Brescia, 1971); W. WEISCHEDEL. *Der Gott der Philosophen* I-II (München, 1979).

[2] R. BULTMANN. *Das Urchristentum im Rahmen der antiken Religionem* (München, 1962), 152ss, 163ss.

cristianismo primitivo e da cultura grega, porém sob a forma de determinadas constantes. Primeiramente, existe uma fidelidade básica à mensagem religiosa da revelação bíblica, ademais se manifesta uma orientação decididamente antignóstica e antidualista na afirmação do primeiro artigo de fé, finalmente se produz um notável diálogo filosófico-religioso, particularmente com a ontologia platônica e com a teologia neoplatônica. A experiência religiosa cristã foi condicionada por esse encontro, especialmente em seu intento de criar uma linguagem teológica que traduzisse a experiência bíblica da revelação e da salvação em categorias aptas para serem entendidas pelo mundo cultural do helenismo. Diversas implicações teoréticas da mesma fé em Deus foram explicitadas na linguagem religiosa da tradição patrística, ainda que não se possa negar certo perigo de helenização, como consequência do processo de encontro e mescla de dois horizontes culturais tão diversos como o da práxis bíblica e o da teoria grega. Contudo, o cristianismo tinha todo interesse em demonstrar que o Deus de Abraão e de Jesus não só era o Deus de Israel, mas que devia ser considerado como o único Deus verdadeiro, Criador do mundo e Senhor universal da história.[3]

1. A tradição patrística

Ao encontrar o mundo grego, o cristianismo tinha diante de si a tarefa de demonstrar que o Deus revelado da aliança era também o Deus desconhecido e misterioso, objeto transcendente do sentimento religioso universal, coincidindo inclusive com o princípio último da realidade (*archê*), buscado na ontologia grega. E, assim, os apologetas do cristianismo pensaram encontrar com a filosofia grega da religião, particular-

---

[3] W. PANNENBERG. "Die aufnahme des philosophen Gottesbegriffs als dogmatisches Problem der frühchristlichen Theologie", in *Grundfragen systematischer Theologie* (Göttingen, 1967), 296ss, 312ss.

mente no platonismo, no estoicismo e no neoplatonismo, uma linguagem adequada para descrever o caráter extático da experiência religiosa, bem como os atributos determinantes da realidade última, enquanto única e espiritual, transcendente e divina. Igualmente, tinham todo o interesse em demonstrar a alma como realidade espiritual e transcendente à matéria, singular e imortal.[4]

Com efeito, a filosofia platônica, consciente da missão divina do filósofo, sublinhava a dignidade inigualável da alma humana, pré-existente e inteligente, espiritual e imortal. Caída na existência, a alma retorna ao universo da verdade e da essência, através da filosofia como iniciação mistérica e, definitivamente, através da morte como libertação última da prisão da matéria.[5] O pensamento platônico não só se opõe ao ateísmo como impiedade a partir de um ponto de vista prático e político, enquanto Areta teologia é o fundamento da Polis, enquanto o ateísmo significa a subversão última da ordem política, como também afirma teoricamente a realidade divina, enquanto Inteligência que governa macrocosmos e microcosmos, enquanto Artífice ordenador do cosmos a partir do caos primordial e enquanto Providência divina sobre a natureza e a história.[6] Tampouco pode infravalorar-se a relevância teológica da metafísica aristotélica em sua ontologia da realidade divina como ato puro e primeiro motor do dinamismo universal, ou em sua ontologia da contemplação e do amor, ou em sua teoria da beatitude divina, imitada na vida contemplativa do sábio.[7]

Também nas escolas filosóficas do helenismo a mensagem cristã podia encontrar numerosos motivos de interesse ou de confronto. Seja,

---

[4] MIEGGE 191ss., WEISCHEDEL I, 69ss.

[5] PLATÓN. *Apología*, 23, 30-31; *Fedro*, 246-249; *Fedon*, 66-68. 78-80, 96.

[6] *Critón*, 54; *Politeia*, III, 378-380; *Filebo*, 28-30; *Timeo*, 29-30, 39-41, 68-69; *Leyes*, X, 888-905.

[7] ARISTOTELES. Imetaphysica, XII, 1071-1075; Ethica ad Nicomachum, X, vii, 8-9, viii, 7-8.

por exemplo, o motivo epicurista da beatitude da realidade divina, imortal e transcendente, desinteressada do homem, assim como sua crítica da teoria platônica da criação ou da teoria estoica da providência e sua hipótese naturalística sobre a origem do sentimento religioso.[8] Também a filosofia estoica da religião oferecia ao cristianismo numerosos motivos de interesse e perplexidade: em particular, a afirmação da realidade divina como demonstrável, a teoria da alma do mundo, a tendência panteísta, a ideia da providência divina e da lei natural.[9] Mais problemático deveria aparecer aos primeiros filósofos cristãos o agnosticismo cético, com sua teoria metódica da suspensão do juízo e de sua dúvida sistemática sobre a religião tradicional e a religião filosófica, sobre a realidade divina e a providência, o mesmo que se sobre a linguagem religiosa.[10]

Na superação da instância cética adquiriu particular relevância a proposta do teísmo prático em estoicismo romano, com sua apologia da teonomia religiosa com fundamento da dignidade humana e do respeito inter-humano. O filósofo encontra na divindade a indicação do próprio comportamento moral e o sentido da própria existência, assim como do uso da própria liberdade, enquanto adesão à lei da providência e à orientação da própria vocação, segundo a ordem universal estabelecida pelo divino Autor do mundo.[11] Contudo, um significado singular deve atribuir-se à visão teorética do problema religioso, tanto na sinagoga alexandrina como na teologia do platonismo tardio e na mística neoplatônica. Com efeito, na sinagoga alexandrina se elabora uma teologia da absoluta transcendência e onipresença do Criador e, simultaneamente, uma teologia do *Logos* divino mediador, na obra da criação e na mesma

---

[8] EPICURO. *Epistula ad Meneceum*, 123-124; CICERON. *De natura deorum*, I, 8-9, 16-17; LUCRECIO. *De rerum natura*, V, 1150-1238.
[9] CICERON. *De natura deorum*, II, 5-6, 9-11, 14-16, 20-25.
[10] *Ibid.*, i, 23; iii, 8-9, 12, 14-17, 20.
[11] EPICTETO. *Diatribas*, I, 3,1-6; 12, 7-17; 13,3-5; 19,44-49; II, 8,9-14, 18-23.

revelação divina, que culmina em um panenteísmo religioso e em uma mística da graça divina.[12]

O platonismo tardio do helenismo, por sua vez, consciente da limitação do conhecimento humano diante da realidade divina, elabora uma teologia inspirada à dialética de eternidade e tempo, providência e história, liberdade divina e liberdade humana, transcendência e Eros. Deus é eterno e transcendente, sua bondade está na origem da criação de um pluralismo cósmico, sua providência retarda a punição do ímpio, em vista da educação moral da humanidade. Provocação enorme deveria aparecer a tese de um segundo princípio, origem e causa última do mal.[13] A dialética do Uno e do múltiplo domina a teologia neoplatônica. O Uno é transcendente, onipresente e incomensurável, infinito e difusivo de toda bondade, indeterminado e inefável. Do Uno é possível uma linguagem exclusivamente negativa e apofática.[14] A alma é elevada até o Uno pelo Eros divino. Despojada de tudo, a alma recebe a revelação da luz e inicia o itinerário da contemplação mística, vivendo o êxtase da identificação com o Inefável e a vida nova da comunhão com o Uno.[15]

Em seu encontro com a ontologia grega e a filosofia religiosa do helenismo, a teologia primitiva cristã buscou uma integração profunda de sabedoria antiga e revelação evangélica, convencida da unicidade da verdade e da função iluminadora do *Logos* divino, estendida inclusive aos sábios da antiguidade clássica.[16] A história divina da salvação e da revelação não foi reduzida a uma epifania alegórica de uma eterna onto-

---

[12] FILON. *De opificio mundi*, 7-9, 16, 20, 24; *De confusione linguarum*, 136; *Legum allegoria*, II, 1-3, III, 96; *De somniis*, I, 62-67; *Quod deus immutabilis sit*, 104-108.
[13] PLUTARCO. *De será numinis vindicta*, 4: 549-550; 5-6: 550-552; *De Iside et Osiride*, 44: 369; 49: 371; 78: 382-383.
[14] PLOTINO. *Ennea quinta*, V, 38-45, 58-65, 70-72, 85-92.
[15] *Enneada sexta*, IX, 24-26, 49-53, 60-63, 67-69, 73-76, 79.
[16] IUSTINUS. *Apologia*, I, 46; II, 10.

logia do Inefável, como na sinagoga alexandrina. Para a filosofia cristã, o *a posteriori* da revelação manteve sempre o primado sobre o *a priori* da especulação, querendo sempre salvar a transcendência e a independência da realidade divina, em sua ação criadora, reveladora e salvífica. Se a relação do mundo a Deus é necessária, enquanto fundamento de sua existência contingente e causada, a relação de Deus ao mundo permanece absolutamente livre e incondicionada em sua onipotência criadora e salvífica, providente e predestinante. O encontro da revelação bíblica com a filosofia helênica se processou paulatinamente, no intento de elaborar uma linguagem teológica sobre Deus que identificasse o Deus vivo e verdadeiro, santo e eterno da revelação bíblica, com o Deus atemporal e impassível, imutável e incompreensível da teologia filosófica grega.[17]

Os primeiros apologetas cristãos se propuseram sistematicamente a mostrar a ideia cristã da realidade divina como a mais perfeita. O Deus da revelação e da criação, único e eterno é invisível, impalpável, inefável. Rechaçando a noção estoica de uma interpenetração do material e do divino, os apologetas conceberam a realidade divina como imaterial e incorpórea, espiritual e imutável, enquanto princípio último do mundo. Consequentemente, a realidade divina passa a ser concebida como absolutamente simples em sua ausência de composição de elementos ou princípios contrapostos, que levariam a sua dissolução, e, sucessivamente, como transcendente à composição de substância e acidente, e inclusive como carente de atributos em sua inefabilidade. Simultaneamente são reelaborados os temas bíblicos da eternidade, justiça e bondade divinas, no sentido da pantemporalidade, da justiça distributiva e da providência racional ou *pronoia* platônico-estoica. Não se pode negar uma parcial helenização da imagem bíblica de Deus, limitada pela consciência do

---

[17] IGNATIUS. *Epistula ad Polycarpum*, iii.2: "Eum, qui ultra tempus est, expecta, intemporalem, invisibilem, proper nos visibilem, impalpabilem, propter nos patibilem, qui omni modo propter nos sustinuit" (MG V, 721).

personalismo da revelação bíblica e pela convicção da onipotente liberdade divina, na criação e na salvação, na revelação e na ressurreição escatológica. Rechaçando o panteísmo materialista dos estoicos e a ideia de um Deus indiferente e apático do deísmo epicurista, a primeira apologética cristã concebe a realidade divina como espiritual e transcendente, onipresente e providente. Situando-se entre o Deus criador e o mundo criado da mediação onicompreensiva, do *Logos*, iluminadora da humanidade toda, particularmente dos sábios antigos.[18]

Ao aceitar o dualismo no divino, opondo ou subordinando o Deus criador da matéria ao Deus supremo da salvação e da graça, a gnose valentiniana e marcionita atacava frontalmente o princípio da monarquia divina do Pai. Contra o postulado dualista dos gnósticos, reagiram energicamente Irineu e Tertuliano, defendendo a identidade do único e verdadeiro Deus vivo, Senhor do mundo e da história, da criação e da aliança. Contra a gnose valentiniana que subordinava ao Deus supremo da salvação um segundo Deus criador, Irineu reagiu polemicamente acentuando a unicidade, simplicidade e transcendência de Deus, enquanto princípio último e único da criação e da história, oniperfeito, infinito e incompreensível, que revela seu amor visivelmente em Cristo, único salvador e mediador da revelação divina e da comunhão com Deus.[19] Contra a gnose marcionita, que opunha dualisticamente o Deus da salvação ao Deus criador, Tertuliano reagiu defendendo a unidade e unicidade do mesmo Deus, como Deus de justiça e de bondade, cuja vontade divina tem por finalidade a salvação do homem. De modo igual a Justino, também Tertuliano defendeu a possibilidade do

---

[18] CLEMENS ROMANUS. *Epistula ad Corinthios*, I, 20, cf. 24,5.
[19] IRENAEUS. *Adverseu Haereses*, I, 10,1: "ecclesia enim per universum orbem usque ad fines terrae seminata, et ab Apostolis et a discipulis eorum accepit eam fidem, quae est in unum Deum, Patrem omnipotentem, qui fecit caelum et terram, et mare et omnia quae in iis sunt" (MG VII, 549).

conhecimento natural de Deus. Problemática em Tertuliano resulta sua limitação da transcendência divina, por influência do materialismo estoico, e da onipotência divina, em consequência da liberdade humana.[20]

A teologia alexandrina elabora numerosos motivos do pensamento religioso platônico, neoplatônico e filoniano, em sua conceituação do nome divino. Deus aparece com o pedagogo divino, que guia com sua sábia e bondosa providência o curso do mundo e da história da salvação, com a finalidade da divinização escatológica do homem. Clemente de Alexandria afirma a inspiração religiosa e o contágio do pensamento hebreu na elaboração filosófica do platonismo. Inata ao homem é a suspeita sobre a realidade divina, como origem e sentido do mundo, ainda que sua essência íntima permaneça desconhecida. Uma linguagem sobre Deus é possível, enquanto analogamente se lhe atribuem, como causa última do mundo, as qualidades que brilham no efeito criado. Porém, essa linguagem é fundamentalmente apofática, enquanto expressa, sobretudo, uma teologia negativa, que exclui da realidade divina as imperfeições e limitações da finitude criada. A realidade divina é transcendente e pessoal. Sua essência é metacategorial, já que transcende todas as categorias ontológicas e é também absolutamente livre em sua ação criadora, sem que deva admitir-se qualquer necessidade emanatista.[21]

Contra a gnose de Celso, que defendia a tese dualista, Orígenes de Alexandria reafirma a unicidade divina, fundamentando-a na harmonia do cosmos. A realidade divina é imaterial e espiritual, em grau eminente

---

[20] TERTULLIANUS. *Adversus Marcionem*, I, 3: "Deus, si non unus est, non est, quia dignius credimus non esse, quodcumque non ita fuerit, ut esse debit" (ML II, 249); I, 10: "Animae enim a primórdio conscientia Dei dos est" (ML II, 257).

[21] CLEMENS ALEXANDRINUS. *Protrpticus*, IV, 63, 3: "Solus enim Deus mundum creavit, ut qui solus sit vere Deus; is autem opera sua volendo conficit, eiusque velle sequitur fieri" (MG VIII, 164); *Paedagogus*, III, i, 1, 1: "Si quis enim se ipsum norit, Deum cognoscet" (MG VIII, 556).

e oniperfeito. A oniperfeição divina exclui toda paixão contrária à apatia divina, como a ira. A onipotência divina está limitada por sua sabedoria e bondade. Deus é livre na criação e na encarnação. A supereminência divina não equivale a uma estrita infinitude, pois nesse caso Deus seria incognoscível a si mesmo, segundo Orígenes. O teólogo alexandrino defende também a origem divina da alma inteligente e livre, que a Deus volta por meio do processo pedagógico e livre da redenção em Cristo, que culminará com a *apocatástasis* universal, a divinização da criatura e o panenteísmo escatológico, em que Deus será tudo em todos.[22]

A tese origenista da apatia divina e da finitude divina foram rechaçadas por seus discípulos, os padres da Capadócia. Assim, Gregório, o taumaturgo, acentuou a liberdade divina, rechaçando a impassível imperturbabilidade divina, e Gregório de Nissa afirmou a infinitude divina como expressão da plenitude inexaurível da realidade divina. Consequentemente, os teólogos capadócios negaram a tese eunomiana da compreensibilidade divina, identificada com o conhecimento da geração do Pai. Sendo Deus infinito e incompreensível, a linguagem teológica deverá respeitar o mistério do inefável e conservar um caráter fundamentalmente apofático. A alma, procedente de Deus, a Deus retorna, particularmente pela via extático-mística. No homem, criado por um ato de amor à imagem divina, se encontram o inteligível e o sensível. O mal acontece no distanciamento da criatura com relação ao Criador. O mal é vencido na redenção, o infinito se participa à finitude na encarnação. O sentido definitvo da redenção e da encarnação se reconhece na dinâmica da escatologia cristã.[23]

---

[22] ORIGENES. *De principiis*, I, iii, 1: "De Deo quidem Patre quamvis digne proloqui nem valeat, tamen possibile est intellectum aliquem capi ex occasione visibilium creaturarum et ex his quae humana mens naturaliter sentit" (MG XI, 147); cf. *Ibid.*, i, VI, 1-2; ii, IX, 5-6; III, vi, 1-3.

[23] GREGORIUS NYSSENUS. *Contra Eunomium*, VIII: "Igitur illud solum divinum esse vere credendum arbitramur, cuius existentia aeterna et infinita apprehenditur" (MG

O apofatismo grego alcança seu ápice na teologia dinoisiana do emanatismo divino. Deus é a realidade absolutamente transcendente e superessencial, de Deus procede em uma hierarquia cósmica a realidade da multiplicidade. A luz divina ilumina, por meio das criaturas e da salvação, toda a realidade, ainda a mais interior. A onipresença divina enche o universo. O espírito criado pode unir-se ao Criador pela via "apofática" da teologia negativa, pela via "catafática" da afirmação dos nomes divinos e pela via "mística" da união extática com o Ser superessencial e supereminente, princípio e fim de toda realidade.[24]

Na teologia latina o momento apofático é sublinhado, não tanto na perspectiva da transcendência ontológica da realidade divina, quanto na incompreensibilidade do desígnio salvífico divino procedente da vontade divina, absolutamente livre e onipotente. A relação entre Deus e o mundo passa a ser contemplada menos em uma perspectiva cosmológica, como criação ou providência, quanto em uma visão antropológica, como graça ou predestinação. O momento apofático, junto à dimensão ontológica e essencial, adquire uma nova profundidade antropológica e existencial. Deus, com amor absoluto e vontade salvífica imperscrutável, atrai o Universo para si, por sua bondade e misericórdia, por sua graça predestinante. Característico do itinerário do apofatismo latino, o processo agostiniano de busca da verdade aparece como particularmente significativo, especialmente em sua original interpretação da "via interior", que se revela como a via da certeza imediata e incondicionada

---

XLV, 768); cf. *Oratio catechetica*, V, 3-6; VI, 2-4; X, 1-4.

[24] DIONYSIUS ALEXANDRINUS. *De divinis nominibus*, x, 1: "(Omnitenes Deus) quidem dicitur, quod ipse sit omnium sedes, omnia continens atque complectens, et cuncta producens, atque ad se, tanquam ad fundum, omnitenens, universa convertens et continens" (MG III, 936); cf. *Ibid.*, i, 1-3; iv, 1-3; vii, 1-2; *Theologia mystica*, 4-5.

da verdade intimamente revelada e conhecida como transcendente e absoluta.[25]

A esse homem interrogante, aberto à verdade, corresponde em Agostinho um Deus que se revela na ordem ideal como Criador do Universo, através da ação mediadora do Verbo divino, artífice da criação. Esse ato criador confere ao mundo sua positividade e sua esplêndida harmonia.[26] Porém, a manifestação divina não permanece na esfera da exterioridade, mas penetra pelo Verbo na interioridade da estrutura do pensamento e do juízo. O mesmo Verbo divino é norma do juízo racional. A certeza da verdade constitui a base da ciência e a superação definitiva do ceticismo existencial.[27]

Porém, à luz da sabedoria divina, o homem não é só o ser criado no mundo da finitude, mas também ser caído e alienado de seu fundamento transcendente, que deixa o reino do bem e pode no pecado voluntário identificar-se com o mal e a desordem, o vício e o orgulho, o egoísmo e a soberba, pervertendo a ordem ideal do amor e do bem.[28] Sob o signo da desordem moral, o homem cai em um tipo de existência pervertida pela vaidade, pelo erro e pela injustiça, já que os frutos do pecado são a

---

[25] AUGUSTINUS. *Confessiones*, I, i, I: "Tu excitas ut laudare te delectet, quia fecisti nos ad te, et inquietum esta cor nostrum donec requiescat in te"; III, vi, I I: "Tu autem eras interior intimo meo et superior summo meo"; X, vi, 9: "Homo interior cognivit haec per exterioris ministerium"; X, vii, I I: "Per ipsam animam meam ascendam ad illum"; X, xxiv, 35: "Ubi enim inveni veritatem, ibi inveni Deum meum, ipsam veritatem, quam ex quo didici, non sum oblitus"; X, xxvii, 38: "Sero te amavi, pulchritudo TAM antiqua et TAM nova, sero te amavi! Et ecce intus eras et ego foris, et ibi te quaerebam et in ista formosa, quae fecisti, deformis irruebam. Mecum eras, et tecum non eram".

[26] *Ibid.*, XI, 4,6: "Tu, ergo, Domine, fecisti ea, qui pulcher es, pulchra sunt enim; qui bônus es, bona sunt enim; qui es, sunt enim"; XI, 5,7: "Quid enim est, nisi quia tu es? Ergo dixisti, et facta sunt, atque in verbo tuo fecisti ea".

[27] *De vera religione*, XXX-XXXXI, 54-58; XXXIX, 72-73.

[28] *Ibid.*, XI-XII, 21-23; XIV, 27; XX, 39; *De civitate Dei*, XII, 6-8; XIV, 3, 13.

idolatria e o não cumprimento da lei divina, rechaçando assim a sabedoria divina.[29]

O Verbo encarnado, porém, pode retornar a humanidade perdida ao Pai. Em sua encarnação salvífica e em sua *kénosis* humilde, a soberba humana se redime. Em sua vida terrena e em seu ministério profético, o homem encontra exemplo e palavra, norma e caminho, vida e verdade. No Cristo, o homem reencontra a via do conhecimento de Deus.[30] Tanto mais, que o Cristo torna visível o amor eterno do Pai. E no amor divino encontra seu fundamento o amor do homem redimido a Deus, a caridade para com o próximo e os diversos frutos da caridade, que se manifesta nas boas obras do cristão.[31] Com isso, Aurélio Agostinho enlaça a temática do ser à temática do bem e da vontade. A revelação divina manifesta a vontade salvífica universal. Ao decreto salvífico responde a vontade humana que busca o bem. O horizonte platônico da ontologia do bem, difusivo de si, encontra na história salvífica a verificação mais expressiva, ainda sob a correção agostiniana do esquema de uma eterna predestinação, pré-definitiva e predeterminante.[32]

Junto às ideias platônico-agostinianas, também a obra de Boécio exerceu uma notável influência no período medieval latino, particularmente em sua concepção de Deus como "forma pura", de quem tudo recebe o ser. Também resultou relevante o intento boeciano de sintetizar uma visão platônica com uma conceituação em parte aristotélica. Finalmente, com Boécio e com os monges discípulos de Agostinho,

---

[29] *De civitate Dei*, X, 24; XI, 2; *In Iohannis evangelium*, II, 4; XXV, 16.
[30] *Ibidem*.
[31] *De vera religione*, XLVI, 86-90; *De trinitate*, VIII, 7-8.
[32] *De correptione et grati*, VII, 13; *De dono perseverantiae*, VII, 15; XIV, 35; "Haec est praedestinatio sanctorum, nihil aliud: praescientia scilicet et praeparatio beneficiorum Dei, quibus certissime liberantur quicumque liberantur. Ceteri autem ubi nisi in massa perditionis iusto divino iudicio relinquuntur?"

começa o debate secular da conciliação da presciência divina e a liberdade humana.[33]

2. Os símbolos da fé

Os símbolos de profissão de fé têm originalmente como *Sitz im Leben* característico o contexto catecumenal e batismal, como preparação ou como expressão da profissão crente, com ocasião da recepção do sacramento da fé ou batismo. A explicação catecumenal do símbolo da fé precede a proclamação da mesma fé na liturgia batismal da noite pascal. Ora, na liturgia da comunidade pós-apostólica encontramos o eco da fé apostólica, cujo primeiro artigo se refere sempre ao Deus único, Pai onipotente, Criador do universo, tanto nas fórmulas batismais, quanto nas doxologias e anáforas eucarísticas. Na liturgia batismal, em particular, o catecúmeno proclama, na forma declarativa ou em forma responsorial ao interrogatório litúrgico, primordialmente, sua fé no Deus único, Criador do céu e da terra e Pai todo-poderoso.[34]

Nesse sentido, tornam-se particularmente relevantes os "símbolos da fé" do período patrístico, desde sua forma mais primitiva, como simples coordenação de proposições de fé, em forma interrogativa ou declaratória, até a fórmula tripartida trinitária do chamado "símbolo apostólico", das Igrejas do ocidente, ou até os diversos "símbolos" das Igrejas orientais e, especialmente, dos Concílios de Niceia e Constantinopla. Em todos eles se insiste, como primeira proposição crente, na fé no Deus único, Criador e Pai.[35] Relevante

---

[33] BOETIUS. *De consolatione Philosophiae*, III, 9: "pulchrum pulcherrimus ipse, mundum mente gerens" (ML LXIII, 758ss).

[34] IUSTINUS. *Apologia* I, 33, 5; 35, 3; 42, 1; 44, 1-2; 61; IRENAEUS. *Adversus Haereses*, III, xvii, 1-2; *Demonstratio praedicationis evangelicae*, 3; 7; TERTULLIANUS. *De baptismo*, 3; *De corona*, 3; *Adversus Praexam*, 2; HIPPOLYTUS. *Contra haeresim Noeti*, 17; ORIGENES. *De principiis*, I, Praef., 4; *In Ioannem*, VI, 17; *In Exodum homiliae*, IX, 3.

[35] *Epistola Apostolorum* (DS 1); *Papyrus liturgicus Der-Balyzeh* (DS 2); *constitutiones Eccle-*

aparece também a declaração antiorigienista do Edito Justiniano aprovado pelo Sínodo constantinopolitano de 543, reprovando a negação da infinitude e incompreensibilidade de Deus e reafirmando, desse modo, o apofatismo primordial da linguagem sobre Deus, enquanto infinito e incompreensível.[36] Importantes são também as sucessivas reafirmações da monarquia divina, coexistente com a triplicidade hipostática e com a igualdade interpessoal.[37]

Não somente a liturgia batismal manifesta a monarquia divina do Pai na economia salvífica, mas toda a restante vida de oração eclesial, nas anáforas eucarísticas, nos ritos sacramentais, nas doxologias, nas orações de benção da unção pós-batismal e da confirmação dos batizados e, finalmente, nas orações de imposição das mãos, seja como rito de reconciliação de penitentes, seja como rito de ordenação ao ministério eclesial.[38]

---

siae Aegyptiacae (DS 3-5); *Symbolum baptismale Ecclesiae Armeniacae* (DS 6); HIPPOLITUS. *Traditio Apostolica* (DS10); *Psalterium Aethelstani Regis* (DS 11); EUSEBIUS CAESARIENSIS. *Epistula ad suam diocesim* (DS 40); CYRILLUS HIEROSOLYMITANUS. *Catecheses* (DS 41); EPIPHANIUS. *Ancoratus* (DS 42); THEODORUS MOPSUESTENUS. *Catecheses* (DS 51); MACARIUS MAGNUS. *Apophtegmata* (DS 55); *Constitutiones Apostolorum* (DS 60); Conc. Nicaenum I, *Symbolum* (DS 125); Conc. CONSTANTINOPOLITANUM I. *Symbolum* (DS 150).

[36] *Edictum Iustiniani imperatoris ad Menam patriarcham, publicatum in Synodo Constantinopolitana*, Anathematismi contra Origem, cn. VIII: "Si quis dicit aut sentit, vel finitam esse Deis potestatem, vele um tanta fecisse, quanta comprehendere potuit, na.s" (DS 410).

[37] AMBROSIUS. *Explanatio Symboli* (DS 13); AUGUSTINUS. *Sermo CCXIII in traditione symboli* (DS 14); PETRUS CHRYSOLOGUS. *Sermones LVII-LXII* (DS 15); TYRANNIUS RUFINUS. *Expositio in symbolum* (DS 16); *Missale et Sacramentarium Florentinum* (DS 17); NICETAS REMESIANENSIS. *Explanatio symboli* (DS 19); ILDEFONSUS TOLETANUS. *De cognitione baptismi* (DS 23); *Fragmenta symboli Gallicani antiquioris* (Ds 25); *missale Gallicanum Vetus* (DS 27); PIRIMINIUS. *Scarapsus* (DS 28); *Antiphonale Benchorense* (Ds 29); *ordo Romanus baptismalis* (DS 30); *Sacramentarium Gelasianum* (DS 36); "*Fides Damasi*" (DS 71); Symbolum "*Clemens Trinitas*" (DS 73); Symbolum "*Quicumque*" (DS 75).

[38] CLEMENS ROMANUS. *Epistula ad Corinthios* I, 58; *Didaché*, IX, 1; IUSTINUS. *Apologia* I, 65-66; TERTULLIANUS. *De spectaculis*, 25; HIPPOLYTUS, *Traditio apostólica*, 3, 8-9, 22;

Recapitulando sinteticamente as afirmações da linguagem ortodoxa sobre a primeira hipóstase trinitária resulta uma expressão de fé no Deus único e Pai onipotente, Criador das realidades visíveis e invisíveis do universo inteiro. Essa expressão identifica em um único princípio, sem princípio e sem origem da vida intradivina e da história salvífica, tanto o Deus Criador da antiga aliança, como o Deus salvador e Pai misericordioso da nova aliança, infinito e incompreensível, ingênito e eterno, todo-poderoso e imenso, Pai do Filho eterno e princípio ativo inspirador do Espírito Santo.[39]

A via catafática

A teologia medieval continua fundamentalmente o caminho iniciado pela tradição patrística caracterizada, por um lado, por um típico voluntarismo teológico, em que a dialética da justiça e da misericórdia divinas se transformam em uma tensão extrema entre uma vontade divina punitiva e uma vontade divina salvante, acentuando os temas da presciência, da predefinição e da predeterminação divina. Por outro lado, continua a visão teorética da "via interior" e da "via imediata", características do platonismo agostiniano, inteligentemente cultivado, particularmente na teologia monástica de Anselmo, na especulação platonizante da escola de Chartres ou na teologia mística de Boaventura. Sucessivamente, com a recepção teológica do aristotelismo, por obra da

---

CLEMENS ALEXANDRINUS. *Paedagogus* III, xii, 101, 2; CYPRIANUS. *Epistula* LXXIII, 22; *Sacramentarium Serapionis*, 29; AMBROSIUS. *De mysteriis*, VII, 42; HIERONYMUS. *Dialogus contra Luciferianos*, 5.

[39] Cf. etiam *symbolum Sirmiense* I (DS 139); "Fides Pelagii Papae" (DS 441); CONC. BRACARENSE I. *Anathematismi praesertim contra Priscillianistas*, cn. 1-2 (DS 451-452); CONC. TOLETANUM VI. *De Trinitate* (DS 490); CONC. TOLETANUM xi. *De Trinitate divina*, 2 (DS 525); CONC. FOROIULIENSE. *De Trinitate divina* (DS 617).

escolástica dominicana de Alberto Magno e de Tomás de Aquino, e também da escola franciscana de Oxford, a integração profunda entre razão filosófica e fé religiosa, típica do platonismo patrístico, cede o passo a um esquema metodológico de subordinação da razão filosófica à fé revelada, próprio do aristotelismo escolástico. Com o uso da lógica e da ontologia aristotélica na teologia, se abre caminho uma proposta catafática, ou intento de uma teologia não predominantemente negativa, mas igualmente afirmativa dos atributos e perfeições da realidade divina. No Concílio Lateranense IV, o conflito entre "via apofática" e "via catafática" encontrará uma adequada fórmula de integração na dialética de semelhança e dessemelhança, própria da realidade divina incriada com a relação à imagem criada no mundo da finitude.[40]

1. A teologia escolástica

A questão da vontade divina emerge vivamente ao início da teologia monástica do segundo milênio, no contexto da polêmica entre dialéticos e antidialéticos. Pier Damiani, por exemplo, escrevera sua epístola sobre a onipotência divina para defender a tese de que a vontade e a potência divinas não estão submetidas às regras da Lógica, mas ao contrário. A realidade depende absolutamente da potência divina, a nada vinculada. A vontade divina onipotente poderia fazer existir inclusive um passado que nunca existiu.[41]

O voluntarismo exagerado da teologia latina foi limitado por Anselmo, observando que a vontade divina não pode ser dividida da

---

[40] CONC. LATERANENSE IV. Cap. II. *De errore abbatis Ioachim:* "quia inter creatorem et creaturam non potest similitudo notari, quin inter eos maior dissimilitudo notanda" (DS 806).

[41] PETRUS DAMIANUS. Disputatio super quaestione qua quaeritur, si Deus omnipotens est, quomodo potest agree ut quae facta sunt facta non fuerint: *Lettre sur la Toute-Puissance divine* (Paris, 1972), 368ss.

sabedoria e da justiça divinas, deseja o ótimo e não retorna sobre suas decisões. Ademais, a vontade divina, unidade à presciência divina, jamais violenta a criatura, ainda que permanecendo Deus como Rei e Senhor onipotente, com inalienável direito de justiça em relação a suas criaturas. Na vontade de Deus, a tensão entre a justiça e a misericórdia determina o processo da história da salvação. A teologia platônico-agostiniana é continuada por Anselmo não somente na reflexão sobre a vontade salvífica divina, mas também na consideração teorética da afirmação de Deus, como último princípio, como fundamento do ser da criatura e como aquele que maior não pode ser pensado. O argumento ontológico anselminiano expressa brilhantemente o caráter necessário da realidade divina e a identidade no Absoluto da realidade ôntica e a afirmação lógica. Porém, a filosofia anselminiana não esgota a vida teorética da interioridade e da certeza imediata, mas se expressa também na mística da vontade e do bem, ao afirmar com fim da criatura humana o amor do sumo e eterno Bem divino.[42]

A via do amor divino e da comunhão mística com Deus tem sido particularmente cultivada na teologia monástica de Bernardo de Claraval. O caráter prático da teologia se acentua, como base para a espiritualidade contemplativa, centrada na motivação do amor divino, em relação a Deus, que ama precedentemente às criaturas e se revela universalmente por meio de seus benefícios e particularmente resplandece no mistério pascal da cruz e da ressurreição de Jesus. A lógica da teologia é a lógica da caridade e do amor divino, em que Deus é o princípio e a meta do mesmo amor, cuja consumação terá cumprimento na escatologia realizada.[43]

---

[42] ANSELMUS. *Monologium*, I-V cf. LXVI-LXX; *Proslogium*, I-V; *Liber pro insipiente*, 2-6; *Liber apologeticus contra insipientem*.

[43] BERNARDUS. *De diligendo deo*, 1-7; 17-22; 27-32; *In Cantica Canticorum*, Sermo LXXIV, 5-7.

A reflexão teológica posterior elabora diversos motivos do platonismo agostiniano, como a analogia da imagem, particularmente relevante no caso da humana como *Imago trinitatis*, e considera também diversos motivos do aristotelismo boeciano, especialmente na metafísica da causalidade e na dialética de unidade e multiplicidade. Assim, por exemplo, em Gilberto de Poitiers se encontra um intento de elaborar racionalmente uma linguagem sistemática sobre Deus, em sua cognoscibilidade, seus atributos e sua essência. Deus é afirmável pela razão, enquanto é unidade absoluta, diferenciando-se dos entes criados, que existem no reino da multiplicidade. Toda linguagem sobre Deus é inadequada enquanto transpõe a Deus atributos e perfeições deduzidos das relações existentes entre os seres criados e, portanto, na esfera da multiplicidade. Enquanto é perfeita unidade, Deus é o mesmo ser e pura forma, pois todas as restantes realidades existem por participação extrínseca a sua essência, dado que somente no Ser infinito coincidem existência e essência. No entanto, diversos motivos neoplatônicos, como a onicompreensão da realidade e da natureza divina, desenvolvidos precedentemente na teologia de J. Scoto Eriúgena,[44] exercem uma nova influência na teologia da escola de Chartres, chegando a uma proximidade ao monismo panteísta, ao afirmar a participação da causa incriada no efeito criado.[45]

A dialética teológica da razão e da fé é novamente elaborada na teologia dos Vitorinos e na primeira escola franciscana, seguindo a vida agostiniana-anselminiana. Assim, Hugo de São Vitor elabora a dialética da razão e da fé, na questão do conhecimento de Deus, bem como a tensão entre conhecimento e mistério, até atingir pela "via interior" a afirmação do primeiro e do último princípio. No entanto, Boaventura propõe sua teoria das duas certezas, da visão e da adesão, para expli-

---

[44] I. SCOTUS ERIUGENA. *De divisione naturae*, I, 13-15.
[45] Cf. W. PANNEBERG. Art. Gott: RGG II, 1722ss.

car a dualidade existente entre a evidência científica e o assentimento à fé. A teoria boaventuriana propõe também a lógica da afirmação da realidade divina e a tríplice inquisição da alma sobre Deus, quando a memória conduz à afirmação da eternidade divina, o entendimento leva ao conhecimento da verdade e da vontade divinas conduzindo a uma adesão à bondade divina.[46] Porém, o agostinianismo medieval não somente segue a "via teorética" da especulação teológica, mas também a "via mística" da contemplação extática, elaborando rigorosamente uma teoria cristã do êxtase religioso, como contemplação metarracional, em que a mente se dilata, se eleva e se aliena sob o auxílio da graça, vivendo o momento fiducial da transfiguração em Cristo.[47]

Com a plena recepção teológica do aristotelismo filosófico, a escola dominicana pode intentar superar a via platônico-agostiniana do "descenso" do Infinito ao finito, elaborando alternaltivamente a vida do "acesso" do finito ao Infinito, da criatura ao Criador, tencionando uma teologia racional pela analogia do ser. Nesse sentido, resulta decisivo o projeto teológico de Tomás de Aquino, elaborando o conceito teorético de ciência teológica como doutrina sagrada, excluindo que possa existir contraste entre a verdade de razão e a verdade de fé.[48] Particularmente relevante resulta a gnosiologia teológica do Aquinate, com sua elaboração da abertura do intelecto humano à transcendência e da possibilidade de afirmação de Deus em sua realidade, ainda que seja ignorando sua essência.[49] A "via cosmológica" do Aquinate se diferencia da "via

---

[46] HUGO A. S. VICTORE. *De sacramentis christianae fidei*, I, iii, 1-10, cf. 30; BONAVENTURA, *In I Sententiarum*, d. viii, a. i, q. 2; *In III Sententiarium*, d. xxiii, a. i, q.4; *Itinerarium mentis in Deum*, III, 1-4.

[47] RICHARDUS A. S. VICTORE. *Beniamin minor*, LXXIV – LXXVII, *Beniamin maior*, V, 2-5; BONAVENTURA. *itinerarium mentis in Deum*, VII, 1-6.

[48] THOMAS AQUINAS. *Summa theologique*, I, q. i, a. 1-8.

[49] *Ibid.*, q. xii, a. 12-13.

ontológica" do agostinianismo, ao privilegiar a "via exterior" e a mediação das criaturas, sobre a "via interior" e a imediatez do espírito humano à ideia, em certo modo "inata", da realidade divina, contemplada na alma como imagem criada do Criador. O método aristotélico tomista propõe uma teoria dedutivo-metafísica ascendente, dos efeitos criados à causa incriada. Essa experiência dedutivo-cosmológica se expressa na teoria tomista das cinco vias: do movimento ao primeiro motor imóvel, das causas causadas à primeira causa incausada, do ser contingente ao ser necessário que não pode não ser, da ordem gradual da perfeição na realidade cósmica ao ser sumo e perfeitíssimo, da ordem do universo ao Ordenador do mundo. Em tudo, sempre supondo a impossibilidade de uma série infinita de causas secundárias, se carecesse do último fundamento incausado e necessário.[50]

Suposta a teoria gnosiológica da afirmação da realidade divina em sua necessidade absoluta, a essência da mesma aparece como identificada com sua existência, estabelecendo, desse modo, a possibilidade de uma linguagem sobre Deus, elaborando a tensão da semelhança e da dessemelhança entre criatura e Criador e excluindo-se entre ambos a univocidade perfeita e a equivocidade total, restando somente a analogia, com forma de uma equivocidade moderada e limitada. E assim, embora Deus seja realmente indefinível e inefável, da realidade divina é possível predicar analogicamente diversos nomes divinos. Com efeito, diversas propriedades e atributos do ser criador podem ser atribuídos à primeira causa, em sua positividade, negando qualquer limitação e afirmando-os em grau supereminente e perfeitíssimo, seguindo essa tríplice metodologia de afirmação, negação e eminência.[51]

Desse modo, podem ser deduzidos diversos atributos e perfeições do ser divino, enquanto Deus não pode deixar de ser primeira causa incau-

---

[50] *Ibid.*, q. ii, a. 1-3.
[51] *Ibid.*, q. IV, a. 3; q. XIII, a. 3-6 & 10-12; *De ente et essential*, IV-V.

sada e realidade absolutamente necessária, ato puro e *ipsum esse subsistens*. Consequentemente, deverá afirmar-se do ser divino tanto a transcendência quanto a personalidade. O ser necessário deverá carecer de qualquer composição com a imperfeição, com a finitude, com a mutabilidade, com a corrupção. Por isso, o ser divino deverá ser afirmado como infinito e perfeito, simples e imutável. Enquanto é suma essência, deverá ser também suma unidade, suma verdade e suma bondade. O ser infinito e oniperfeito, enquanto sua atualidade, deverá ser também seu próprio entender e enquanto se compreende a si mesmo é sua própria e eterna verdade; é também seu próprio querer e sua própria vontade e, enquanto ama a si mesmo, é sua própria bondade que ama todo o universo. O amor divino da infinita vontade se manifesta no comportamento divino na história da salvação como justiça e misericórdia. A inteligência e a vontade divinas atuam em concordância na ordem da natureza e na da graça como criação e providência, como salvação e predestinação. Assim, aquinate unifica a linha platônico-cristã da procedência divina das criaturas (*exitus*) e do retorno divino à ordem essencial do Sumo Bem (*redditus*), com a linha aristotélica da ontologia da causalidade, em que Deus é primeira causa eficiente da criação e última causa final de seu dinamismo, que encontrará na participação da beatitude divina sua perfeição consumada.[52]

    Diante da versão determinista do aristotelismo averroísta e diante da versão intelectualista do aristotelismo tomista, a escola franciscana de Oxford reagiu acentuando o voluntarismo teológico, típico do agostinianismo franciscano, e a liberdade divina, própria do personalismo bíblico. Assim, para J. Duns Scotto, a ordem cósmica, não o produto de um projeto do intelecto divino oferecido sem alternativa à vontade divina para sua execução, mas o intelecto divino, oferece à vontade divina uma pluralidade de puras possibilidades, entre as quais opta e elege,

---

[52] *Summa theologiae*, I, q. vi-xi, xiv, xviii-xxiii.

realizando-as posteriormente por sua divina e absoluta potência, unida a sua sabedoria e bondade. Consequentemente, o mundo aparece com contingente em seu ser, em seu existir, dependendo exclusivamente da opção divina. Do mesmo modo, a ordem mundana depende absolutamente da aceitação divina. Ao homem, enquanto criado, se exige a fundamental obediência ao decreto divino. A valorização escotista da vontade e da liberdade divinas em relação a sua providência sobre o mundo, acentuou o personalismo da imagem teológica de Deus.[53]

A crise da versão determinista e intelectualista do aristotelismo se acentuou em Guilherme de Ockam, até chegar ao indeterminismo e voluntarismo absoluto. A gnosiologia e a epistemologia ockamista eliminam toda analogia entre Deus e a criatura, em nome da diferença: tanto a analogia do ser como a analogia da imagem. A teologia ockamista abandona o argumento da causalidade, enquanto a primeira causa do mundo poderia não coincidir com Deus, mas identificar-se com um corpo celeste. A linguagem sobre Deus entra em crise, enquanto os atributos divinos resultam indemonstráveis na teoria ockamista, tanto a unicidade quanto a onipotência ou a infinitude. Dada a liberdade divina, a ordem do mundo resulta também impossível de deduzir e prever, mesmo depois da revelação, já que qualquer elemento mudando depende absolutamente de um ato livre divino, e a vontade divina é absolutamente irredutível, devendo só ser aceita e adorada. O ceticismo teológico ockamista chega a afirmar o caráter não científico da teologia, negando a evidência divina, tanto pela ontologia quanto pela cosmologia.[54]

Acentuando o voluntarismo e o personalismo, a escola franciscana de Oxford caminha até uma dissolução do catafatismo aristotélico-

---

[53] I. DUNS SCOTUS. *Opus oxoniense*, IV, d. xv, q. I, 4-7; V, Prol., q. i-ii.
[54] G. DE OCKHAM. *Summa totius logicae*, III, i; *In Sententiarum*, I, d. i, q. iv, F; *quodlibeta*, II, q. i; IV, q. ii.

-cristão. À mesma superação da "via catafática" chega a teologia místico-contemplativa do platonismo tardo-medieval. O mestre Eckart em particular reagiu contra o conceito de sumo ente, aplicado a Deus, e também contra o conceito do puro ato, concebendo a Deus exclusivamente com puro pensar, absolutamente transcendente ao mundo, enquanto fundamento do universo, ainda que imanente a toda realidade, segundo a perspectiva panenteísta do platonismo cristão.[55] O panenteísmo apofático platônico se propõe novamente como mística da união entre Criador e criatura em Nicolau de Cusa, em cuja teologia Deus aparece simultaneamente como absolutamente transcendente e impossível de deduzir a partir do finito, enquanto Infinito, e como radicalmente imanente, enquanto unido a toda criatura, como presença do Infinito no mundo da finitude. Em Deus como absoluto se dá a coincidência dos opostos, isto é, do máximo e do mínimo. No absoluto se realiza a máxima contração ou complicação da realidade, que depois se explica e expande no universo. Entre o Infinito e o finito, a única mediação rigorosa possível é a analogia própria do conhecimento matemático. O mundo criado se eleva da finitude por meio da criatura humana, microcosmos, que recapitula o macrocosmos; no homem pode realizar a união do Criador e da criatura, que alcança a perfeição da unidade em Cristo, Verbo infinito encarnado na finitude. Por isso, o método neosocrático da douta ignorância se resolve na adesão de fé ao próprio Cristo.[56]

O renascimento do pensamento neoplatônico no mundo da cultura mediterrânea repropõe a abertura ao universo religioso como contemplação teônoma universal, realizada pela via teorética da contemplação, e pela vida mística do amor, como *Eros* universal. Como exemplo, situam-se Marsilio Ficcino e a Academia florentiana.[57] Porém, a mística

---

[55] M. ECKHART. *In Matthaeum*, v, 3; x, 28.
[56] N. CUSANUS. *De docta ignorantia*, I, 1-4, 11-13, 21; II, 4, 10-12; III, 2-8, 11.
[57] M. FICINO. *Della Religione christiana*, iv; *Thoelogia platônica*, viii, 6; *Sopra lo amore o ver*

da identidade, própria do platonismo, não tarda em superar os limites da diferença, repropondo em sua mística do Infinito a lógica de um panteísmo radical, que afirma de modo adialético e imanentístico a unidade entre Deus e o mundo. O Infinito funda o finito, porém se confunde a diferença, chegando a uma identidade entre o Uno e o todo. Em Giordano Bruno ou em Tomás Campanella se dá o passo do panenteísmo religioso do platonismo cristão ao panteísmo físico da via neoplatônica da identidade. A natureza é deus nas coisas, e um "heroico furor" leva o homem a identificar-se com essa divindade feita natureza.[58]

2. O magistério eclesial

O magistério eclesiástico medieval no ocidente latino repropõe a doutrina do primeiro artigo do símbolo contra todo intento de dualismo: permanece fiel ao voluntarismo do platonismo agostiniano, rechaçando somente as teses erigenistas; rechaça também toda forma de panteísmo rígido. Assim, no Concílio Carisíaco (Quiercy, 851) e no Concílio Valentino (Valence, 855), o magistério sinodal rechaça diversas concepções equivocadas sobre a presciência, a predestinação e a reprovação divinas, que anulavam a liberdade e a responsabilidade humana ou enganavam a fé na bondade e na justiça divina, repropondo a heresia de J. Scoto Eriúgena, que afirmava a necessidade teológica do mal, enquanto conhecido pela presciência divina e decretado na predeterminação divina.[59] O Concílio Snonense (Sens, 1140) recolheu as teses de Bernardo

---

Convito di Platone, iii, 2; v, 10-11.
[58] G. BRUNO. *De la causa, principio e uno*, d. i-ii &v; *Spaccio della bestia trionfante*, d. iii; *De gli eroici furori*, II, d. i-ii; T. CAMPANELLA. *Metaphysica*, VI, Prologus; *Theologicorum*, I, ii, 1-2.
[59] CONC. CARISIACUK. *De praedestinatione*, cap. lii (DS 623); CONC. VALENTINUM. *De praedestinatione*, cn. li & vi (DS 626s, 633).

de Claraval das XIX proposições heréticas de Pedro Abelardo, particularmente as que se referem ao "otimismo teológico", segundo o qual Deus não pôde operar melhor do que operou no mundo, assim como a necessidade no comportamento e ações divinas, inclusive em relação ao mal, que Deus mesmo não poderia impedir.[60]

Eugênio III aceitou parcialmente a crítica do Concílio Remense (Reims, 1148) à linguagem teológica de Gilberto de Poitiers, que propugnava uma distinção entre a realidade divina, enquanto natureza ou substância, e a trindade divina, enquanto realidade tri-hipostática. O magistério papal rechaça qualquer distinção real entre o natural e o pessoal em Deus.[61]

Diversas correntes do pensamento religioso, com os albigenses e cátaros, haviam renovado a afirmação herética do dualismo divino, distinguindo o Deus criador do Antigo Testamento do Deus salvador do Novo Testamento, atribuindo a criação do mundo ao princípio do mal. O Concílio Lateranense IV, em novembro de 1215, reafirmou a unidade e a unicidade do princípio divino, confessando "um só e único Deus verdadeiro, eterno, imenso e imutável, incompreensível, onipotente e inefável."[62] Particularmente relevante a teoria analógica do concílio, em seu intento de mediação entre uma teologia da identidade mística de Joaquim de Fiore e uma teologia da diferença racional de Pedro Lombardo. O Concílio propõe uma via dialética entre Criador e criatura, como tensão de semelhança e dessemelhança, em que a dessemelhança sempre é maior, colocando-se, assim, na proximidade do apofatismo moderado. É importante também a condenação da linguagem panteísta de Amalrico de Bena, com sua identificação de Deus e o todo.[63]

---

[60] CONC. SENONENSE. *Errores Petri Abaelard*, 6-7 (DS 726ss).
[61] CONC. REMENSE. *De Trinitate divina*, cap. i (DS 745).
[62] CONC. LATERANENSE IV. cap. i. *De fide catholica* (DS 800).
[63] Cap. ii. *Errore abbatis Ioachim* (DS 806 & 808).

A mesma doutrina da unicidade e da unidade divinas contra todo dualismo, assim como contra todo pessimismo cósmico-diabólico, foi reafirmada no Concílio de Lyon II (1274), confirmando a profissão de fé de Miguel Paleólogo, imperador de Constantinopla, já precedentemente proposta em 1267 por Clemente IV. O mesmo ensinamento está contido em um Decreto de união com os orientais, no Concílio Florentino em 1442. Nessa mesma intenção, o Concílio de Trento renovou sua profissão de fé usando o símbolo niceno-constantinopolitano em 1564.[64]

João XXII, na constituição *In agro dominico* (1239), condenou diversas proposições do Mestre Eckart, em relação com a eternidade, unidade e bondade divinas. Da linguagem fortemente paradoxal e da intelecção intensamente apofática da teologia eckartiana parecia deduzir a eternidade do mundo, a unidade de Deus em sua realidade substancial e pessoal e a impossibilidade de falar da bondade divina.[65]

Por meio dessas declarações e definições dogmáticas, o magistério eclesiástico reafirma a fé da Igreja antiga, professando a *identidade* profunda entre o Deus misterioso, criador e providente e o Deus revelado, Pai misericordioso e bondoso; professava também a convicção da *diferença* profunda entre o Deus e o mundo, entre o Criador e a criatura; afirmava a transcendência divina na imanência, acentuando a incompreensibilidade e a inefabilidade, por um lado, e a presença e ação divina por outro; e finalmente se opunha a qualquer linguagem que pudesse menosprezar a fé na justiça e na bondade divinas, tanto falando da realidade criada como referindo-se à presciência e predestinação de Deus.

---

[64] CONC. LUGDUNENSE II. Sessio IV: *professio fidei Michaelis Palaeologi imperatoris* (DS 851); CONC. FLORENTINUM. *Bulla unionis Coptorum Aethiopumque "Cantate Domino"* (DS 1330-1336); CONC. TRIDENTINUM. *Bulla "Iniunctum nobis"* (DS 1862).
[65] IOHANNES XXII. Const. *"In agro dominico": Errores Echardi*, 1-3, 23-24, (2) (DS 951-953, 973-974, 978).

A aporia moderna

A integração profunda entre fé revelada e razão filosófica, típica do platonismo cristão na tradição patrística, cede o passado na teologia escolástica a um esquema de subordinação instrumental da razão lógica à fé cristã, como é característico do aristotelismo escolástico. Com a tensão crescente entre as exigências metódicas da razão crítica e a certeza incondicionada na fé revelada, entram em crise tanto o "modelo de integração" do platonismo patrístico, como o "modelo de subordinação" do aristotelismo escolástico. Assim, foram substituídos por "modelos de justaposição" entre as exigências da razão e as da fé, quando não por modelos de oposição frontal, seja de tipo fideísta seja de tipo racionalista. O Concílio Vaticano I intentou uma mediação entre as opostas teses do tradicionalismo fideísta e do racionalismo crítico.[66]

1. Racionalismo e fideísmo

O debate da teologia moderna sobre o problema de Deus está caracterizado pela oposição entre as exigências da razão crítica e controladora e os imperativos de adesão incondicionada, própria da fé revelada. Essa confrontação, iniciada na teologia escolástica e exasperada na teologia panteísta do neoplatonismo renascentista, se manifesta energicamente a partir da reforma luterana, na teologia da contrarreforma, no racionalismo filosófico, no iluminismo e no idealismo, e no primeiro existencialismo.

Tanto a "via ontológica" do platonismo agostiniano como a "via cosmológica" do aristotelismo tomista passam a um segundo plano na teologia luterana da cruz, preocupada fundamentalmente em salvar as exigências do momento paradoxal da graça. A linguagem luterana

---

[66] CONC. VATICANUM I. Sessio III: const. Dogm. *"Dei Filius"* de fide catholica, cap. IV. De fide et ratione: 'Verum etsi fides sit supra rationem, nulla tamen unquam inter fidem et rationem vera dissensio esse potest" (DS 3017).

sobre Deus se caracteriza pela tensão entre o Deus que rege infalivelmente o mundo e o transcende absolutamente (*Deus absconditus*) e o Deus que se revela como Pai e nos comunica sua misericórdia na cruz do Filho (*Deus revelatus*).[67] O Deus escondido é inalcançável à razão humana, por ser vontade de total liberdade que dispõe ilimitadamente da criatura, movendo-a com sua potência incompreensível como se tratasse de dirigir um jogo de boneco ou marionetes. Por isso, a criatura humana vive na angústia diante do silêncio de Deus, que é, por sua vez, sua desnudada majestade (*nuda maiestas*). Somente a confiança pode elevar o pecador a Deus invisível, porém é incapaz de obtê-la em função de sua condição de pecador. Ainda que Deus se revele por suas obras e a voz interior da consciência, o homem dificilmente o reconhece, perdendo-se em especulações que só o conduzem ao desespero.[68] Porém Deus eleva o pecador à confiança, revelando na cruz sua misericórdia. Nessa teologia da cruz, Deus se revela de modo paradoxal (*sub contrario*), manifestando sua força na fragilidade, sua bondade sob a forma aparente da ira. O crente, elevado à esperança em Deus, por força das promessas divinas, espera na justiça divina, justificadora do pecado, e na fidelidade divina a sua aliança em Cristo. Movido pela fé na revelação divina e pela esperança na promessa de Deus, o crente afirma a unidade divina entre o Deus misterioso e o Deus revelado em Cristo, sem que possa superar o intransponível hiato entre a revelação da palavra divina e a realidade mundana.[69]

A linguagem teológica de Calvino revela um intenso teocentrismo e uma marcada nota de transcendência da realidade divina como von-

---

[67] M. LUTHER. Tesis de Heidelberg (1518): *Werke* I (Weimar 1883), 361-362; Resolutiones disputationum de indulgentiarum virtude (1518): *Ibid.*, 613-614; Ad Romanos (1515-16): *Ibid.*, LVI, 392-393.

[68] *Werke* I, 557-558; LIV, 185-186.

[69] *Werke* I, 364; LVI, 268-273.

tade predestinante e glória cheia de majestade. Deus é, antes de tudo, o Senhor da eleição e da aliança, cuja glória resplandece na dupla predestinação, como amor de redenção ou como justiça punitiva. O conhecimento natural de Deus está obscurecido pelo pecado. Por isso, o homem necessita da luz da fé e da revelação da cruz. O homem só se conhece verdadeiramente quando se conhece como criatura e, portanto, quando conhece a Deus como seu Criador. Porém, estando a natureza humana decaída no pecado, o homem tende a fazer uma falsa ideia de Deus e uma falsa ideia de si mesmo. Pelo conhecimento de fé, ele se conhece como pecador, que tem em Deus seu redentor e em Cristo o único mediador da salvação.[70]

A teologia da contrarreforma encontra seu motivo profundo de inspiração na renovação interior e na piedade, como na via ascética da conversão à mística do serviço divino, formulada por Ignácio de Loyola em seus "Exercícios espirituais", em que Deus aparece como fundamento, a cruz se revela como chamada à conversão, Jesus se manifesta como paradigma do serviço divino e seu seguimento culmina na contemplação do amor divino, como comunicação irradiante. O penitente, por sua vez, é convidado a identificar-se concretamente com a comunhão católica, sentindo-se unido à Igreja hierárquica.[71] Também a via mística da reforma carmelita opera uma profunda renovação espiritual, redescobrindo as exigências da via contemplativa, que caminha na noite escura da alma até a união com Deus, vivendo as exigências cristãs da abnegação de si mesmo e abrindo-se à contemplação extática na dimensão espiritual do "castelo interior".[72]

---

[70] J. CALVIN. *Institution de la religion chretienne* (1560), I, cap. I-iv; II, cap. Vi, III, cap. i.
[71] I. DE LOYOLA. *Exercicios espirituales*, nn. 23, 53, 101ss, 230 ss, 352ss.
[72] JUAN DE LA CRUZ. *Subida almonte Carmelo*, II, iii, 4; iv, 2; vi, 7: *Noche oscura*, II, v, 2-4; *Llama de amor viva*, Estrofa iii, 72-73; TERESA DE JESUS. *Castillo interior*, Primera morada, ii, 9; Sexta morada, iv, 5-6; Séptima morada, iii.

Sem dúvida, seja com o fideísmo da teologia evangélica da reforma luterana e calvinista, seja com o apofatismo místico da piedade católica, coexiste como sistema de pensamento teológico a potente arquitetura do aristotelismo cristão. Isso ocorre tanto na ortodoxia protestante quanto na escolástica do barroco, ainda que aumente a exigência de fazer coexistir com a especulação teológica a documentação histórica da revelação bíblica e da tradição patrística. Continuam a ser ensinadas as grandes teses do agostinianismo e do tomismo sobre o conhecimento de Deus e a linguagem sobre Deus, sobre a vida divina enquanto ciência e vontade. As diferenças entre as confissões e entre as escolas se referem, sobretudo, ao problema da concórdia entre a liberdade humana e a soberania divinas, assim como a íntima tensão entre a finitude criada e a infinitude incriada.[73]

Tanto a vida mística do apofatismo cristão como a via especulativa do catafatismo escolástico deverão confrontar-se com a nova metodologia da razão autônoma, que busca na matemática o fundamento de uma nova racionalidade e a possibilidade de uma nova teologia. Partindo da dúvida metódica, a filosofia cartesiana chega à certeza imediata do eu, como ponto de partida inquestionável de toda investigação rigorosa. A dialética finito-infinito se resolve na contemplação do Infinito como perfeito e como fundamento da finitude criada. A certeza da realidade divina fundamenta a certeza da realidade corpórea e da ordem natural.[74] O racionalismo cartesiano desemboca no ontologismo com Malebranche. O espírito humano contempla toda realidade em Deus, única causa de todo movimento espiritual ou cor-

---

[73] Basta recordar a polêmica entre o molinismo e o banhenismo sobre a concórdia entre a liberdade divina e a liberdade humana, ou o debate entre o *intra* luterano e o *extra* calvinista, a propósito da relação finito-infinito.

[74] R. DESCARTES. *discours de la Méthode*, IV: *Meditationes* III; *Regulae ad directionem ingenii* III.

poral e cujos atributos resplandecem, sobretudo, na ordem natural do universo, com suas leis matemáticas imutáveis, verdadeira revelação, mais que o portento da sabedoria e potência divinas.[75] Com a perda da diferença entre universo e Deus, sem dificuldade se chega à posição panteísta, como na filosofia geométrica de Spinoza, em que Deus se identifica com a mesma natureza e onde a lei divina natural é instrumento privilegiado do conhecimento e do amor divinos, enquanto a religião revelada serve apenas de regra prática de obediência.[76] Com o racionalismo, a teologia corre o risco de dissolver-se em uma ontologia da espiritualidade racional ou em uma filosofia da natureza oniperfeita. Contra esse risco reagiu o fideísmo cristão, considerando a dificuldade de chegar com certeza ao Infinito, partindo da obscuridade da finitude. Deus aparece, assim, como não evidente à luz da razão, podendo afirmar-se somente como o "Deus escondido" da história da salvação ou como o Deus de Abraão e não como Deus dos filósofos. Tanto mais, que somente a revelação cristã oferece a possibilidade de compreender o mistério do homem.[77]

O intento mais elaborado de construir uma teologia racional a partir da ordem contingente da natureza ou da história se encontra na teodiceia de Leibniz e na "nova ciência" de Vico. À luz do princípio de razão suficiente, a teodiceia leibniziana prova, a partir da ordem contingente, a realidade divina e suas perfeições absolutas: unidade e infinitude, potência, sabedoria e bondade. O ato divino criativo determina a existência de uma ordem possível, seguindo a regra da conveniência otimista, legitimando com necessidade hipotética todo evento contingente,

---

[75] N. MALEBRANCHE. *Recherche de la vérité*, III, ii, 6-7; VI, ii, 3; *Méditations chrétiennes ete métaphysiques*, VII, 15 & 22.
[76] B. SPINOZAS. *Tratactus tehologico-politicus*, iv-vi, xiii-xv; *Ethica ordine geométrico demonstrata*, I, Ax. I-viii, prop. xiv-xix; II, prop. i-ii; xlv-xlvoo; V. prop. Xxxvi.
[77] B. PASCAL. *Pensées*, n. 72, 194, 229, 230, 233, 242, 430, 434, 435, 545, 548, 556-557.

na perspectiva da ordenação teleológica do universo criado. O problema do mal se resolve considerando que o mal metafísico coincide com a limitação essencial da criatura em sua finitude, enquanto que o mal físico e moral constituem possibilidades implícitas na ordem otimista do universo e do elemento concomitante à perfeição cósmica. O princípio geral da harmonia pré-estabelecida explica a relação da mônada singular com o universo, da alma com o corpo, de Deus com a criatura espiritual e do reino físico da natureza com o reino moral da graça.[78]

Por sua vez, a nova ciência de Vico se propõe como "teologia civil" sobre a providência divina, analisada à luz da razão. Trata-se de demonstrar historicamente a ordem da providência divina e o esplendor dos atributos divinos: onipotência, bondade, sabedoria infinita. Regendo a criatura humana pela paixão e pelo interesse próprio, a ordem histórica manifesta um caráter providencial. O plano da providência, determinado como "história ideal eterna", constitui a norma do processo da história real. A razão providente transcende as determinações contingentes da história humana, ordenando-a à história ideal eterna. Por sua racionalidade, a ordem providencial se opõe ao puro acaso e também ao destino fatal, sendo norma religiosa de ação moral.[79]

A tensão entre as exigências da razão crítica ou iluminada e as convicções da fé revelada chegam no deísmo iluminista a um ponto de ruptura. A razão autônoma e a crítica legitimam na liberdade de consciência o próprio espaço, na dialética da espontaneidade do indivíduo em relação com as exigências objetivas da comunidade como corpo político, ou Estado, e como corpo religioso voluntário ou Igreja.[80] A religião racional

---

[78] G.W. LEIBNIZ. *Monadologie*, 31-38, 50-60, 78-90; *Théodicée*, I, 7, 20-21, 45, 52-54, 59, 62-63.

[79] G. VICO. *Scienza nuova seconda* (1744), Denità V, L. I, iii-iv; Conchiusione.

[80] P. BAYLE. *Commentaire philosophique sur ces paroles de l'Évangile selon S. Luc chap. XIV vers. 23*: 1, 2 & 6; J. LOCKE. *Epistula de tolerantia*.

se confronta com a positividade da fé revelada, como instância crítica, na esfera teorética, e como instância moral, na esfera prática, polemizando com a superstição fanática e com a constrição intolerante, defendendo a universalidade da religião de razão e afirmando, no âmbito da nova visão do universo newtoniano, Deus como o grande Artífice do universo e como a garantia das leis matemáticas que o regem.[81] Porém, a razão autônoma passa a considerar as relações entre religião e moral de modo mais completo. Mais que dizer que a moral é corolário ético da convicção religiosa, deveria se afirmar que a convicção crente é o corolário religioso do fundamento da moralidade.[82] Finalmente, uma visão naturalista da problemática seculariza totalmente a questão religiosa e a questão moral. A ética racional não pode ser fundamentada no teísmo, mas no ateísmo. Não só carece de fundamento a tese de uma moral religiosa, mas a convicção de uma religião natural, que afirma a realidade divina pela via ontológica ou pela via cosmológica. A religião tem sua origem nas paixões e nos interesses humanos, e os deuses são o produto de um processo de hipostatização antropomórfica da fantasia humana.[83]

A relação entre razão autônoma e a fé autônoma se propõe no cristianismo transcendental e no idealismo romântico, em um claro esquema de subordinação, no que a razão crítica ou a razão especulativa atua como subordinante e a fé revelada, positiva em sua historicidade, resulta subordinada ao esquema racional de conhecimento e compreensão. No sistema kantiano, a teologia racional é submetida à crítica da razão pura,

---

[81] D. DIDEROT. *Pensées philosophiques*, XVIII-XX, XXVI, XXXVI; VOLTAIRE. *Traité sur la tolerance à l'occasion de la mort de Jean Calas* (1763); I. NEWTON. *Philosophiae naturalis principia matematica*, L. III, scolion.
[82] SCHAFTESBURY. *Inquiry concerning Virtue and Merit*, I, iii, 3; II, ii, 1; J. J. ROSSEAU. *Émile*, IV. *Profession de foi du vicaire savoayrd*.
[83] P. H. D. D'HOLBACH. *Système de la nature*, II, 9-11; D. HUME. *natural History of Religion*, i-iii & vi-vii.

analisando as ideias transcendentais como conceitos do Incondicionado e o itinerário natural da razão ao colocar o conceito de um sumo Ser e ao argumentar sobre sua realidade. A razão crítica rechaça tanto a via ontológica quanto a via cosmológica para chegar à afirmação de Deus. À ideia de Deus da razão pura só pode ser atribuído um uso regulativo. Com isso, a teologia transcendental em sua crítica do uso especulativo da razão pura exercita uma função essencialmente negativa; porém, assim abre o caminho para o uso prático da mesma razão e para a formulação dos postulados fundamentais referentes à afirmação religiosa.[84] O passo da ética à religião se produz, enquanto o homem necessita da realidade divina para entender-se a si mesmo como ser moral, já que só uma alma imortal e uma santidade divina onipotente e onisciente podem garantir o adequado reconhecimento à dignidade do homem e o adequado prêmio de felicidade e sua virtude. Partindo, pois, da liberdade e responsabilidade manifestada no imperativo categórico da lei ética, se fundamenta a ideia de Deus e a da alma imortal, que são também as condições de possibilidade para a atuação do sumo bem buscado pela razão prática. Por isso, esses postulados fundamentais são exigência necessária da razão pura prática.[85]

Coerentemente, o criticismo transcendental estuda a religião, isto é, a fé cristã, dentro dos limites da razão pura, distinguindo o cristianismo como "fé racional pura" e como "fé revelada". Elabora uma teoria da conversão como "revolução da intenção" ou intento de contraposição ao mal moral, expressão do mal radical. Elabora também uma teoria filosófica da salvação como redenção e justificação pela fé, vendo em Jesus a personificação da perfeição moral. A justi-

---

[84] I. KANT. *Kritik der reinen Vernunft* (1787): Die transscendentale Dialetik, I, ii-iii; II, iii, 7; Anhang. Cf. *Werke* III (Berlim, 1968), 250ss, 420 ss, 426ss.

[85] *Kritik der praktischen Vernunft* (1788): Vorrede; I/II, ii, 1-8, cf. *Werke* V, 3ss, 110ss, 122ss, 124ss, 132ss.

ficação filosófica da eclesiologia supõe a dimensão coletiva do conflito moral. Por isso, o domínio do chamado "bom princípio" só pode acontecer em uma sociedade ética. Ora, a ideia de um "povo de Deus" só pode concretizar-se na organização humana sob a forma de Igreja. O passo histórico da religião natural à religião positiva acontece de forma paradigmática na fundação da comunidade cristã primitiva. Todo culto de Deus que se aparta da religião racional da moralidade pura, ainda que realizada em uma religião estatutária, seria falso. O futuro advento do Reino de Deus, como santidade e presença, como justiça e graça, só vem como domínio da religião racional pura de santidade moral.[86]

A filosofia do iluminismo, ainda em sua crítica à religião, frequentemente estava animada de um sentimento de admiração pela função pedagógica da história da salvação e da revelação com relação ao progresso moral e espiritual da humanidade toda no processo da história universal.[87] Porém, o romantismo, em nome de uma "filosofia da fé", assume a função contraposta de criticar a insuficiência da razão, em sua dimensão intelectual, em nome de uma razão religiosa contemplativa, procedente do sentimento crente. Assim, a filosofia jacobiana da fé critica o falso Deus do intelecto filosófico, que coincide com o Uno identificado ao todo universal, revalorizando o Deus da fé, indemonstrável como a própria fé. A filosofia transcendental encerra uma valência positiva à medida que se compreende como ciência da própria ignorância e abre um caminho à fé. Do contrário, a filosofia transcendental se converte em vã "ciência filosófica do nada". O homem se conhece a si mesmo quando reconhece sua relação a Deus, enquanto Outro absoluto.

---

[86] *Die Religion innerhalb de Grenzen der blossen Vernunft* (1793): I, iii-iv; II, I, a; II, ii, 3-7; IV, I, 1-2; IV, ii, 1-2: *Werke* VI, 32ss, 39ss, 60ss, 100ss, 157ss, 167ss.
[87] G.E. LESSING. *Die Erziehung des Menschengeschlechts*, nn. 1-17, 34-40, 51-61, 70-80, 85-91; J.G. HERDER. *ideen zur Philosophie der Geschichte der Menschheit* (1784).

Sendo o homem criado à imagem de Deus, adquire uma legitimidade própria o antropomorfismo religioso.[88]

Tanto no criticismo kantiano quanto no fideísmo jacobiano, se realiza substancialmente uma fundamentação das grandes ideias religiosas, partindo da subjetividade humana como vontade ética ou sentimento crente. Porém, para a razão autônoma é sempre problemático o antropomorfismo religioso e o mesmo personalismo bíblico. Essa dificuldade de pensar o Absoluto simultaneamente como infinito e como pessoal se torna relevante na filosofia do idealismo romântico, particularmente no sistema fichtiano. O idealismo procura superar o hiato entre a esfera da subjetividade e da objetividade, entre a ideia e a realidade, encontrando no sujeito humano a orientação ao objeto infinito, que será posteriormente reconhecido como Sujeito absoluto. O idealismo permanece fascinado pelo princípio da identidade e pelo problema da relação do Infinito com o finito. Não apenas no plano teorético, em que o Infinito aparece como verdade absoluta e infinita beleza, que fundamenta toda verdade descoberta e toda beleza criada; mas também no plano prático, em que o Absoluto se revela como vontade infinita, que sustenta as vontades finitas e as relaciona entre si, em função da atividade moral, através da qual atual Deus mesmo.[89] A dialética finito-Infinito se põe também como relação entre religião e história. A tensão entre necessidade e destino, de um lado, e vontade e liberdade, de outro, se harmoniza na religião como sistema teológico da providência divina. Porém, enquanto a história se põe como momento infinito da liberdade, em antítese à necessidade, a síntese se obtém somente por um processo ao infinito. Por isso, a história resulta em uma revelação contínua, sempre incompleta, do Infinito.[90]

---

[88] F. H. JAKOBI. *Von den göttlichen Dingen* (1881); *Jakobi an Fichte* (1799).

[89] J. G. FICHTE. *Die Bestimmung des Menschen* (1800), III.

[90] F. W. SCHELLING. *Philosophie der Kunst* (1802/3), xx-xxiv: Werke I, (Stuttgart, 1859), 384ss; *über das Wesen der menschlichen Freiheit* (1809).

A filosofia religiosa do idealismo romântico vive, com Schleiermacher, um momento privilegiado. A religião passa a ser considerada com intuição do Universo e sentimento do Infinito, capaz de integrar a função especulativa e a função ética, sem que com isso a religião possa ser reduzida a metafísica ou a moral. Schleiermacher renunciou a construir um sistema filosófico fechado, considerando insolúvel o problema da relação entre a esfera subjetiva e a objetiva, entre a ideia e a realidade; por isso, renunciou também a conceber uma ideia de Deus, dada sua não objetividade, sua a-conceitualidade e incompreensibilidade. A teologia parecia condenada a um total apofatismo, a única via de mediação consistia na elaboração do sentimento subjetivo de dependência radical em relação à realidade divina. Negada pela piedade religiosa à incondicionalidade do absoluto e à liberdade finita, o homem religioso aceita os limites de sua finitude e de sua dependência radical, e pode reconhecer a Deus como fundamento incondicionado, de onde essa dependência deriva. Assim, pois, a linguagem catafática sobre Deus possui sempre um caráter indireto e inadequado, dado que nada pode afirmar sobre a essência divina, mas somente podem referir o modo como o homem religioso vive, no interior das religiões positivas, seu sentimento de dependência criatural. Desse modo, a linguagem religiosa do teísmo recuperou sentido e significado, como expressão concreta da fenomenologia religiosa do sentimento de dependência absoluta, presente somente em uma religião particular, positiva e histórica. Uma teologia natural racional seria pura abstração, metafísica ou ética; a única teologia possível deve ser construída sobre uma revelação histórica e uma fé positiva.[91]

O risco da especulação idealista, fascinada pelo princípio da identidade, está em perder a noção da diferença entre a realidade incondicionada e o fundamento incondicionado e, com isso, derivar a um monismo panteísta, construído sobre o eu absoluto, como

---

[91] F. D. E. SCHLEIERMACHER. *Über die Religion. Rede an die Gebildeten unter ihren Verächtern*, cap. Ii & v; *Der christliche Glaube* I (Berlin, 1830), Einleitung.

consciência que compreende a unidade do sujeito e do objeto; ou partindo para um processo mítico-simbólico, em que o Absoluto entra na história e se torna objetivo no mundo das ideias ou no da realidade. O sistema hegeliano do idealismo absoluto abandona a ilusão de uma "filosofia" da fé e de um saber imediato, que só pode chegar a um Deus, em geral, e a uma religião sem conteúdo e sem mediação cultural, quando não sucumbe ao risco do irracionalismo. Esse sistema parte do conceito mesmo de Absoluto como Sujeito que se objetiva inelutavelmente em seu próprio processo infinito, da alteridade e do tornar-se outro, no retorno a si mesmo através da negatividade. A unidade entre o ideal e o real é tarefa constante do Espírito absoluto na história. No sistema hegeliano, a religião é concebida como a revelação e a automanifestação divina do Absoluto, sob a forma da representação. Deus, por sua vez, é pensado como Espírito absoluto em seu movimento evolutivo primordial, de caráter trinitário, que se afirma, se autodivide e se reconcilia consigo, objetivando-se na realidade cósmica e histórica, com criação, revelação e salvação. Com isso, chega a seu ápice a filosofia da identidade, ao unificar religião e história; porém, assim prepara a própria dissolução, sendo incapaz de reduzir ao princípio da identidade a história, como reino da diferença e como espaço da contradição, a finitude e a liberdade criada.[92]

O confronto com o idealismo romântico e particularmente com o sistema hegeliano se realizou em diversas frentes, especialmente nas posições naturalistas, como o antropocentrismo concreto de Feurbach, a crítica social de Marx, o pessimismo de Schopenhauer, ou em posições opostas, como o individualismo religioso de Kierkegaard. Todas essas posições alternativas ao idealismo revalorizam o momento existencial

---

[92] G. W. F. HEGEL. *Phänomenologie des Geistes* (1807), VII/B; *enzyklopädie der philosophischen Wissenchaften* (1817), par. 63, 73-74, 552, 564-573.

do homem, em sua concretude de sentimento e inteligência, em sua alienação individual e social, em seu possível niilismo e irracionalidade, em sua angústia e desespero íntimo. Assim, Feuerbach critica o idealismo hegeliano, como "teologia" racionalizada, que aliena o homem em um sistema abstrato da ideia.

A "nova filosofia" propõe programaticamente como objeto o homem em sua totalidade concreta, de pensamento e sentimento, e enquanto comunicação interpessoal, suprimindo toda alienação filosófica ou teológica. A religião mesma deve resultar em uma antropologia, ao considerar como seu objeto o próprio homem, projetado fora de si e objetivado como Infinito e absoluto. Os mistérios cristãos são objetos de uma redução interpretativa, segundo a qual a encarnação passa a significar a objetivação do amor inter-humano e a trindade é interpretada como objetivação da comunhão plural, entre o eu e o tu. Deus mesmo é interpretado como ideia da humanidade, enquanto espécie, projetada sob a determinação de um Indivíduo absoluto.[93]

Também a crítica social de Marx ao idealismo parte da ideia de alienação religiosa, filosófica, política, econômica, expressão teórica da contradição de interesses na sociedade. Criticando o sistema hegeliano como conservador e ideológico, a alternativa crítica marxista propõe uma superação de toda alienação, na consciência religiosa ou moral e na vida social e política, vendo essa superação na utopia social de um comunismo escatológico, pela via da práxis desalienante, pela exasperação das tensões e pela crítica teórica da dominação inter-humana, legitimada religiosamente.[94] A secularização da ideia religiosa transformando-a em uma consideração antropológica, de tipo individual ou de tipo social, torna-se programática no niilismo irracional de Schopenhauer, onde carece

---

[93] L. FEUERBACH. *Das Wesen des Christentums* (1841), cap. II, V, VII, XVII.
[94] K. MARX. *Die Handschriften Von 1844*, III, par. v, xii, xxviii-xxx; F. ENGELS. *Antidühring*, III, v.

de sentido a ideia de Deus como onipotência pessoal, salvando só uma linguagem sobre "deus" entendido como símbolo da vontade de viver, superando a dor da existência. Porém essa linguagem, assimilável ao apofatismo místico dionisiano, não só seria negativa na forma, mas também absolutamente privada de conteúdo: nada dizendo e nada ensinando.[95]

A dimensão da transcendência na existência religiosa é posta em primeiro plano no fideísmo kierkegaardiano, onde em alternativa ao princípio da identidade se constrói o projeto filosófico sobre o princípio da diferença entre finitude, como alienação concreta, como pecado e desespero, angústia existencial, e o Absoluto, como Deus pessoal de santidade. Entre o Deus santo e o homem pecador existe uma diferença qualitativamente infinita, que nenhuma mediação cultural pode superar. Suposta essa contradição intransponível se explica a lógica da encarnação divina redentora. A consciência de culpa, a angústia e o desespero no próprio pecado e a experiência da diferença são condições para a fé e a justificação na graça. A existência nova na fé se vive como exercício do cristianismo concreto, na contemporaneidade com Cristo, na opção cristã, no empenho de vida, superando a hipocrisia e o conformismo de um cristianismo estabelecido, que deixa o escândalo da cruz e adota regras mundanas.[96]

---

[95] A. SCHOPENHAUER. *Die Welt als Wille und Vorstellung* (1859), IV, par. 63, 70-71; *Neue Paralipomena*, par. 377 & 396.
[96] S. KIERKEGAARD. *El concepto de la angustia* (1844), i, 5-6; ii, 2; *La enfermedad mortal* (1849), II/A, cap. i; II/B; *Ejercicio del cristianismo* (1850), I, i, 2-3; II, ii & iv.

2. O Concílio Vaticano I

O perigo da Igreja antiga era a admissão de uma diarquia divina dividindo a monarquia divina em um duplo princípio supremo divino, do bem e do mal, da salvação e da criação, do antigo e do novo testamento. Já o risco da Igreja da modernidade é a anulação do princípio da diferença entre Criador e criatura, Deus e o mundo, Infinito e finito, concluindo por afirmar um monismo panteísta, seja de selo naturalista e materialista ou de selo espiritualista e emanatista. No entanto, o modelo de integração profunda entre fé e razão, típica do apofatismo patrístico, é substituído por um esquema de subordinação exasperada ora da fé à razão, culminando em racionalismo iluminista ou idealista, ora da razão à fé, incidindo no fideísmo tradicionalista. Outras vezes se usa o esquema de justaposição de razão e fé, concluindo em uma forma mitigada de racionalismo.

O magistério eclesiástico deve consequentemente rechaçar, com sucessivas declarações, o fideísmo e o racionalismo, o ontologismo panteísta e o panteísmo essencial, reafirmando os princípios opostos: por um lado, a utilidade da integração profunda das exigências da fé com o método racional; por outro lado, a diversidade essencial entre a realidade divina e o mundo, assim como a liberdade na ação divina criadora. Primeiramente, sob os pontificados de Gregório XVI ou de Pio IX, o magistério rechaçou tanto os erros fideístas de L. Bautain e A. Bonetty,[97] como os do racionalismo católico de A. Günther e I. Proschammer.[98]

---

[97] *Theses a L.E. Bautain iussu sui episcope subscriptae* (1840): Th I, 5, 6 (DS 2751 & 2755ss); *Theses ex mandato S.C. Episcoporum et Religiosorum a L.E. BAUTAIN Subscriptae*: Th. I & 4 (DS 2765 & 2768); *Decretum S.C. Indicis contra traditionalismum A. Bonnety*: Th. 1-4 (DS 2811-2814).
[98] PIUS PP IX. Breve *"Eximiam tuam"*: *Errorres a. Günther* (DS 2828s); Ep. *"Gravissimas inter"*: *Errores I. Froschammer* (DS 2853ss).

Em segundo lugar, os tempos de Pio IX foram rechaçados como erros: o panteísmo, o ontologismo panteísta e a negação da liberdade no ato criativo divino.[99]

Singular relevância adquire o magistério doutrinal do Concílio Vaticano I, reafirmando, na constituição dogmática *Dei Filius* (24 de abril de 1870), tanto a possibilidade real da afirmação de Deus, pela razão humana, a partir da realidade criada, quanto a linguagem sobre Deus da tradição bíblica e eclesiástica, assim como a essencial distinção entre Deus e o mundo. O concílio rechaçou também, como erros opostos à verdade católica, o ateísmo e o materialismo, o panteísmo em suas diversas formas (emanatista e substancial, essencial, absoluta e evolutiva), o deísmo e o racionalismo, o agnosticismo e o fideísmo.[100]

O debate pós-moderno

O problema da experiência religiosa e da linguagem teológica continua no centro do debate atual, ainda que a questão debatida não seja tanto a contraposição entre apofatismo e catafatismo, ou entre racionalismo e fideísmo, como no passado. Hoje, se apresenta principalmente no debate referente à questão teológica de onde e como encontrar a Deus no mundo atual, condicionado pela crise da cultura moderna e dos valores tradicionais. As hipóteses de solução se orientam em duas direções contrapostas: a da imanência ou a da transcendência. Na teologia anglicana e protestante, depois de um período de "teologia liberal", que privilegiava a conciliação cultural entre fé cristã e racionalidade burguesa, assistimos a um período de

---

[99] Decretum S. Officii (18.IX.1861): *Errores Ontologistarum* (DS 2841-2847); *Syllabus seu Collectio errorum*, 1-5 (DS 2901-2905).
[100] CONC. VATICANUM I. Const. dogm. *"Dei Filius"*: cap. ii & can. De revelation (DS 3004ss, 3026ss); cap. i & can. De Deo (DS 3001ss, 3021ss).

grande vitalidade teológica, em que se acentua a relevância da transcendência da realidade divina, valorizando o princípio da diferença ética sobre o da identidade mística, como na "teologia da crise", ou intentando ao menos conciliar ambos os princípios, como momentos fundamentais da experiência crente, a qual encontra sua solução paradoxal na presença imanente de uma graça transcendente, como no método de "correlação". Finalmente, diante de uma teologia polarizada em torno do espiritualismo e da transcendência, se prospecta a imagem alternativa de uma teologia confrontada com a imanência histórica em sua versão individualista e secular, como nas teologias radicais da "morte de Deus", ou em sua versão social e comunitária, como nas teologias protestantes da utopia revolucionária e da esperança histórica.[101]

Também na teologia católica atual, depois de um período caracterizado pela crise modernista, polarizado no debate da possibilidade de uma apologética da imanência histórica, assistimos à construção de importantes elaborações sistemáticas. Estas valorizam especialmente o momento da transcendência e espiritualidade na vida eclesial e na teologia, como na denominada *nouvelle théologie* ou na *teologia kerygmática*, ou ao menos se procura integrar dialeticamente o momento transcendente com o momento histórico, chamado de "método transcendental". Finalmente, se assiste a uma revalorização do momento da imanência, em sua versão individualista, como nas teologias católicas da secularização, ou em sua versão social e comunitária, como nas teologias católicas da práxis e da libertação.[102]

---

[101] Cf. as notas 103-115.
[102] Cf. as notas 116-130.

1. Transcendência e história

Na teologia protestante, a contraposição entre racionalismo e fideísmo, idealismo e existencialismo teve como primeiro cenário de confronto o movimento conhecido como "teologia liberal", que recolheu fundamentalmente motivos de racionalismo moderado e de idealismo cristão, pensado como teologia de mediação e de reconciliação como cristianismo estabelecido no mundo burguês ocidental. Naturalmente, esse movimento teológico não estava isento de ambiguidade, nele pode-se verificar uma determinada proclividade ao panteísmo, que provocará como reação uma ênfase na defesa da personalidade e transcendência de Deus. Existe também o perigo de uma redução ética do teísmo, pela influência neokantiana, considerando a ideia de Deus enquanto Criador do mundo e Senhor da história, como mero postulado da razão moral, para que o homem possa fundamentar a certeza da própria dignidade. Contra o risco de uma redução ética da doutrina sobre Deus, surge uma reação teológica caracterizada pela revalorização da noção bíblica de Deus, como Senhor da natureza e da história, chamando a atenção sobre a diferença entre a noção filosófica de Deus, obtida pelo estudo dos atributos da atualidade e da oniperfeição divina, e a ideia bíblica de Deus revelada através de seu comportamento salvífico.[103]

A crise da "teologoia liberal" em sua redução do cristianismo ao imanentismo do exemplo histórico do paradigma ético teve origem por diversos fatores culturais e teológicos, éticos e religiosos. A grande guerra europeia e a primeira pós-guerra serviram de ocasião para uma crise

---

[103] A teologia liberal encontra seu apoio com A. Von HARNACK, *Lehrbuch der Dogmengeschichte* I-III (1886) e *Das Wesen des Christentum* (1900). A reação fideísta ao racionalismo liberal tem seu precursor em M. KÄHLER, *Die Wissenschaft der christlichen Lehre* (1883) e *Der sogennante historische Jesus und der geschichtliche biblische Christus* (1892).

profunda da sociedade burguesa ocidental e de seus valores ideológicos. O vitalismo critica a ética cristã convencional, a teologia dogmática revaloriza o personalismo bíblico na imagem de Deus, a filosofia da cultura constata um eclipse do sagrado em suas formas estereotipadas, a filosofia da religião propõe uma aproximação diversa ao fenômeno religioso através das dimensões do "sagrado", enquanto fascinante e tremendo, o cristianismo protestante revaloriza novamente a tradição do fideísmo evangélico.[104]

A superação definitiva da visão teológica liberal chegará com a "Teologia dialética", em sua revalorização do momento transcendente da experiência religiosa cristã e do caráter cristocêntrico da revelação escatológica. O conhecimento de Deus é possível somente por meio de sua Palavra, que é exclusivamente Cristo. O conhecimento da palavra divina o obtemos através da Escritura e da predicação da comunidade eclesial. Porém, ainda que a Bíblia e a Igreja nos transmitam a palavra divina, elas não são a Palavra de Deus. No entanto, a palavra divina não revela uma multiplicidade de mistérios, mas exclusivamente o mistério de Deus que se revela a si mesmo como o Senhor da aliança e como o Pai. A Escritura é especialmente o testemunho humano da palavra divina. No comentário barthiano à carta aos romanos, se supera uma concepção meramente histórico-crítica da exegese, substituindo-a por uma compreensão teológica da palavra divina, como *kerygma* de salvação em Cristo. Em nome da revelação escatológica, a "Teologia da Palavra" critica uma compreensão meramente "religiosa" do divino, que só conseguiria encontrar o *Deus absconditus*. Porém, a fé só é possível ao conhecer o *Deus revelatus*, no acontecimento primordial da ressurreição de Jesus. À questão teológica fundamental do *ubinam deus*, o teólogo crente pode oferecer uma única resposta: Deus é encontrado exclusi-

---

[104] Significativa é a atenção ao momento experiencial na religião e na fé; cf. W. HERRMANN. *Christlichprotestantische Dogmatik*; R. OTTO. *Das Heilige* (1917).

vamente em sua Palavra, ou seja, na revelação e na fé, como o Deus de Abraão e de Jesus, o Deus que nos ama na liberdade. O encontro com o Deus da aliança não pode realizar-se pela vida da dialética da *analogia entis*, na tensão entre a finitude criada e a infinitude incriada, mas somente pela via paradoxal da *analogia fidei*, no encontro da graça divina que justifica o pecador.[105]

Porém, um encontro com a palavra divina da salvação, no *kerygma* cristão, significa também o descobrimento da própria existência, quando se aceita vivê-la na fé e no amor, na sinceridade e na autenticidade. No acontecimento de Cristo, paradoxalmente nos revela tudo e nada. Tudo, quando se descobre a situação de uma existência autêntica; nada, quando apenas se quer descobrir uma notícia informativa sobre os mistérios divinos. Enquanto último episódio do itinerário de Jesus, a cruz revela o sentido da autenticidade pessoal, que aparece fundamentalmente na opção religiosa da primeira existência escatológica autêntica. A teologia dialética, na versão bultmaniana, intenta uma nova aproximação à Escritura, caracterizada simultaneamente pela hermenêutica existencial e pelo programa da demitização. A função teológica do exegeta procura uma reconstrução do significado do texto, compreendendo-o e explicando-o. Obstáculo para a compreensão do texto é o mito, enquanto realidade cultural obsoleta e enquanto realidade religiosa de pecado. Demitizar é simultaneamente uma tarefa cultural e uma função religiosa. A interpretação existencial pretende descobrir o tipo de existência, autêntica ou inautêntica, sob o mito e sob a fé. A existência, enquanto caminhar até a morte, só pode ser vivida de dois modos, com desespero ou esperança, com incredulidade ou fé na salvação divina. A revelação se refere ao fato (*dass*) de que Deus aprova esse tipo de existência autêntica, porém não ao conteúdo essencial (*was|*). A teologia deve buscar entender a realidade em si (*die Sache*), tanto

---

[105] K. BARTH. *Der Römerbrief* (1922); *Die Lehre vom Wort Gottes* (1927); *Fides quaerens intellectum* (1931); *die kirchliche Dogmatik* (1932ss).

no texto quanto no sujeito, considerando que em ambos se trata da mesma realidade da fé, e, portanto, no exercício da interpretação não se pode olvidar de seu vínculo existencial (*tua enim res agitur*). A tensão teológica não é dirigida tanto ao Jesus da história, quanto à palavra do *kerygma*, pronunciada por ocasião de sua morte.[106]

A revelação escatológica divina acontece em Cristo, porém sua relevância religiosa se verifica na ressonância existencial dos grandes símbolos cristãos. Se a teologia dialética tinha sublinhado o hiato entre o "Deus escondido" da religião, que podia conduzir à impiedade, e o "Deus revelado" da fé, que conduz à justificação na graça, o "método de correlação" sublinha a identidade profunda do Deus da experiência da transcendência, na dimensão do incondicionado, e o Deus da irrupção do sagrado, na experiência da revelação cristã. Porém, a revelação e seus símbolos só se tornam relevantes em um encontro com a experiência pessoal, mediado pela situação cultural. A condição humana se caracteriza por sua finitude essencialmente aberta do Infinito, e por sua alienação existencial, caracterizada pela contradição. A morte constitui a concretização da ameaça à realidade humana em sua finitude essencial; o mal moral constitui a negação de sua realidade ética ou sua contradição; o absurdo, por sua vez, constitui a concretização da ameaça à condição humana, enquanto tensão espiritual de vontade e consciência, em busca de sentido. A realidade humana se encontra ameaçada ôntica, ética e historicamente enquanto espírito no mundo. Deus somente se nos revela de modo significativo no confronto metódico entre a condição humana, como questão insolúvel, e os símbolos da revelação cristã, como irrupção de sentido incondicionado e último de toda realidade. Deus só pode ser encontrado na dimensão do incondicionado, como sentido último de toda realidade, enquanto natureza e história, enquanto desti-

---

[106] R. BULTMANN. "Welchen Sinn hat es, von Gott zu redden?" ThBl 4 (1925) 129-135; "Der Gottesgedanke und der modern Mensch": ZThk 60 (1963) 335ss.

no e liberdade. Deus é o fundamento do ser e do sentido. Não pode ser encontrado como um objeto a mais no mundo.[107]

Entre o finito e o Infinito, entre Deus e o homem, existe uma tensão máxima e uma correlação profunda. Deus é para o homem fundamento e abismo. O método teológico não pode limitar-se a explicitar o *kerygma* do passado ou a intentar traduzi-lo no presente. A teologia será fecunda se explicitar a dialética do sentido, entre o homem que indaga e a fé que responde, entre a razão que questiona e a revelação que anuncia sua mensagem divina. A questão fundamental levantada pelo homem, subjacente ao problema da dramaticidade da vida e da tragédia da morte, latente sob a provocação do absurdo ou do mal, é a questão mesma sobre o ser e sobre o sentido último da realidade. O homem descobre a si mesmo como uma estranha finitude separada de seu próprio fundamento radical e nostálgico do Infinito. O homem ameaçado pela contradição e pelo mal, pelo sentimento de culpa, pela angústia diante da morte, pela opacidade de sentido e pela transparência do absurdo, ao levantar a questão da realidade do ser, propõe a interrogação sobre a potência capaz de resistir à agressão da destruição física ou moral, pessoal ou histórica. Essa potência indestrutível, mais profunda e real que toda realidade, identificada com a plenitude do ser, legitimamente é denominada Deus.[108]

Entre a realidade finita e o Ser infinito se dá uma relação transcendental profunda, que deve entender-se não tanto em chave aristotélica, mas em chave platônico-cristã, como a participação do Criador que se comunica à criatura, tornando-a, assim, participante do ser. Desse modo se funda uma *analogia entis* teológico-ontológica. Entre a realidade alienada do pecador e a santidade revelada no paradoxo da cruz, só é possível uma *analogia fidei* com base na *solo gratia* da justi-

---

[107] P. TILLICH. *Die Frage nach dem unbedingten*: Ges. Werke V, 138ss; *Offenbarung und Glaube*: Werke VIII 47ss, 85ss; *Sein und Sinn*: Werke IX, 117ss.
[108] *Systematic Theology* I, 186ss, 204ss, 211ss.

ficação do pecador. Entre a realidade incondicionada do Absoluto e a realidade condicionada do mundo e da história, da objetividade e da subjetividade, se dá fundamentalmente, contudo, uma *analogia imaginis*, quando o conteúdo incondicionado da realidade divina comunica seu sentido através de formas condicionadas, denominadas de símbolos. Por isso, pode-se afirmar que a linguagem sobre Deus é inevitavelmente ontológica, paradoxal e simbólica.[109]

Ainda que a teologia se ocupe fundamentalmente do Deus da revelação e da fé, só poderá abordar satisfatoriamente a temática religiosa a partir da perspectiva do incondicionado e do sagrado, que invade a profanidade e a relatividade como fundamento do ser e do sentido. Somente a partir do "Deus escondido" se pode afirmar ao "Deus revelado"; só a partir do Deus da religião se pode entender o Deus da fé, que se revela como plenitude do ser e *ipsum esse*, como Eterno vivente e Espírito onipresente, onipotente e onisciente, criador e providente. Senhor da justiça e Pai da misericórdia e da graça, vencedor absoluto do absurdo, do mal e do nada.[110]

Se a teologia dialética e o método de correlação sublinham a incondicionalidade e a transcendência do divino, as teologias radicais e da história acentuam a dimensão da imanência na experiência religiosa. A teologia se interroga sobre o sentido do cristianismo em um tempo em que a religião parece sofrer o eclipse da secularização e a linguagem teológica parece ter perdido seu significado mais profundo. Com efeito, parece ser concluída a época da interioridade espiritual e da consciência ética, sob a provocação da autonomia secular e da exterioridade mundana. Seria impossível encontrar uma nova forma cultural para viver a fé, fora do contexto religioso de outras épocas? Seria possível encontrar uma nova linguagem teológica, sem recorrer a pressupostos metafísicos ou a formas de experiência es-

---

[109] *Das religiöse Symbol:* Werke V, 196ss.
[110] *Systematic Theology* I, 235ss, 241ss, 252ss, 271ss; II, 10ss.

piritual, identificadas com o momento místico e sacramental do religioso? As teologias radicais da secularização e da "morte de Deus" intentam encontrar uma linguagem "mundana" sobre Deus, apta para explicar ao homem secular a mensagem cristã. A salvação cristã será explicada como libertação da história e Cristo será proclamado como Senhor do mundo, enquanto paradigma do comportamento solidário. Desaparece uma imagem "religiosa" de Deus, concebida como mero *deus ex machina*, ao qual apelar na situação limite da existência humana, instrumentalizando a fragilidade da condição humana. Entre a negação irreligiosa de Deus e a afirmação "religiosa" do mesmo, concebida como puro complemento do mundo, a teologia da secularização propõe a aceitação de Deus a partir da realidade da autonomia mundana, pensada no horizonte da fé. A autonomia teônoma do crente aceita viver a fé em meio à provocação da secularização, em um mundo que parece organizar-se e funcionar perfeitamente *etsi deus non daretur*. A realidade do Deus da fé se revela na teologia da cruz como o Deus "que nos abandona". O Deus que nos ajuda é o Deus da debilidade. Na humilhação de Jesus, a revelação bíblica proclama não um Deus de potência que resolve magicamente os problemas humanos, mas um Deus de impotência, afirmado no paradoxo da fé. A secularização mundana, como provocação, é o contexto da afirmação crente da realidade de Deus.[111]

A provocação da cultura secular frequentemente provoca a crise de uma forma convencional de viver o cristianismo. Enquanto uma parte dos crentes consegue permanecer na comunidade eclesial sem grandes problemas, outra parte decide apartar-se dela, e uma terceira classe dos crentes, embora permaneça nos seguimentos do cristianismo convencional, não consegue viver serenamente sua fé e sua adesão aos dogmas da tradição cristã. Um setor da teologia radical quer repensar a fé na

---

[111] Cf. principalmente D. BONHÖFFER. *Widerstand und Ergebung* (1951); F. GOGARTEN. *Verhängnis und Hoffnung der Neuzeit* (1953).

perspectiva desse tipo de crentes em crise de honestidade religiosa e honestidade intelectual. Para isso, procura superar uma compreensão antropomórfica da experiência religiosa e da linguagem teológica, aceitando o programa da demitização e a crítica da secularização a um modo meramente supersticioso de viver a fé. Ademais, se procura descobrir o lugar da experiência religiosa na dimensão da profundidade essencial do homem, enquanto realidade finita aberta ao Infinito. Também se descobre a dimensão dialógica do viver humano, revalorizando a práxis cristã da mútua responsabilidade e solidariedade. O outro aparece, assim, como um "irmão" em necessidade e como um "vigário" de Jesus.[112]

Para as teologias da "morte de Deus", o eclipse do sagrado na cultura secular só pode ser elaborado na teologia por uma tríplice articulação. Primeiramente, substituindo as categorias da transcendência do platonismo cristão por uma contingência do aristotelismo cristão, por uma confrontação empírica e pragmática do fato religioso. Em segundo lugar, acentuando a concentração cristocêntrica na reflexão teológica. O Deus da transcendência se eclipsa, porém se manifesta o Deus da imanência que se revela em Cristo, mediante a história aberta ao futuro. Finalmente, sublinhando também a dimensão da práxis, do compromisso fraterno, superando toda passividade e aceitando a responsabilidade social e histórica.[113] Um setor extremo da teologia radical pretende, inclusive, prescindir do teísmo pessoal, reduzindo a mensagem cristã à nova possibilidade de uma ética da comunidade. Porém, ao eliminar o teísmo pessoal, a mensagem bíblica perde sua radicalidade e profundidade teológica. Ademais, o momento do personalismo bíblico permanece fundamental para compreender a revelação da palavra

---

[112] Cf. J. A. T. ROBINSON. *Honest to God* (1962); *Exploration into God* (1967); *The Human Face of God* (1973); H. COX. *The Secular City* (1965); *God's Revolution and Man' Responsibility* (1965).

[113] G. VAHANIAN. *The Death of God* (1961); Th. J. J. ALTIZER. *The Gospel of Christian Atheism* (1966); W. HAMILTON. *The New Essence of Christianity* (1966).

divina, da sua salvação, da justificação pela graça, do dado antropológico da criação e do dado escatológico da esperança.[114]

Entre as teologias da imanência, cabe enumerar as teologias da esperança e do futuro, que revalorizaram o momento do "ainda não" e a dimensão histórica, enquanto dialética de possibilidade e acontecimento. A condição humana vive fundamentalmente na dimensão da esperança. A comunidade histórica vive principalmente na perspectiva da "utopia". A categoria fundamental para compreender o humano não é a espacial, mas é a temporal. A revelação não deve ser pensada como epifania do eterno presente, mas como manifestação histórica do Deus que vem. A revelação é, antes de tudo, promessa para o futuro. A teologia, mais que desenvolver a dimensão noética, concebendo-se como *Intellectus fidei*, deveria ser pensada na dimensão escatológica, como *intellectus spei*. Com efeito, a revelação anuncia o futuro que virá, diferente do presente e de sua prolongação previsível. A certeza da esperança radical na fidelidade divina e em suas prefigurações antecipadas, como "utopias realísticas". A promessa inclui três elementos: a novidade escatológica, a universalidade antropológica e a intensificação meta-histórica. A promessa se prolonga eticamente no "mandato", concretizado na incondicionalidade da práxis. A categoria teológica fundamental é a "promessa", que permite compreender, tanto na Lei quanto no Evangelho, o Antigo e o Novo Testamento. Com efeito, a revelação escatológica é também promessa no sentido supremo. Deve superar uma concepção entusiástica e apocalíptica da experiência do Espírito como cumprimento definitivo e, portanto, como *theologia gloriae*. A comunidade vive sob a *theologia crucis* de Paulo. A ressurreição de Jesus é promessa e primícia do futuro escatológico comum. Nessa ótica

---

[114] Cf. por exemplo, H. BRAUN. "Gottes Existenz und meine Geschichtlichkeit im Neuen Testament": *Zeit und Geschichte* (1964), 399ss; D. SÖLLE. *Stellvertretung* (1965). Em polêmica com ambos, cf. H. GOLLWITZER. *Gottes Offenbarung und unsere Vorstellung von Gott* (1965); *Von der Stellvertretung Gottes* (1967).

se concebem também a teologia da história e a eclesiologia, articuladas com uma antropologia da esperança utópica e uma sociologia de ruptura crítica. Superando uma visão do cristianismo como religião de Estado e fato de estabilidade política, a teologia da esperança sublinha os efeitos de mobilização e ruptura revolucionária presentes na tradição bíblica e cristã. Ademais, a ética cristã deve procurar falar ao homem concreto, não apenas em uma dimensão de privacidade, mas também em uma perspectiva "pública" de uma nova sociedade. Na perspectiva do Reino de Deus, reino de justiça, fraternidade e paz, da promessa divina (*promissio*) deriva a missão (*missio*) da comunidade. A Igreja deve colaborar com o reino que vem como salvação (*shalom*), não em uma perspectiva meramente individual e consolativa, mas sobretudo como encarnação da esperança escatológica na justiça, na fraternidade, na paz da criação inteira.[115]

De modo paralelo e análogo, também a teologia católica do século XX conheceu o risco de enfrentar, em sua confrontação dialética com o pensamento atual, motivos da subjetividade moderna, da cultura secular e da temática pós-moderna. Também a teologia católica oscila entre uma via da imanência e uma via da transcendência. Assim, para o movimento católico denominado "modernista" foi fundamental a dialética entre a transcendência da fé e a imanência da história. A adoção do método histórico no estudo crítico da tradição bíblica e da tradição cristã supôs para os investigadores católicos a aparição de numerosos problemas, particularmente em relação com a inerrância bíblica, com a história do dogma e com a natureza da experiência religiosa.

Para refutar a teoria liberal de uma descontinuidade entre cristianismo e catolicismo, entre Evangelho e Igreja, entre *kerygma* e dogma, o movimento modernista acentua diversos motivos temáticos, como a originalidade da experiência religiosa da fé, enquanto intuição "so-

---

[115] J. MOLTMANN. *Theologie der Hoffnung* (1966), I, 7; II, 4; III, 5; IV, 8; V, 5.

brenatural", e sua heterogeneidade com a "razão histórica", que deve analisar fatos, ainda que sejam relacionados com a revelação religiosa ou com a tradição da fé. No entanto, o condicionamento cultural da linguagem histórica do dogma cristão autoriza a teologia modernista a postular a utilidade e ainda a necessidade de uma atualização do dogma cristão por parte da comunidade eclesial. Reconhecendo os possíveis excessos do positivismo histórico, não podem negar tampouco os excessos do intelectualismo neoescolástico, com sua compreensão meramente noética do dogma e com sua apologética objetivista. Para mostrar a racionalidade do ato de fé deve considerar também o momento da subjetividade e o princípio regulador da prática da fé, orientado ao mistério. Não pode tampouco olvidar-se do hiato existente entre a revelação como experiência religiosa "mística" e "incontrolável" e a teologia como saber "lógico".[116]

A crise modernista ocasionou um debate referente à relação entre revelação e história, sobre as posições do imanentismo religioso e as do objetivismo escolástico. Um intento de mediação dialética entre escolástica e modernidade, entre objetivismo e subjetivismo revalorizou o momento experiencial do sujeito crente e da mesma tradição dogmática, enquanto é a continuidade de uma mesma experiência de fé, objetivada literariamente. Somente há revelação quando há uma experiência de fé. Enquanto momento incondicionado e sacral, a experiência religiosa é análoga nas grandes religiões. Enquanto momento histórico e profético, a revelação bíblica conserva toda sua originalidade e singularidade. Superando um conceito meramente "mítico" e "antropomórfico" da experiência religiosa da revelação crente, foi elaborada uma ideia dialética da revelação, em analogia à experiência religiosa da inspiração bíblica, sublinhando dois momentos determinantes: o momento da experiência

---

[116] Cf., especialmente, A. LOISY. *Autour d'um petit livre* (1903); E. LE ROY. *Qu'est-ce qu'um dogme?* (1905); G. TYRREL. *Through Scylla und Carybdis* (1907).

religiosa imediata e incomunicável, de um lado, e de outro o momento mediato, lógico e comunicável da tematização e da elaboração conceitual e categorial da mesma experiência, em função de sua comunicação social. A considerar a dimensão histórica do fato religioso, surgia inevitavelmente a dialética entre o absoluto e o relativo, a identidade e a diferença, o transcendental e o categorial, na revelação, na fé, no dogma e, portanto, na Escritura, na tradição e no magistério, não sem certo perigo a revelação sob o esquema de uma "teologia infusa".[117]

A chamada "nova teologia" (*nouvelle théologie*) intentou um movimento de renovação teológica, orientado em várias direções. De um lado, se desejava uma superação da visão esquemática e redutiva da manualística teológica, revalorizando o realismo da fé e a imediatez da experiência religiosa, inclusive à luz do tomismo originário. Com efeito, na perspectiva tomasiana, o enunciado do crente não é um fim em si mesmo, já que o ato do crente não se termina no enunciado, mas na realidade anunciada. Ademais, não se deve olvidar um determinado caráter de imediatez próprio da revelação divina, enquanto Deus é o testemunho de si mesmo (*Deu sibi ipsi testis*). Consequentemente, a teologia ainda sendo meramente certa refração da fé no pensamento autônomo, deve reconhecer a presença da teonomia na revelação e na própria fé, e, portanto, a presença do mistério divino.[118] A renovação teológica tinha também uma motivação histórica e cultural, no sentido de superar o intelectualismo da filosofia neoescolástica e a suposta ausência de atualidade da proposta teológica neotomista, incapaz de compreender a cultura moderna e incapaz de atender à dimensão da historicidade própria da apropriação nocional da verdade. Nesse sentido, encontrava um favor extremo da proposta de renovar o pensamento teológico com um conta-

---

[117] Cf. M. BLONDEL. *Histoire et Dogme* (1909); A. GARDEIL. *Le donné, révélé et la théologie* (1910).
[118] M. D. CHENU. *Um école de théologie: Le Saulchoir* (1938).

to com a tradição patrística e com o misticismo platônico-cristão, carregado de simbolismo religioso e de sentido do mistério, mas sem perder a proximidade à perspectiva da *historia salutis*, atualizada na ação litúrgica e sacramental.[119] O diálogo da teologia católica ocidental devia estender-se no tempo e no espaço, até acolher os motivos religiosos presentes nas grande religiões da humanidade, particularmente nas religiões monoteístas, atentando-se à experiência religiosa da transcendência divina e do mistério divino. Essa confrontação era particularmente relevante ao afrontar a questão fundamental da afirmação da realidade divina, no contexto moderno e pós-moderno da secularização e do ateísmo.[120]

No contexto da dialética entre transcendência e história, duas questões se tornavam especialmente significativas: a teologia da cultura e a teologia da história. Com efeito, a atenção do pensamento teológico se concentrava sobre a atualidade cultural e social, sobre a possibilidade de uma proposta política cristã, a modo de projeto histórico concreto nascido do confronto entre uma diagnose cristã da realidade presente e o ideal cristão em sua dimensão de valor absoluto. Isso para intentar realizar no aqui e agora da atualidade histórica o bom realizável e possível no interior do dinamismo das realidades temporais. Desse modo, a teologia redescobre a dimensão "cósmica" da revelação e da salvação, recuperando as "realidades terrestres" como objeto pertinente à reflexão crente. O cristianismo é exortado a superar um "dualismo" que abandona o "temporal" ao mundo e restringe sua atenção ao "espiritual". Sem incidir no perigo de uma nova

---

[119] H. DE LUBAC. *De la connaissance de Dieu* (1941); *Sur lês chemins de Dieu* (1956); *Histoire et Esprit* (1950); J. DANIÉLOU. *Bible et Liturgie* 91951); *Essai sur Le mistêre de l'histoire* (1953); *Dieu et nous* (1956); H.U.VON BALTHASAR. *Die Gottesfrage des heutigen menschen* (1956).

[120] H. DE LUBAC. *Le drame de l'humanisme athée* (1944); *Le fondement htéologique des Missions* (1947); J. DANIÉLOU. *Le mystère Du salut des nations* (1948); H.U.VON BALTHASAR. *Theologie der Geschichte* (1950).

heteronomia, a teologia deve sublinhar a perspectiva teônoma e crente sobre a autonomia secular. Uma especial atenção é dedicada ao problema do trabalho como fator de humanização e socialização, superando uma consideração meramente idealista ou puramente materialista. O trabalho, considerado teologicamente, aparece em sua relação à realidade criatural e ao dinamismo da antropologia cristã, em que o homem é considerado a imagem divina no mundo, em que a história adquire um dinamismo utópico em seu caminhar ao reino divino, em que as realidades humanas são divinamente transfiguradas no realismo crente da encarnação histórica da Palavra divina.[121] A dialética entre a história humana e o reino divino, entre a perspectiva da transcendência e a perspectiva da imanência, se configura como tensão entre o "ainda não" da escatologia realizada e o "já" da escatologia iniciada, entre uma proposta teológica que acentua a descontinuidade, entre presente e futuro e outra proposta que sublinha a continuidade, na ótica da encarnação, entre o já começado, que deve só alcançar sua plenitude e revelá-la na escatologia consumada. Também nessa temática da dialética entre reino e história, a via conciliar propôs uma solução sintética e dialética entre a identidade do encarnacionismo e da diferença escatológica, sublinhando a dupla polaridade da tensão: o reino se faz presente na história, porém sua realização consumada só será realidade no futuro escatológico do desígnio divino.[122]

Se a proposta da "nova teologia" procura o caminho de sua renovação por meio de um encontro da experiência religiosa originária, da

---

[121] J. MARITAIN. *L'humanisme integrale* (1936); G. THILS. *Théologie des realités terrestres* (1949); M.D. CHENU. *Théologie du travail* (1954).

[122] Entre a tese da descontinuidade (J. Daniélou, L. Bouyer) e a da continuidade (G. Thils, P. Teilhard de Chardin), um primeiro intento de mediação aparece em Y. CONGAR. *Jalons por une théologie du laicat* (1953). Entre o reino e a história, o magistério do Vaticano II e de Paulo VI formulará coerentemente uma doutrina dialética de identidade e de diferença ou via intermédia, entre as posições extremas.

santidade de Deus, na revelação bíblica do "Deus vivo" e pela elaboração apofática do momento místico e sacramental da religião, presente na tradição patrística e na ação litúrgica, a "teologia kerygmática" e o método transcendental compartilham os mesmos motivos, porém não olvidam a elaboração teorética da reflexão crente, na ótica da virada antropológica da cultura filosófica da modernidade.[123] A reflexão da verdade cristã se enriquece metodologicamente, associando gnosiologia transcendental e ontologia existencial. Para compreender novamente o mistério cristão no horizonte cultural contemporâneo, o teólogo deve deixar transparecer a própria autenticidade e honestidade, enquanto personalidade religiosa socialmente situada de modo que também Deus fale hoje, no aqui e no agora, da existência individual e da comunidade histórica de destino. Para elaborar essa temática, metodicamente se deseja considerar nas diversas questões teológicas, em chave preliminar, as condições necessárias *a priori* no mesmo sujeito, mostrando como essas condições transcendentais indiciam já algo do objeto da consideração. Contudo, não se trata de seguir uma "via ascendente" da consciência da modernidade à realidade da fé, mas uma "via descendente", procurando compreender o significado da revelação e do dogma no novo contexto existencial e histórico, depois de ter recorrido o itinerário que vai do racionalismo ao iluminismo, do idealismo ao existencialismo, de um neorealismo a uma nova racionalidade. Uma análise filosófico-religiosa de caráter transcendental descobre o homem como "espírito no mundo", em sua realidade espacial e temporal, em sua estrutura de liberdade consciente, aberto a uma possível revelação divina, como "ouvinte da palavra", imerso já no horizonte infinito do incondicionado.[124]

---

[123] E. PRZYWARA. *Gott* (1926); *Analogia entis* (1932); *Was ist Gott* (1947); R. GUARDINI. *Der Mensch und der Glaube* (1932); *Das Wesen des Christentums* (1939); H. RAHNER. *Eine Theologie der Verkündigung* (1939).

[124] K. RAHNER. *Geist in Welt* 91939); *HÖRER DES WORTES* (1941).

O homem se encontra diante do mistério absoluto e sagrado, descobrindo-se a si mesmo em sua estrutura criatural, histórica, espiritual, aberto à transcendência, angustiado em sua finitude, imerso em um mundo resistente à graça e ao mesmo tempo convidado e solicitado pela graça vitoriosa, que envolve o mundo e a história humana, enquanto objeto e destinatário da autocomunicação divina na graça. Pode-se falar legitimamente de um "existencial sobrenatural", que determina ontologicamente o homem histórico, enquanto é objeto da vontade salvífica universal "infralapsaria" de Deus. O homem aberto ao mistério, destinatário de uma possível autocomunicação divina, que supera e repara o mal e recupera a dimensão sobrenatural do desígnio divino, recebe na história salvífica da revelação e da graça a livre autocomunicação da misericórdia do Pai, que se revela como absoluta verdade no Filho e como absoluta bondade santificante no Espírito divino.[125]

Também a teologia católica sentiu a necessidade de se confrontar particularmente com o desafio da secularização e com a consciência da "morte de Deus". A experiência da secularização foi assumida tematicamente como contexto de uma de uma nova "teologia natural", em que a fé é vista como confiança na vida, ao mesmo que como afirmação crente. A fé está, pois, unida ao empenho em favor da caridade fraterna e da justiça inter-humana. A questão religiosa levantada na modernidade como dialética e alternativa entre a proposta racionalista e a proposta fideísta desemboca historicamente na aporia niilista. Para superar o niilismo e o ateísmo, a teologia católica da secularização intenta numerosos caminhos: ou apela a uma "confiança de fundo" como base da afirmação crente, ou busca no empenho ético um novo paradigma da transcendência – no horizonte do futuro mundano –, ou se propõe viver a experiência de Deus – no fundo, a consciência do ser –, superando um

---

[125] *Grundkurs des Glaubens* (1976), II, 1-5; *Der dreifaltige Gott als transzendenter Ursprung der Heilsgeschichte*: MySal. II, 317ss.

esquema de rivalidade na visão da dialética da liberdade onipotente e infinita e a liberdade criada e finita. Contudo, a teologia da secularização, ao justapor filosofia moderna e teologia cristã, nem sempre evita o risco de uma forma, possivelmente moderada, de neorracionalismo, bem como certo titanismo que se propõe construir autonomamente "o Reino de Deus".[126]

A teologia católica da secularização intenta um diálogo com a cultura secular, elaborando o problema da autonomia e da dialética entre autonomia e teonomia, entre afirmação da mundanidade e afirmação religiosa. Surge assim, em uma nova perspectiva teológica, uma consideração do mundo como criação e como aliança, como obra divina e destinatário da história da salvação. À luz da razão e da fé, frequentemente o processo de "mudanização" ou afirmação do secular em sua autonomia aparece como forma legítima de libertação de uma heteronomia opressiva. Em sua opacidade mundana e em sua ambiguidade histórica, o mundo manifesta, sobretudo, os *vestigia hominis*. Em sua realidade criatural e em sua problemática transcendental, o mundo descobre em si os *vestigia dei*. Na ótica da encarnação, a realidade divina "desce" e se faz mundo, e a realidade mundana "ascende" e é "assumida" no âmbito da graça. Contudo, a secularização comporta a perda da auréola do numinoso para todas as realidades mundanas, históricas, políticas, assim como certa opacidade, derivada do caráter cético e controlador da razão crítica, típica do pensamento científico, centrado no mundo da finitude.[127]

O interesse teológico pela sociedade secular como lugar do encontro com Deus conduz a uma nova consideração da relação entre religião e história, ou entre cristianismo e política. Um projeto de "teologia política"

---

[126] E. SCHILLEBEECKX. *God em Mens* (1965); *God the Future of Man* (1968); P. SCHOONENBERG. *Verbond en Schepping* (1969); L. DEWART. *The future of Belief* (1966); H. KÜNG. *Existiert Gott?* (1978).

[127] J. B. METZ. *Zur Theologie der Welt* (1968); *die Zukunft der Hoffnung* (1970).

é elaborado com caráter primariamente corretivo, como denúncia da privatização do sentimento religioso por parte do individualismo da cultura burguesa; secundariamente, o projeto apresenta um caráter positivo, intentando elaborar a resposta do cristianismo em chave escatológica à expectativa da sociedade pós-moderna. O iluminismo, enquanto superação de uma visão não adulta da sociedade e da política, supôs também a crítica da incidência prática de um cristianismo concebido como *religio civilis* legitimadora do *status quo*. Como alternativa, a teologia política elabora o projeto de um cristianismo escatológico que incide como *religio publica* na sociedade. As promessas escatológicas do reino não podem ser privatizadas; a reconciliação e a paz, a justiça e a liberdade, a solidariedade e a fraternidade não podem ser vividas em chave meramente individualista. A cruz, proclamada e contemplada no cristianismo enquanto recordação da paixão de Jesus atua como "memória subversiva" dos vencidos e humilhados na história. Essa *memoria passionis* retira o cristianismo da ótica do poder. No entanto, a "reserva escatológica" reforça no cristianismo o princípio da diferença, enquanto diversidade do mundo e da ótica mundana, tornando-o oposição crítica à lógica do poder nos messianismos terrenos e nas instituições. A essa "teologia política", concebida como hermenêutica da história deveria seguir uma "ética política", pensada em uma perspectiva escatológica como ética da mudança na realidade histórica.[128]

A teologia política ibero-americana se configura fundamentalmente como "teologia da libertação" na ótica do pobre. Deus se revela como o Deus da esperança e da libertação dos pobres e humilhados, por meio da história da salvação. O pobre se torna o lugar epistêmico privilegiado na consideração teológica do significado da revelação. O Evangelho do reino divino, como momento de libertação e esperança para os oprimidos da história, se torna

---

[128] *Befreiendes Gedächtnis Jesus Christis* (1970); *Zur Theologie der Geschichte und der Gesellschaft* (1977).

uma espécie de "Canon no Canon", ao momento de ler o significado total da mensagem cristã em um continente marcado por uma pobreza frequentemente subumana. O contraste entre o ideal cristão da fraternidade e da realidade social conflitiva e contraditória suscita espontaneamente um sentimento de indignação moral ante o mal e a injustiça. A teologia, enquanto pedagogia concreta da fé, busca o modo de educar a consciência social dos cristãos, imersos no conflito concreto e, por vezes, no fatalismo e na desesperança. Enquanto pedagogia da esperança e da caridade, a teologia busca o modo de ajudar a configurar uma práxis cristã caracterizada pelo compromisso da solidariedade fraterna, particularmente com os mais pobres e menos protegidos socialmente. Fiel à tradição política de inspiração cristã, a práxis social busca favorecer a configuração de um novo tipo de sociedade, menos distante do ideal cristão da participação efetiva na definição de uma política do bem comum, superando o esquema de um "individualismo possessivo", típico dos modelos políticos de caráter paleocapitalista de economia de mercado sem correções sociais. Ao favorecer uma reta política de socialização, a ética do humanismo cristão não pretende identificar-se com os modelos paleomarxistas favoráveis a um totalitarismo de Estado. Nesse contexto histórico concreto da busca de uma nova emancipação das classes populares e das nações ibero-americanas, a teologia da libertação descobre a relevância política do Deus da revelação bíblica, com Deus de libertação dos oprimidos e Deus de santidade e justiça, que condena a injustiça social e os pecados contra a fraternidade, igual aos pecados contra a idolatria.[129]

---

[129] G. GUTIÉRREZ. *Teología de la Liberación. Perpsectivas* (1971); H. ASSMANN. *Teología desde la práxis de la liberación* (1973); J. L. SEGUNDO. *Liberación de la Teología* (1974); J. SOBRINO. *Cristologia desde América Latina* (1976); L. BOFF. *Teologia do cativeiro e da libertação* (1976); C. BOFF. *Teologia e Prática* (1978).

Contudo, uma teologia da ortopráxis não deixa de suscitar relevantes problemas de caráter teórico, a nível hermenêutico e a nível semântico. Com efeito, ao elaborar o anelo ibero-americano por uma "libertação integral", as teologias da libertação assumiram quatro formas nitidamente diferenciadas, ainda que considerando o ecletismo característico do pensamento teológico latino-americano. A primeira forma se caracteriza por uma visão global de tipo personalista e comunitário, na ótica da ética social cristã, acentuando a incidência dos imperativos da justiça na situação de pobreza absoluta. Essa corrente de tipo socialmente reformista se identifica nos Documentos conclusivos das Conferências Episcopais de Medellín e de Puebla e em sua adaptação pastoral nos diversos ambientes latino-americanos. A segunda forma se caracteriza por uma visão da história e da cultura das nações cristãs da América Latina centrada no povo latino-americano com sujeito histórico de um processo global de emancipação econômica e cultural, social e política. Essa corrente de tipo populista e nacionalista procura concretizar os imperativos cristãos com a ajuda de uma filosofia da história e da política, que aceita diversos motivos de pensamento pós-hegeliano não identificáveis na corrente filo-marxista. A terceira forma se caracteriza pela aceitação do pensamento utópico em chave revolucionária, na ótica da leitura marxista da história e da sociedade, assumindo uma visão exasperada do conflito social como tese sociográfica e como terapia política. Essa corrente de caráter revolucionário e marxista chega a aceitar a metodologia leninista de conquista do poder, sem identificar-se com o modelo totalitário monocrático. A quarta forma se caracteriza pela justaposição de motivos inspirados no fideísmo evangélico e teses derivadas de uma releitura na ótica ibero-americana do pensamento neomarxista.

Mesmo distinguindo claramente em nível teórico a tensão dialética existente entre o reino e a história, como tensão de identidade e diferença e, portanto, ainda na consciência da diferença entre a dimensão incondicionada dos imperativos do reino e a forma condicionada de concretização na história, nem sempre a impaciência social no âmbito prático vence a tentação da eficácia e o desejo de concretizar politicamente o modelo utópico da nova sociedade, superando qualquer possível risco de messianismo terrestre.[130]

Foi mérito, pois, do pensamento teológico do século XX, superar a posição individualista de uma subjetividade seduzida pela imanência, descobrindo novamente a dimensão da transcendência e, portanto, a dimensão do mistério. Um novo apofatismo moderado emergia da meditação bíblica e da ação litúrgica, da releitura patrística e da reconsideração do pensamento escolástico confrontado com o espírito crítico da modernidade. A linguagem da revelação buscava sua tradução existencial em nível pessoal e individual, nível social e histórico. A síntese perfeita de ambas instâncias foi alcançada no plano de um novo consenso teológico eclesial, nos documentos do Concílio Vaticano II, embora a teologia pós-conciliar nem sempre tenha permanecido fiel aos princípios do Vaticano II, na forma de equacionar a dialética entre transcendência e história.

2. O Concílio Vaticano II

A doutrina tradicional do Magistério Eclesiástico em relação à afirmação de Deus à luz do primeiro artigo da fé, diante do desafio da incredulidade e do ateísmo da modernidade e da pós-modernidade, deve enfrentar primeiramente a questão da possibilidade de superação do niilismo, do monismo materialista, do panteísmo e do mesmo ateísmo e indiferença. Com efeito, o Concílio Vaticano I havia já anatematizado

---

[130] F. A. PASTOR. "Liberación y Teología": EE 53 (1978) 355-381; J. C. SCANNONE. "La teologia d ela liberación: Caracterización, corrientes, etapas": Stromata 1982, 3-40; J. L. SEGUNDO. "Les deux théologies de la libération em amerique Latine": Études 361 (1984).

o ateísmo teorético, enquanto negação do monoteísmo cristão, assim como as diversas formas de monismos materialistas e panteístas, supondo moralmente reprovável a afirmação de um materialismo monista.[131] Alternativamente, a doutrina do magistério constantemente afirmou a possibilidade de uma "teologia natural", embora sem identificá-la com uma determinada escola teológico-filosófica. Esse ensinamento foi reafirmado por ocasião da crise modernista, com particular referência a um conceito de religiosidade reduzida à imanência da subjetividade e da consciência individual, indicando na *via causalitatis* o itinerário da demonstrabilidade da realidade divina.[132] Posteriormente, por ocasião do debate eclesial sobre a "nova teologia", Pio XII na encíclia *Humani Generis* (12 de agosto de 1950), ulteriormente propôs a possibilidade de afirmação "racional" da realidade divina, enquanto única, absoluta e pessoal, embora reconhecendo as dificuldades do pensamento moderno em aderir a uma "teologia natural".[133]

Contudo, tanto a condenação do ateísmo como a proposição de um "teísmo racional" não equivalem à legitimação de um catafatismo extremo, sob a forma de uma teologia "racionalista". Com efeito, o magistério supõe também uma ideia de Deus como absoluto mistério, verdadeiramente incompreensível em seu ser e em seu comunicar-se. A incompreensibilidade de Deus mantém viva a consciência apofática do mistério divino, tanto em sua realidade imanente quanto em sua revelação salvífica. Igualmente, a afirmação de um "conhecimento natural" de

---

[131] Entre os erros reprovados na Constituição dogmática *Dei Filius* figuram: 1) "Si quis unum verum Deum visibilium et invisibilium rerum creatorem et Dominum negaverit"; 2) "Siquis practer materiam nihil esse affirmare non erubuerit"; 3) "Si quis dixerit, unam eandemque esse Dei et rerum omnium substantiam vel essentiam" (DS 3021ss).
[132] Pio X, Decreto *Lamentabili sane* n. 20 (DS 3420); Ep. Encycl. *Pascendi gregis* (DS 3475ss); Litt. Motu próprio *Sacrorum antistitum* (DS 3538).
[133] PIUS XII. Litt. Encycl. *"humani Generis"*: AAS 42 (1950), 561ss, 571ss (DS 3875ss, 3892ss).

Deus, como pré-condição do ato de fé, superando o fideísmo e o tradicionalismo extremo, não significa negar uma influência positiva da tradição crente recebida da comunidade eclesial, em função da elaboração de uma resposta da fé, muito menos significa negar a utilidade religiosa da revelação, inclusive sua "necessidade moral", facilmente, com certeza e sem erro.[134] Do mesmo modo, a afirmação pelo magistério de uma possível culpabilidade do ateísmo não implica uma exclusão da misteriosa providência salvífica divina, de quem sem culpa desconhece a Deus e, em seu todo, o busca.[135]

O Concílio Vaticano II se ocupou em diversos documentos sobre a questão da negação de Deus, no plano teórico e no plano prático. Na constituição dogmática *Lumen Gentium* se fala de um ateísmo inculpável, na esfera teorética da consciência reflexa, coincidente com um teísmo prático na vida moral. Não está excluído da salvação quem vive uma "vida reta", embora sem chegar ao reconhecimento expresso de Deus. Com efeito, a honestidade moral não acontece "sem a graça divina", e os elementos de bondade e de verdade, presentes na vida reta, constituem uma verdadeira "preparação evangélica".[136] Contudo, não seria lícito estender a possibilidade de ateísmo inculpável à esfera prática. Os valores absolutos da moralidade, da verdade e do bem pertencem à realização profunda do homem e sua negação não poderia acontecer sem culpa. O Concílio

---

[134] O magistério eclesial afirma de um lado a incompreensibilidade divina (DS 294, 410, 800, 3001), por outro afirma também a necessidade moral da revelação divina (DS 3005, 3876) e sua utilidade (DS 2776, 2877, 2903, 3028).

[135] PIUS XI. Litt. Encycl. *"Divini Redemptoris"*: AAS 29 (1937) 65ss; Decr. S. Officii ad Archiep. Bostoniensem (8.VIII. 1949): DS 3866ss; PIUS XII. Litt. Encycl. *"Ad Apostolorum Principis"*: AAS 50 (1958) 601ss; IOANNES XXIII. Litt. Encycl. *"Mater et Magistra"*: AAS 53 (1961), 451ss; PAULUS V. Litt. Encycl. *"Ecclesiam suam"*: AAS 56 (1964), 651ss.

[136] CONC. VATICANUM II. Const. dogm. *Lumen Gentium*, cap. II, n. 16.

não se pronunciou sobre a possível perduração do estado do ateísmo teorético por largo tempo, hipótese negada no passado, mas atualmente difícil de ser respondida, dada a complexidade e variedade de situações, no plano cultural e pessoal, e dada também a indeterminação da fórmula usada.[137] Similarmente, o decreto *Ad Gentes* afirma que Deus pode atrair à fé de modo misterioso aqueles homens que inculpavelmente desconhecem o Evangelho.[138]

Igualmente, a constituição pastoral *Gaudium et Spes* se refere significativamente ao problema do ateísmo, constatando a gravidade do fenômeno, enquanto negação explícita de uma comunhão íntima com Deus. A perda pelo homem de sua consciência da transcendência o condena a permanecer como um problema não resolvido.[139] Contudo, o concílio observa que, frequentemente, mais que negar "o Deus do Evangelho", se nega uma caricatura perversa e falsa. Outras vezes, a intenção não é tanto a de negar Deus quanto a de afirmar o homem, promovendo sua responsável autonomia frente a uma concepção heteronômica da religião, ou defendendo sua legítima emancipação e libertação de toda forma de opressão injusta. Não obstante, a busca de uma libertação histórica não raramente se circunscreve ao horizonte meramente terrestre da imanência, limitando-se a atuar na esfera social e econômica.[140]

Embora o Concílio aluda à possível culpabilidade do ateísmo, não aprofunda ulteriormente o problema; porém, não deixa de reconhecer a participação na responsabilidade da incredulidade dos ateus, das possíveis insuficiências teóricas e, sobretudo, práticas dos crentes, no exercício da religião. No entanto, a religião não deve ser motivo, nem pretexto, para uma indiferença do homem, das questões da injustiça

---

[137] K. RAHNER. "Atheismus": SM I, 375.
[138] Decr. *Ad Gentes*, cap. I, n. 7.
[139] Const. Past. *Gaudium et Spes*, n. 21.
[140] *Ibid.* n. 19-20.

inter-humana, ou para uma alienação irresponsável da história. Porém, a luta na imanência do viver humano não deve, tampouco, olvidar a dimensão profunda da inquietação religiosa, nem a abertura para a transcendência e para o Deus da fé.[141]

Uma novidade da doutrina conciliar foi afirmar não apenas a possibilidade do conhecimento natural de Deus, mas também da realidade do conhecimento religioso e da positividade da experiência do sagrado, como busca constante do divino, que encontrará nas grandes religiões históricas suas formas expressivas mais significativas, seja na vivência do momento místico e apofático do mistério divino, seja na experiência da revelação profética e da fé abraâmica. Foi mérito da Declaração conciliar *Nostra Aetate*, o chamar a atenção dos cristãos sobre o valor religioso da experiência de Deus como Criador e providente e Pai benfeitor e misericordioso. Na experiência religiosa dos homens se debatem sobre as máximas questões existenciais do ser e do viver, do bem e do mal, do sofrimento e da felicidade, da morte e da imortalidade, do desejo de Deus e do temor religioso.[142] O Concílio reconhece a presença de numerosos valores espirituais, morais e culturais nos adeptos de religiões não cristãs, nas quais encontram a via de purificação e do refúgio místico em Deus, ou o caminho de uma perfeita libertação das paixões mundanas e de uma suprema iluminação do ânimo.[143] Ademais, nas grandes religiões monoteístas, como o Islamismo e, principalmente, o Judaísmo, se adora o Deus único, subsistente e vivo, Criador onipotente e providente misericordioso, protetor de Abraão e Senhor de uma aliança de lealdade na história, que culminaria em Cristo.[144]

---

[141] *Ibid.* n. 21.
[142] Decl. *Nostra Aetate* n. 1.
[143] *Ibid.* n. 2.
[144] *Ibid.* n. 3-4.

Precisamente, a constituição dogmática *Dei Verbum* nos propõe o mistério do Deus da revelação e da fé. Com efeito, movido por sua bondade e sabedoria, Deus quis revelar-se a si mesmo e manifestar o mistério do desígnio divino de salvação. Desse modo, o Deus invisível, movido de amor, fala aos homens e os convida a uma misteriosa participação na vida divina e na beatitude infinita, por gestos e palavras presentes na história da salvação e da revelação, que culmina em Cristo, mediador e plenitude da revelação salvífica definitiva.[145] O Deus da criação oferece, por meio das obras criadas, um perene testemunho de si. O Deus da salvação oferece a vida eterna a todos que perseverem na prática do bem. O Deus da revelação se manifestou sempre à humanidade e, particularmente, através da história da eleição e aliança com o povo da promessa, como o único Deus vivo e verdadeiro, Criador do mundo e justo juiz da história, Pai providente, santo e misericordioso. Essa revelação culminou com a manifestação de sua Palavra encarnada em seu eterno Filho, Jesus, enviado divino para nosso ensinamento e salvação, e com o envio do Espírito divino, como testemunho da solidariedade divina e presença do Pai, para nos livrar do mal e nos dar a vida eterna.[146] Ao Pai misericordioso que se manifesta na revelação de seu Filho Jesus Cristo, corresponde no homem um total e livre assentimento de entendimento e vontade, movido pela luz e graça do Espírito Santo. Na manifestação divina e comunicação de si mesmo e de sua vontade salvífica, se revela o desígnio divino. Deus, que é fundamento do ser e do sentido, princípio e fim do universo, facilita na revelação divina um conhecimento de si universal e fácil, infalível e certo.[147]

Embora o Concílio não tenha elaborado uma nova profissão de fé, contentando-se em professar sua fidelidade aos símbolos da tradição

---

[145] Const. Dogm. *Dei Verbum*, cap. I, n. 2
[146] *Ibid.* n. 3-4.
[147] *Ibid.* n. 5-6.

cristã, da doutrina conciliar emerge claramente o primeiro artigo de fé em um único Deus, Pai santo e Criador onipotente. Deus aparece como Senhor da transcendência que se revela na imanência salvífica da graça, absolutamente incondicionado e intensamente pessoal. Por isso, pode ser denominado único e santo, vivo e eterno, Criador onipotente do universo e providente Senhor da história, justo juiz escatológico e Pai de misericórdia e bondade.[148]

A fé em Deus único e universal, Criador providente, onipotente e onisciente, Pai misericordioso que se revela e nos salva em seu Filho e no Espírito Santo, foi renovada no *Credo* do povo de Deus de Paulo VI.[149] A misericórdia divina do Pai, revelada no mistério cristão, foi tema central da encíclica *Dives in misericórdia* de João Paulo II.[150]

Conclusão

Chegados já ao final deste estudo diacrônico sobre a linguagem teológica do teísmo cristão, seja-nos permitido indicar brevemente as etapas fundamentais do itinerário percorrido e o significado teológico da insuperável dialética da linguagem cristã sobre o Deus da fé.

1. A linguagem teológica do teísmo cristão aparece quando a mensagem evangélica encontra a cultura helênica. Surge um primeiro intento de recepção do conceito filosófico de Deus, que encontrará na *via apofática* da teologia patrística seu momento culminante. O cristianismo deveria demonstrar que o Deus *revelado* da aliança, o Deus de Abraão e de Jesus, era também o Deus escondido e *misterioso*, único Deus vivo e verdadeiro, Criador do mundo e Senhor da história universal, objeto transcendente do sentimento religioso de todos os povos e princípio

---

[148] Const. Dogm. *Lumen Gentium*, cap. I, n.2.
[149] PAULUS VI. *Professio fidei Populi Deis*: AAS 60 (1968), 436-437 (n. 8-9).
[150] IOANNES PAULUS II. Litt. Encycl. *Dives in misericórdia*: AAS 72 (1980), 1177ss.

último de toda realidade. Os primeiros teólogos buscaram na linguagem da ontologia platônica e neoplatônica a possibilidade de descrever a alma como realidade singular, espiritual e imortal, acentuaram o caráter extático da experiência religiosa, assinalaram os atributos determinantes da realidade divina, enquanto única e última, espiritual e transcendente. O confronto do monoteísmo cristão com o dualismo gnóstico levará a uma precisão ulterior da linguagem ortodoxa, no sentido do primeiro artigo da fé, afirmando a absoluta singularidade e unidade da monarquia divina, identificando inequivocamente o Deus criador da antiga aliança e o Deus salvador e Pai de Jesus da nova aliança.

2. O *apofatismo grego* alcança seu ápice na teologia do emanatismo divino: Deus é a realidade absoluta e infinita, transcendente e superessencial, de quem procede a realidade da multiplicidade. A luz divina ilumina toda realidade, por meio da ordem natural ou da ordem salvífica. A presença divina preenche o universo. A criatura pode unir-se ao Criador pela "via apofática" da teologia negativa, pela "via catafática" da afirmação dos nomes divinos e pela "via mística" da união extática. O *apofatismo latino* sublinha não apenas a transcendência ontológica da realidade divina, mas principalmente a incompreensibilidade do desígnio salvífico da vontade divina, absolutamente livre e onipotente. Deus, como amor absoluto, em sua vontade salvífica imperscrutável, atrai para si o universo, por sua misericórdia infinita e por sua graça predestinante. O homem religioso busca e encontra a verdade infinita pela "via interior", principalmente, já que a verdade divina se revela de forma incondicionada, mas também em sua identidade de Senhor da história e Criador do universo, Pai santo e benfeitor onipotente; afirmou também, ao negar um conceito de Deus compreensível e finito, a transcendência divina, enquanto concebe a Deus como essencialmente misterioso e incompreensível, infinito e inefável, fundamento e abismo, Pai ingênito, origem sem origem e princípio sem princípio de toda realidade incriada e criada, invisível e visível. Com isso, se afirma que a linguagem religiosa da razão crente supõe sempre um horizonte primordialmente apofático.

3. Com a recepção teológica do aristotelismo filosófico, a teologia escolástica pôde elaborar, em alternativa à via contemplativa do "descenso" do Infinito ao finito, a via dedutiva da "ascensão" do finito ao Infinito, da criatura ao Criador, através da analogia do ser. Suposta uma antropologia da abertura humana à transcendência, no dinamismo da verdade e do bem, e suposta a ontologia da causalidade, se torna possível a legitimação racional da afirmação de Deus, em sua realidade absoluta e infinita, nos atributos de seu ser subsistente e de seu viver eterno e espiritual. Deus aparece, assim, como a suprema realidade, misteriosa, incompreensível e inefável, e ao mesmo tempo cognoscível como suma unidade, verdade e bondade. Atualíssimo e oniperfeito em seu ser, eterno e onipresente em seu viver, onisciente e onipotente em seu atuar. A sabedoria e a bondade divinas atuam em concordância na ordem da natureza, como criação e providência, e na ordem da história da salvação, como graça e predestinação.

Assim, a teologia escolástica pôde unificar a concepção platônico-cristã de uma procedência divina das criaturas e de um retorno divino à ordem essencial do sumo bem, com uma recepção da ontologia aristotélica da causalidade, que afirma Deus como primeira causa eficiente da criação e como última causa final de seu dinamismo, cuja perfeição consumada só se encontra na participação eterna da beatitude divina. Também a Igreja medieval mantém vivo o horizonte apofático do mistério divino, quando afirma a Deus, uno e único, verdadeiro e eterno, imenso e imutável, como "incompreensível, onipotente e inefável". Uma linguagem sobre Deus é possível, contudo, pela via de participação criatural, já que entre o Criador e a criatura existem "semelhança e dessemelhança", ainda que a dessemelhança seja "sempre maior".

4. Tanto a via mística do apofatismo quanto a via especulativa do catafatismo devem confrontar a nova perspectiva metódica da razão autônoma, que busca na matemática e na nova ciência do universo a possibilidade de uma nova teologia racional. Na esfera teorética, a nova

religião racional se enfrenta à fé revelada como instância crítica; na esfera prática, como instância moral, a religião racional polemiza com a superstição, a intolerância e o fanatismo presentes nas religiões históricas. Em alternativa às religiões históricas e à positividade da revelação cristã, o racionalismo teológico defende a universalidade da religião de razão e afirma a Deus como o Artífice do universo, garantia das leis matemáticas que o regem, defende também o primado da razão moral sobre a fé religiosa, que se converte em mero corolário da eticidade. Com o racionalismo, a teologia parecia dissolver-se em uma ética da honestidade moral, ou em uma ontologia da espiritualidade racional, ou ainda incidindo em uma filosofia panteísta da natureza oniperfeita. Como alternativa, o fideísmo cristão considera a dificuldade de afirmar com certeza o Infinito, partindo da opacidade da finitude. Deus não aparece como evidente à luz da razão, mas somente à luz da fé. Na história da salvação se revela o Deus misterioso de Abraão e não o Deus "racional" dos filósofos. Ademais, apenas a revelação conhece o mistério do homem, em sua finitude aberta ao Infinito em em sua alienação aberta à graça. Contudo, o racionalismo teológico é consciente de sua incapacidade de afirmar o Deus da fé em sua sublimidade, pela vida da fé racional pura. Do mesmo modo, o fideísmo filosófico é consciente da originalidade do Deus da fé em sua transcendência e imanência, em sua incondicionalidade e personalidade.

5. Tanto no racionalismo como no fideísmo, as grandes ideias religiosas são fundamentadas a partir da objetividade humana, como inteligência crítica, vontade moral ou sentimento crente. Porém, para a razão autônoma resulta sempre problemático tanto o antropomorfismo religioso quanto o personalismo bíblico. A dificuldade de pensar o Absoluto como infinito e pessoa, simultaneamente, se aguda na filosofia do idealismo, que procura superar o hiato entre subjetividade e objetividade, entre ideia e realidade, na orientação do sujeito finito ao objeto infinito, que será ulteriormente reconhecido como Sujeito absoluto. No

problema da relação entre finito e Infinito, o idealismo sofre a sedução do princípio de identidade. Dada sua convicção da não objetividade do Infinito e da não conceituação do Incondicionado, o idealismo teológico parece condenar-se a um total apofatismo. A única via de mediação consiste em elaborar o sentimento subjetivo de dependência radical em relação à realidade divina, reconhecendo a Deus como fundamento incondicionado, de onde essa dependência deriva. O risco da teologia idealista fascinada pelo princípio da identidade está em perder a noção da diferença entre a realidade condicionada e o fundamento incondicionado, derivando a um monismo panteísta. Como alternativa ao pensamento idealista surge um pensamento de caráter *existencial*. Este valoriza o homem em sua concretude de corpo e espírito, de sentimento e inteligência, de instinto e idealismo, de agressividade e alienação, de possível irracionalidade e niilismo, de angústia e desespero, de sociabilidade e historicidade. Esse movimento, quando entra em rivalidade com a religião e a fé, pode derivar para uma forma de niilismo e *ateísmo* postulatório, assim para um naturalismo e pessimismo existencial. Contudo, essa ótica pode ajudar a aprofundar o universo da fé quando se elabora a consciência da diferença qualitativamente infinita entre o homem concreto, em sua finitude e alienação, em seu desespero e pecado, e o Absoluto, como Deus pessoal de santidade. Para superar tanto o panteísmo quanto o ateísmo, o cristianismo deve propor um novo método da dialética entre razão contemplativa e crítica e a fé no Deus da religião e da revelação.

6. Idealismo e existencialismo, racionalismo e fideísmo, solução catafática e solução apofática continuam a confrontar-se na aporética do debate atual, confluindo a opostas e contrastantes direções: a das teologias da transcendência e a das teologias da imanência. Em relação ao risco de imanentismo, típico da denominada "teologoia liberal" ou do modernismo católico, diversos projetos teológicos valorizaram o momento da transcendência e da espiritualidade, na vida eclesial e na teo-

logia, tanto protestante quanto católica. Surgiu assim uma teologia que valorizava o princípio da diferença ética mais que o da identidade mística, ou que ao menos intentava conciliar ambos princípios, como momentos fundamentais da experiência crente, que encontra sua solução paradoxal no presente imanente de uma graça transcendente. Diante dessa teologia, programaticamente polarizada em torno do espiritual e do transcendente, surge como alternativa uma teologia imersa na imanência histórica, seja na versão individualista e secular, como teologia radical da secularização enquanto "morte de Deus", seja na versão social e comunitária, como teologia da esperança histórica, da utopia revolucionária, da libertação e da práxis. Por sua vez, o magistério eclesial, particularmente nos últimos dois Concílios, Vaticano I e Vaticano II, procurou sintetizar dialeticamente ambas instâncias contrapostas: diferença e identidade, transcendência e história, razão e fé, afirmação e negação, inefabilidade e linguagem. Entre o Criador e a criatura, entre Deus e o mundo, se dá uma diferença qualitativamente infinita; entre o Deus misterioso da criação e o Deus revelado como Senhor da história da salvação e como Pai de bondade se dá uma identidade profunda, absolutamente singular. O Deus misterioso, incompreensível e inefável se manifesta na criação e na experiência da revelação e da fé. O Deus transcendente, absolutamente singular e único, fundamento necessário de toda realidade, se revela e atua na imanência da criação e da salvação, como providência e como graça, despertando na criatura redimida temor místico e amor paradoxal, dependência profunda e comunhão misteriosa, abertura à transcendência e solidariedade histórica, religiosidade filial e compaixão fraterna. Desse modo, a teoria cristã do Mistério divino se conclui na práxis crente da justiça e da bondade, e o Deus da fé e do Evangelho é também adorado e servido como Deus do amor e da esperança. Porém, qualquer afirmação referente à realidade divina, em sua revelação e conhecimento, em sua afirmação e realidade, não poderá nunca olvidar seu caráter absolutamente transcendente e infinitamente misterioso, inefável em seu ser e incompreensível em sua liberdade surpreendente, legitimando, com isso, à hora de proclamá-lo kerygmaticamente ou de contemplá-lo misticamente, o perene desafio da questão apofática, incitando a corrigir constantemente a linguagem afirmativa sobre Deus, com uma dose moderada de neoapofatismo teológico.

Posfácio

A obra de Félix Alejandro Pastor é um tratado sistemático do Deus da revelação, que articula com rigorosa precisão epistemológica o *auditus fidei* com o *intellectus fidei*, penetrando a Escritura e a tradição de um lado, e a especulação teológica em articulação com a história e com outras ciências de outro lado. Com isso, uma aventura de pensamento se realizou ao longo do livro, percorrendo a Escritura e dela inferindo conceitos fundamentais do Deus da revelação: Deus da aliança, libertador, compassivo, misericordioso, justo, santo, encarnado, vivo; um Deus da vida. Seu ápice revelador está em Jesus Cristo, o Filho do Pai, em comunhão com o Espírito, doado por Ele a seus discípulos, que, por sua vez, constituíram a Igreja, portadora da boa notícia do Evangelho. Na tradição cristã, constata-se um conjunto de conceitos teológicos e dogmáticos, fundamentados na *regula fidei* e em consonância com a vida das comunidades cristãs, denotativos de recepção e de aprofundamento dos conceitos bíblicos do Deus da revelação. Não faltaram também teólogos que se esforçaram por atualizar o Deus da revelação no confronto com a história epocal, destacando-se aqueles preocupados com a modernidade e com a pós-modernidade, principalmente no que refere à relação entre fé e razão, história e escatologia, transcendência e imanência, e o encontro entre Deus e o homem, que é próprio da revelação.

A despeito de o autor nesta obra possuir o mérito de trazer à tona um tratado sistemático do Deus da revelação e, por conseguinte, possibilitar que o respectivo estudo seja de enorme contributo na formação teológica de estudantes de graduação e pós-graduação em teologia, não teve ele o tempo necessário para trazer à tona alguns outros temas teológicos, referentes ao Deus da revelação, que surgiram na década de 1990 e no novo milênio, embora os tivesse desenvolvido em artigos publicados em revistas especializadas.[1] Trata-se da concepção do Deus da revelação, na perspectiva do método teológico e do desdobramento da pós-modernidade, que corresponde à experiência religiosa que transcende o caráter institucional da religião.

Na perspectiva do método, em trabalhos posteriores, o autor preocupou-se em apontar a necessidade de formular teologicamente o tratado do Deus da revelação, articulando dialeticamente a *regula fidei* e os desafios históricos que interpelam a fé a ser pensada em teologia.[2] Com isso, os métodos teológicos possuem legitimidade à medida que afirmam o Deus da revelação presente na história e na existência do homem, em profunda consonância com a *regula fidei*. Nenhum método deverá abdicar da filosofia no processo de elaboração teológica, pois ela possibilita compreender o mundo em que o homem se encontra com Deus.

No âmbito de uma perspectiva pós-moderna, o autor retomou a concepção do Deus da revelação presente em Santo Agostinho, apresentando a relação de Deus com o homem, estabelecida no mundo marcado por aquilo que ele é: tensão, experiência de decadência e de acesso, de possibilidades para que o homem desenvolva a sua liberdade para encontrar-se com Deus. Por isso, torna-se relevante retomar a via interior

---

[1] PASTOR, Félix Alejandro. "Principium totius Deitatis", in *Gregorianum* 79 (1998), p. 247-294; Idem. "Credo in Deum Patrem", in *Gregorianum* 80 (1999), p. 469-488.

[2] Idem. "El discurso del método en Teología", in *Gregorianum* 76 (1995), p. 69-94; Idem. "Teologia e Modernidade: alguns elementos de epistemologia teológica", in GONÇALVES, Paulo Sérgio Lopes; TRASFERETTI, José (ed.). *Teologia na Pós-modernidade. Abordagens: epistemológica, sistemática e teórico-prática*. Paulinas: São Paulo, 2003, p. 71-102.

havendo o homem pós-moderno a necessidade de olhar para si mesmo para encontrar-se com Deus, porque ao olhar para seu próprio mundo terá de olhar para o mundo-ambiente e para o mundo dos outros. Dessa forma, Deus não é alheio ao mundo humano e, tampouco, uma questão a ser esquecida ou desprezada, mas a ser experimentada a partir da própria vida humana, com todos os enlaces que nela se encontram. É na própria vida humana que Deus haverá de revelar-se como um Deus que é amor permanentemente autocomunicativo ao homem.[3]

Embora o autor não tenha discorrido sobre o Deus da revelação na perspectiva do pluralismo religioso, da perspectiva ecológica e do aprofundamento da perspectiva libertadora, infere-se de todos os seus trabalhos que esses temas não estavam alheios a seu pensamento.

Sua preocupação com a concepção do Deus da revelação à luz da história da salvação não significa ignorar o desafio do pluralismo religioso, assaz desenvolvido por seu confrade jesuíta Jacques Dupuis.[4] Nessa perspectiva, emerge o desafio de pensar o Deus da revelação conforme a concepção teológica cristã, na constatação de que a religiões possuem sementes do Verbo e tradições próprias, emergindo disso o desafio do diálogo inter-religioso, marcado pelo respeito nas diferenças, pela reciprocidade na relação e pela busca de elementos que possibilitem a

---

[3] Idem. "Quaerentes summum Deum", in *Gregorianum* 81 (2000), p. 453-491.

[4] DUPUIS, Jacques. *Gesù Cristo incontro alle religioni*. Cittadella: Assisi, 1989; Idem. *Verso una teologia Cristiana del pluralismo religioso*. Queriniana: Brescia, 1997; Idem. *Il Cristianeismo e Le Religioni. Dallo scontro all'incontro*. Queriniana: Brescia, 2001; AMALADOSS, Michael. *Pela estrada da vida. Prática do diálogo inter-religioso*. Paulinas: São Paulo 1996; DHAVAMONY, Mariasusai. *Teología de las Religiones. Reflexión sistemática para uma comprensión Cristiana de lãs religiones*. San Pablo: Madrid, 1998; GEFFRÉ, Claude. *Crer interpretar. A virada hermenêutica da teologia*. Vozes: Petrópolis, 2004; HICK, John. *Teologia cristã e pluralismo religioso. O arco-íris das religiões*. Attar Editorial – PPCIR: São Paulo – Juiz de Fora, 2005; KNITTER, Paul. *Introdução à Teologia das Religiões*. Paulinas: São Paulo 2008; TEIXEIRA, Faustino. *Teologia das Religiões. Uma visão Panorâmica*. Paulinas: São Paulo, 1995.

unidade das religiões e a unidade de todo o gênero humano.[5] Recorda-se no desenvolvimento desse tema que o Magistério Eclesiástico também realizou seu pronunciamento, principalmente na Declaração *Dominus Iesus*,[6] que afirmou a unicidade da salvação em Cristo. No que concerne ao tratado do Deus da revelação, essa Declaração prima pelo caráter cristão da formulação de Deus, superando um sincretismo teológico que esteja distante da *regula fidei* do cristianismo.

O mesmo afirmado acima tem valor para a perspectiva ecológica, desenvolvida pelo alemão Jürgen Moltmann,[7] cujo ponto de partida foi sua "teologia da esperança",[8] abarcada, de certo modo, nesta obra. Pe. Pastor não teve tempo para desenvolver o Deus da revelação explicitamente nessa perspectiva, mas muito afirmou acerca do Deus Criador, Senhor da história e que se revela amorosamente em sua criação. Esse Deus Criador que ama é o mesmo Deus da esperança escatológica predicado pela teologia ecológica da criação. Com isso, Deus habita amorosamente a criação, faz com que ela gema dores de parto, para que o *novum* surja tornando novo cada ser humano e novas todas as coisas. Assim sendo, a criação é o palco de apresentação do Deus da revelação, é a sua morada em que se manifesta o Deus santo que abençoa toda essa mesma criação. No âmbito do magistério eclesiástico, há também de se recordar da exortação *Dies Domini* de João Paulo II,[9] que

---

[5] KÜNG, Hans. *Theologie im Aufbruch. Eine öikumenische Grundlegung*, Piper: München – Zurich, 1992.

[6] CONGREGAÇÃO PARA A DOUTRINA DA FÉ. *Declaração Dominus Iesus*. Editrice Vaticana: Città del Vaticano, 2000.

[7] MOLTMANN, Jürgen. *Deus na criação. A doutrina ecológica da criação*. Vozes: Petrópolis, 1993; Idem. *Das Kommen Gottes: Vhristliche Eschatologie*. Kaiser – Gütersloher Verlagshaus: Gütersloh, 1995.

[8] Idem. *Theologie der Hoffnung. Untersuchungen zur Begründung und zu den Konsequenzen einer christlichen Eschatologie*. Kaiser Verlag: München, 1964.

[9] JOÃO PAULO II. Exortação apostólica sobre a santificação do Domingo *Dies Domini*. Editrice Vaticana: Città del Vaticano, 1998.

retoma a teologia do domingo como dia do Senhor, a partir da teologia da criação. Recorda-se também da carta encíclica *Deus caritas est* de Bento XVI,[10] que definiu o Deus da revelação como Amor que se revela nas estruturas caridosas das sociedades humanas, na unidade dos povos, na existência santa de cada ser humano, na comunhão de toda a criação.

Também há de se recordar que a teologia da libertação latino-americana ampliou sua região para o Caribe e um de seus elementos centrais, a opção pelos pobres, tornou-se universal, inclusive no magistério eclesiástico,[11] e propiciou a construção de uma teologia que afirma a compaixão de Deus com os sofredores deste mundo. Assim sendo, o Deus libertador é um Deus compassivo, cuja compaixão é expressa na história dos povos sofredores para que tenham vida em abundância. Disso resulta um verdadeiro Deus da vida que se revela na história dos pobres com suas diferentes feições,[12] agindo no reverso da história para realizar a sua utopia da comunhão de todos os povos e de toda a criação.[13]

Enfim, nesta obra Pe. Pastor apresentou o Deus da revelação em todas as possibilidades teológicas de articulação dialética entre histó-

---

[10] BENTO XVI. Carta encíclica *Deus caritas est*. Editrice Vaticana: Città del Vaticano, 2005.

[11] JOÃO PAULO II. Carta encíclica *Sollicituto Rei Socialis*, in AAS 80 (1988), p. 513-586.

[12] *Documento de Puebla* nn. 29-39, in CELAM. Episcopado Latinoamericano: Conferencias Generales. Río de Janeiro, Medellín, Puebla y Santo Domingo. San Pablo: 1993, p. 263-264.

[13] GUTIÉRREZ, Gustavo. *Hablar de Dios desde el sufrimiento del inocente*. Sígueme: Salamanca, 1986; Idem. *El Dios de la* vida. Centro de Estudios e Publicaciones – Instituto Bartolomé de Las Casas: Lima (Peru), 1989; Idem. *La verdad os hara libres*. Sígueme: Salamanca, 1990; PASTOR, Félix Alejandro. "Liberación y Teología", in *Estudos Eclesiásticos* 53 (1978), p. 355-381; Idem. "Ortopraxis e ortodoxia", in *Gregorianum* 70 (1989), p. 689-739; SOBRINO, Jon. *El principio misericórdia. Bajar de la cruz a los pueblos crucificados*. Sal Terrae: Santander, 1992; PIXLEY, Jorge. *O Deus libertador na Bíblia. Teologia da libertação e filosofia processual*.

ria e escatologia, imanência e transcendência, fé e razão. No entanto, a despeito de toda precisão epistemológica presente na obra, há de se recordar Santo Agostinho, que, em sua monumental obra *De Trinitate*, após ter discorrido teologicamente com densidade, terminou com uma oração, pela qual afirmou que, por melhor que se enuncie sobre Deus, o gesto excelso a ser feito é o inclinar-se e adorar a Deus, reconhecendo-o como mistério santo, silencioso, amoroso e fundamentalmente inefável.

Paulo Sérgio Lopes Gonçalves
Tradutor e organizador

Siglas

Sagrada Escritura

Antigo Testamento

Gn	Gênesis	Sb	Sabedoria
Ex	Êxodo	Eclo	Eclesiástico
Nm	Números	Is	Isaías
Dt	Deuteronômio	Jr	Jeremias
Js	Josué	Lm	Lamentações
Rt	Rute	Br	Baruc
Sm	Samuel (1 e 2)	Ez	Ezequiel
Rs	Reis (1 e 2)	Dn	Daniel
Cr	Crônicas (1 e 2)	Os	Oseias
Es	Esdras	Jl	Joel
Ne	Neemias	Am	Amós
Tb	Tobias	Mq	Miqueias
Jdt	Judite	Hb	Habacuc
Est	Ester	Sf	Sofonias
Jó	Jó	Ag	Ageu
Sl	Salmos	Zc	Zacarias
Pr	Provérbios	Ml	Malaquias
Ecl	Eclesiastes	Mc	Macabeus (1 e 2)
Ct	Cântico dos Cânticos		

Novo Testamento

Mt	Mateus	Cl	Colossenses
Mc	Marcos	Ts	Tessalonicensses (1 e 2)
Lc	Lucas	Tm	Timóteo (1 e 2)
Jo	João (1-3)	Fl	Filêmon
At	Atos dos Apóstolos	Hb	Hebreus
Rm	Romanos	Tg	Tiago
Cor	Coríntios (1 e 2)	Pd	Pedro (1 e 2)
Gl	Gálatas	Jd	Judas
Ef	Efésios	Ap	Apocalipse
Fl	Filipenses		

Siglas bibliográficas

AAS Acta Apostolicae Sedis (Roma, 1909ss).
Ang *Angelicum* (Roma, 1924ss).
Bibl Bíblica (Roma, 1920ss).
Bijdragen Bijdragen (Nijmegen, 1938ss).
CBQ The Catholic biblical Quartely (Washington, 1939ss).
Concilium Concilium (1965ss).
DS Enchiridion Synbolorum, Definitionum ete Declarationum de rebus fidei et morum. Ed. H. Denzinger A. Schönmetzer (Barcelona – Friburgo – Roma – New York, 1967).
EE Estudios Eclesiásticos (Madrid, 1922ss).
EThL Ephemerides Theologicae Laovanienses (Brügge, 1924ss).
Études Études (Paris, 1856ss).
EvTh Evangelische Theologie (München, 1934ss).
Greg Gregorianum (Roma, 1920ss).
HThR The Harvard Theological Review (Cambridge/Mass, 1908ss).
IPhQ The International Philosophical Quartely (New York).
JBL Journal of Biblical Literature (Boston, 1908ss).
JTS The Journal of theological Studies (London, 1899ss).
LThK Lexicon für Theologie und Kirche (Freiburg, 1957ss).
MG Patrologiae Cursus Completus. Ed. J.P. Migne (séries latinas). Paris, 1840ss.
ML Patrologiae Cursus Completus. Ed. J.P. Migne (séries gregas). Paris, 1857ss.
MySal *Mysterium Salutis* (Einsiedel, 1965ss).
NovT Novum Testamentum (Leiden, 1956ss).
NRT Nouvelle Revue Théologique (Tournai, 1879ss).

NTS	New Testament Studies (Cambridge – Washington, 1954ss).
RB	Revue Biblique NS (Paris, 1904ss).
RGG	Die Religion in Geschichte und Gegenwart (Tübingen, 1957ss).
RScPhTh	Revue des sciences philosophiques et théologiques (Paris, 1907ss).
SC	Scuola Cattolica (Milano, 1873ss).
SM	Sacramentum Mundi (Freiburg, 1967ss).
ThB	Theologische Blätter (Leipzig, 1920ss).
ThGl	Theologische und Galube (Paderborn, 1909ss).
ThQ	Theologische Quartaschrift (Tübingen, 1819ss).
ThZ	Theologische Zeitschrift (Basel, 1945ss).
TLZ	Theologische Literatur Zeitung (Leipzig, 1878ss).
TWNT	Theologisches Wörterbuch zum Neuen Testament. Ed. G. Kittel (Stuttgart, 1933ss).
ZAW	Zeitschrift für Katholische Theologie (Innsbruck, 1877ss).
ZNW	Zeitschrift für die neutestamentliche Wissenschaft und die Kunde der älteren Kirche (Giessen, 1900ss).
ZThK	Zeitschrift für Theologie und Kirche (Tübingen, 1891ss).